INTRODUCTION

A LA

VIE DÉVOTE

TYPOGRAPHIE FIRMIN-DIDOT ET Cie. — MESNIL (EURE).

INTRODUCTION
A LA
VIE DÉVOTE

DU BIENHEUREUX

FRANÇOIS DE SALES
ÉVÊQUE ET PRINCE DE GENÈVE
INSTITUTEUR DE L'ORDRE DE LA VISITATION DE SAINTE-MARIE

A L'USAGE DES MAISONS D'ÉDUCATION

PARIS
LIBRAIRIE VICTOR LECOFFRE
RUE BONAPARTE, 90
1894

AVANT-PROPOS DE L'ÉDITEUR

Il avait semblé jusqu'à présent impossible de mettre entre les mains de la jeunesse l'*Introduction à la vie dévote* sans lui faire subir des modifications considérables pour la forme comme pour le fond. On se contentait d'offrir au jeune âge l'édition *corrigée* du Père Brignon, dont on retranchait certains chapitres. Ces suppressions étaient sans doute indispensables, et nous n'avons pas hésité à en ajouter même quelques autres à celles que l'on faisait ordinairement.

On sait que le livre du saint évêque contient plusieurs passages qui ne s'adressent qu'à des personnes placées dans certaines conditions, ou déjà avancées dans la vie. Quant à la forme, nous l'avons scrupuleusement respectée. Les plus jeunes lecteurs eux-mêmes trouveront un charme particulier dans la naïveté de ce langage français des premières années du dix-septième siècle, relevé souvent par des tournures et des locutions italiennes. Pour en faciliter la lecture, nous l'avons accompagné de notes au bas des pages, le plus souvent d'une simple traduction du mot ou de la pensée qui présentaient quelque obscurité. Nous avons cité avec soin les livres de la sainte Ecriture auxquels l'auteur fait des emprunts. Enfin, nous terminons par un glossaire des expressions archaïques ou même étrangères employées dans l'ouvrage.

Ainsi notre travail présentera un côté entièrement neuf, et joindra peut-être, selon le précepte classique, l'*agréable* d'une œuvre littéraire, à l'*utile* d'un livre de piété.

Puisse-t-il obtenir les suffrages de ceux pour lesquels nous l'avons préparé! Puisse-t-il, surtout, en les initiant à la science de la vie spirituelle, développer en eux les vertus chrétiennes, dont la dévotion est la fleur.

L'abbé J. B.

PRÉFACE DE L'AUTEUR

Mon cher lecteur, je te prie de lire cette préface, pour ta satisfaction et la mienne.

La bouquetière Glycera savait si proprement diversifier la disposition et le mélange des fleurs qu'elle mettait en ses bouquets, qu'avec les mêmes fleurs elle faisait une grande variété de bouquets; de sorte que le peintre Pausias demeura court, voulant contrefaire à l'envi cette diversité d'ouvrage; car il ne sut changer sa peinture en tant de façons comme Glycera faisait ses bouquets: ainsi le Saint-Esprit dispose et arrange avec tant de variété les enseignements de dévotion qu'il donne par les langues et les plumes de ses serviteurs, que la doctrine étant toujours une même[1], les discours néanmoins qui s'en font sont bien différents, selon les diverses façons desquelles ils sont composés. Je ne puis certes, ni veux, ni dois écrire en cette introduction que ce qui a déjà été publié par nos prédécesseurs sur ce sujet. Ce sont les mêmes fleurs que je te présente, mon cher lecteur; mais le bouquet que j'en ai fait sera différent des leurs, à raison de la diversité de l'agencement dont il est façonné.

Ceux qui ont traité de la dévotion ont presque tous regardé l'instruction des personnes fort retirées du commerce du monde, ou au moins ont enseigné une sorte de dévotion qui conduit à cette entière retraite. Mon intention est d'instruire ceux qui vivent ès villes, ménages, à la cour, et qui, par leur condition, sont obligés de faire une vie commune quant à l'extérieur, lesquels bien souvent, sous le prétexte d'une prétendue impossibilité, ne veulent seulement pas penser à l'entreprise de la vie dévote, leur étant avis que, comme aucun animal n'ose goûter de la graine de l'herbe

---

[1] La même.

nommée *Palma Christi*, aussi nul homme ne doit prétendre à la palme de piété chrétienne, tandis qu'il vit parmi la presse des affaires temporelles. Et je leur montre que, comme les mères-perles vivent dans la mer, sans prendre aucune goutte d'eau marine, et que, vers les îles Chélidoines [1], il y a des fontaines d'eau bien douce au milieu de la mer, et que les pyraustes [2] volent dans les flammes sans brûler leurs ailes, ainsi peut une âme vigoureuse et constante vivre au monde, sans recevoir aucune humeur mondaine, trouver des sources d'une douce piété au milieu des ondes amères de ce siècle, et voler entre les flammes des convoitises terrestres sans brûler les ailes des sacrés désirs de la vie dévote. Il est vrai que cela est malaisé, et c'est pourquoi je désirerais que plusieurs y employassent leurs soins avec plus d'ardeur qu'on n'a pas fait jusqu'à présent; comme tout faible que je suis, je m'essaye par cet écrit de contribuer quelque secours à ceux qui, d'un cœur généreux, feront cette digne entreprise.

[1] Iles de la mer Méditerranée, situées sur le golfe de Lycie, au sud du *Sacrum Promontorium* et à l'entrée du golfe Pamphylius (Géog. anc.). — [2] Papillons de nuit, πυραύστης.

Mais ce n'a toutefois pas été par mon élection ou inclination que cette *Introduction* sort en public : une âme vraiment pleine d'honneur et de vertu ayant, il y a quelque temps, reçu la grâce de Dieu de vouloir aspirer à la vie dévote, désira ma particulière assistance pour ce regard [1]; et moi qui lui avais plusieurs sortes de devoirs, et qui avais longtemps auparavant remarqué en elle beaucoup de disposition pour ce dessein, je me rendis fort soigneux de la bien instruire; et, l'ayant conduite par tous les exercices convenables à son désir et à sa condition, je lui en laissai des mémoires par écrit, afin qu'elle y eût recours à son besoin. Elle, depuis, le communiqua à un grand, docte et dévot religieux, lequel, estimant que plusieurs en pourraient tirer du profit, m'exhorta fort de les faire publier, ce qui lui fut aisé de me persuader, parce que son amitié avait beaucoup de pouvoir sur ma volonté, et son jugement une grande autorité sur le mien.

Or, afin que le tout fût plus utile et agréable, je l'ai revu et y ai mis quelque sorte d'entre suite [2], ajoutant plusieurs avis et enseignements propres

---

[1] A cet égard. — [2] D'ordre.

à mon intention. Mais tout cela, je l'ai fait sans nulle sorte presque de loisir. C'est pourquoi tu ne verras rien ici d'exact, mais seulement un amas d'avertissements de bonne foi, que j'explique par des paroles claires et intelligibles; au moins ai-je désiré de le faire. Et quant au reste des ornements du langage, je n'y ai pas seulement voulu penser, comme ayant assez d'autres choses à faire.

J'adresse mes paroles à Philothée, parce que, voulant réduire à l'utilité commune de plusieurs âmes ce que j'avais premièrement écrit pour une seule, je l'appelle du nom commun à toutes celles qui veulent être dévotes; car Philothée veut dire — amatrice ou amoureuse de Dieu.

Regardant donc en tout ceci une âme qui, par le désir de la dévotion, aspire à l'amour de Dieu, j'ai fait cette *Introduction* en cinq parties; en la première desquelles je m'essaye, par quelques remontrances et exercices, de convertir le simple désir de Philothée en une entière résolution, qu'elle fait à la fin, après sa confession générale, par une solide protestation, suivie de la très-sainte communion, en laquelle, se donnant à son Sauveur et le recevant, elle entre heureusement en son saint amour. Cela fait, pour la conduire plus avant, je lui montre deux grands moyens de s'unir de plus en plus à sa divine Majesté : l'usage des sacrements, par lequel ce bon Dieu vient à nous, et la sainte oraison, par laquelle il nous tire à soi; et en ceci j'emploie la seconde partie. En la troisième, je lui fais voir comme elle se doit exercer en plusieurs vertus plus propres à son avancement, ne m'amusant pas, sinon à certains avis particuliers, qu'elle n'eût pas su aisément prendre ailleurs, ni d'elle-même. En la quatrième, je lui fais découvrir quelques embûches de ses ennemis, et lui montre comme elle s'en doit démêler et passer outre, en sa digne entreprise. Et finalement, en la cinquième partie, je la fais un peu retirer à part soi, pour se rafraîchir, reprendre haleine et réparer ses forces, afin qu'elle puisse par après plus heureusement gagner pays, et s'avancer en la vie dévote.

Cet âge est fort bigearre[1], et je prévois bien que plusieurs diront qu'il n'appartient qu'aux religieux et gens de dévotion de faire des conduites si particulières à la piété, qu'elles requièrent plus de loisir que n'en peut avoir un évêque chargé

---

[1] Bizarre.

d'un diocèse si pesant comme est le mien, que cela distrait trop l'entendement, qui doit être employé à choses importantes.

Mais moi, mon cher lecteur, je te dis, avec le grand saint Denis, qu'il appartient principalement aux évêques de perfectionner les âmes; d'autant que leur ordre est le suprême entre les hommes, comme celui des séraphins entre les anges, et que leur loisir ne peut être mieux destiné qu'à cela. Les anciens évêques et pères de l'Église étaient pour le moins autant affectionnés à leurs charges que nous, et ne laissaient pourtant pas d'avoir soin de la conduite particulière de plusieurs âmes qui recouraient à leur assistance, comme il appert par leurs épîtres; imitant en cela les apôtres, qui, emmi[1] la moisson générale de l'univers, recueillaient néanmoins certains épis plus remarquables, avec une spéciale et particulière affection. Qui ne sait que Timothée, Tite, Philémon, Onésime, sainte Thècle, Appia, étaient les chers enfants du grand saint Paul, comme saint Marc et sainte Pétronille de saint Pierre; sainte Pétronille, dis-je, laquelle, comme prouvent doctement Baronius et

---

[1] Parmi, dans.

Galonius, ne fut pas fille charnelle[1], mais seulement spirituelle de saint Pierre? Et saint Jean n'écrit-il pas une de ses épîtres canoniques à la dévote dame Électa?

C'est une peine, je le confesse, de conduire les âmes en particulier; mais une peine qui soulage, pareille à celle des moissonneurs et vendangeurs, qui ne sont jamais plus contents que d'être fort embesognés[2] et chargés. C'est un travail qui délasse et avive le cœur par la suavité qui en revient à ceux qui l'entreprennent, comme fait le cinnamome[3] à ceux qui le portent parmi[4] l'Arabie Heureuse. On dit que la tigresse ayant retrouvé l'un de ses petits que le chasseur lui laisse sur le chemin pour l'amuser, tandis qu'il emporte le reste de la litée, elle s'en charge, pour gros qu'il soit, et pour cela n'en est point plus pesante, mais plus légère à la course qu'elle fait pour le sauver dans sa tanière, l'amour naturel l'allégeant en ce fardeau. Combien plus un cœur paterne, prendra-t-il volontiers en charge une âme qu'il aura rencontrée au désir de la sainte perfection,

---

[1] Fille selon la chair, mais seulement fille spirituelle de saint Pierre. — [2] Très-occupés. — [3] Parfum d'Orient, cannelle. — [4] Dans.

la portant en son sein, comme une mère fait son petit enfant, sans se ressentir de ce faix bien-aimé !

Mais il faut sans doute que ce soit un cœur paternel; et c'est pourquoi les apôtres et hommes apostoliques appellent leurs disciples, non-seulement leurs enfants, mais encore plus tendrement leurs petits-enfants.

Au demeurant, mon cher lecteur, il est vrai que j'écris de la vie dévote, sans être dévot, mais non pas certes sans désir de le devenir; et c'est encore cette affection qui me donne courage à t'en instruire. Car, comme disait un grand homme de lettres, la bonne façon d'apprendre, c'est d'étudier; la meilleure, c'est d'écouter; et la très-bonne, c'est d'enseigner. « Il advient souvent, dit saint Augustin, écrivant à sa dévote Florentine, que l'office de distribuer sert de mérite pour recevoir, et l'office d'enseigner de fondement pour apprendre. »

Or il m'est avis, mon lecteur, mon ami, qu'étant évêque, Dieu veut que j'imprime sur les cœurs des personnes, non-seulement les vertus communes, mais encore sa très-chère et bien-aimée dévotion; et moi, je l'entreprends volontiers, tant pour obéir à faire mon devoir que pour l'espérance que j'ai qu'en la gravant dans l'esprit des autres, le mien à l'aventure en deviendra saintement amoureux. Or, si jamais sa divine Majesté m'en voit vivement épris, elle me la donnera en mariage éternel. La belle et chaste Rébecca, abreuvant les chameaux d'Isaac, fut destinée pour être son épouse, recevant de sa part des pendants d'oreilles et des bracelets d'or. Ainsi je me promets de l'immense bonté de mon Dieu que, conduisant ses chères brebis aux eaux salutaires de la dévotion, il rendra mon âme son épouse, mettant en mes oreilles les paroles dorées de son saint amour, et en mes bras la force de les bien exercer, en quoi gît l'essence de la vraie dévotion, que je supplie sa Majesté me vouloir octroyer, et à tous les enfants de son Église, à laquelle je veux à jamais soumettre mes écrits, mes actions, mes paroles, mes volontés et mes pensées.

A Annecy, le jour de sainte Madeleine, 1608.

ORAISON DÉDICATOIRE

O doux Jésus, mon Seigneur, mon Sauveur et mon Dieu, me voici prosterné devant votre Majesté, vouant et consacrant cet écrit à votre gloire : animez les paroles qui y sont de votre bénédiction, à ce que les âmes, pour lesquelles je l'ai fait, en puissent recevoir les inspirations sacrées que je leur désire, et particulièrement celle d'implorer sur moi votre immense miséricorde, afin que montrant aux autres le chemin de la dévotion en ce monde, je ne sois pas réprouvé et confondu éternellement en l'autre, et qu'avec eux je chante à jamais, pour cantique de triomphe, le mot que de tout mon cœur je prononce pour témoignage de fidélité, entre les hasards de cette vie mortelle : Vive Jésus! vive Jésus! Oui, Seigneur Jésus, vivez et régnez en nos cœurs dans les siècles des siècles! Ainsi soit-il

INTRODUCTION
A LA
VIE DÉVOTE

PREMIÈRE PARTIE

CONTENANT LES AVIS ET EXERCICES REQUIS POUR CONDUIRE L'AME, DÈS SON PREMIER DÉSIR DE LA VIE DÉVOTE, JUSQU'A UNE ENTIÈRE RÉSOLUTION DE L'EMBRASSER.

CHAPITRE PREMIER

DESCRIPTION DE LA VRAIE DÉVOTION.

Vous aspirez à la dévotion, très-chère Philothée, parce qu'étant chrétienne vous savez que c'est une vertu extrêmement agréable à la divine Majesté. Mais d'autant que les petites fautes que l'on commet au commencement de quelque affaire s'agrandissent infiniment au progrès [1], et sont presque irréparables à la fin, il faut avant toutes choses que vous sachiez ce que c'est que la vertu de dévotion; car, parce qu'il n'y en a qu'une vraie, et qu'il y en a une grande quantité de fausses et vaines, si vous ne connaissiez quelle est la vraie, vous pourriez vous tromper et vous amuser à suivre quelque dévotion impertinente [2] et superstitieuse.

Arélius peignait toutes les faces des images qu'il faisait, à l'air et ressemblance des personnes qu'il aimait; et chacun peint la dévotion selon sa passion et fantaisie. Celui qui est adonné au jeûne se tiendra pour bien dévot pourvu qu'il jeûne, quoique son cœur soit plein de rancune, et, n'osant point tremper sa langue dans le vin ni même dans l'eau, par sobriété, ne se feindra [3] point de la plonger dans le sang du prochain, par la médisance et calomnie. Un autre s'estimera dévot parce qu'il dit une grande multitude d'oraisons tous les jours, quoique après cela sa langue se fonde [4] toute en paroles fâcheuses, arrogantes et injurieuses parmi ses domestiques et voisins. L'autre tire fort volontiers l'aumône de sa bourse pour la donner aux pauvres; mais il ne peut tirer la douceur de

---

[1] En avançant. — [2] Hors de propos. — [3] Ne se gênera point. — [4] Se répande.

son cœur pour pardonner à ses ennemis; l'autre pardonnera à ses ennemis, mais de tenir raison à ses créanciers, jamais qu'à vive force de justice [1]. Tous ces gens-là sont vulgairement tenus pour dévots, et ne le sont pourtant nullement.

Les gens de Saül cherchaient David en sa maison : Michol, ayant mis une statue dans un lit et l'ayant couverte des habillements de David, leur fit accroire que c'était David même qui dormait malade. Ainsi beaucoup de personnes se couvrent de certaines actions extérieures appartenant à la sainte dévotion, et le monde croit que ce sont gens vraiment dévots et spirituels; mais, en vérité, ce ne sont que des statues et fantômes de dévotion.

La vraie et vivante dévotion, ô Philothée! présuppose l'amour de Dieu; ains [2] elle n'est autre chose qu'un vrai amour de Dieu, et non pas toutefois un amour tel quel; car, en tant que l'amour divin embellit notre âme, il s'appelle grâce, nous rendant agréables à sa divine Majesté; en tant qu'il nous donne la force de bien faire, il s'appelle charité; mais, quand il est parvenu jusqu'au degré de perfection auquel il ne nous fait pas seulement bien faire, mais nous fait opérer soigneusement,

---

[1] Mais il ne payera ses créanciers que forcé par la justice. — [2] Même.

fréquemment et promptement, alors il s'appelle dévotion. Les autruches ne volent jamais, les poules volent pesamment, toutefois[1] bassement et rarement ; mais les aigles, les colombes et les arondelles[2] volent souvent, vitement et hautement : ainsi les pécheurs ne volent point en Dieu, mais font toutes leurs courses en la terre et pour la terre. Les gens de bien qui n'ont pas encore atteint à la dévotion volent en Dieu par leurs bonnes actions, mais rarement, lentement et pesamment ; les personnes dévotes volent en Dieu, fréquemment, promptement et hautement. Bref, la dévotion n'est autre chose qu'une agilité et vivacité spirituelle, par le moyen de laquelle la charité fait ses actions en nous, ou nous par elle, promptement et affectionnément[3] ; et, comme il appartient à la charité de nous faire faire généralement et universellement pratiquer tous les commandements de Dieu, il appartient aussi à la dévotion de nous les faire faire promptement et diligemment. C'est pourquoi celui qui n'observe tous les commandements de Dieu ne peut être estimé ni bon ni dévot, puisque, pour être bon, il faut avoir la charité, et, pour être dévot, il faut avoir, outre la charité, une grande vivacité et promptitude aux actions charitables.

[1] *Toutefois* pour *toutes les fois*, c'est-à-dire *toujours*. — [2] Hirondelles. — [3] Avec affection.

Et d'autant que la dévotion gît en certain degré d'excellente charité, non-seulement elle nous rend prompts, actifs et diligents à l'observation de tous les commandements de Dieu, mais, outre cela, elle nous provoque à faire promptement et affectionnément le plus de bonnes œuvres que nous pouvons, encore qu'elles ne soient aucunement commandées, mais seulement conseillées ou inspirées. Car, tout ainsi qu'un homme qui est nouvellement guéri de quelque maladie chemine autant qu'il lui est nécessaire, mais lentement et pesamment; ainsi le pécheur étant guéri de son iniquité, il chemine autant que Dieu lui commande, pesamment néanmoins, et lentement, jusqu'à tant qu'il ait atteint à la dévotion; car alors, comme un homme bien sain, non-seulement il chemine, mais il court et saute en la voie des commandements de Dieu, et de plus il passe et court dans les sentiers des conseils et inspirations célestes. Enfin la charité et la dévotion ne sont non plus différentes l'une de l'autre que la flamme l'est du feu, d'autant que la charité étant un feu spirituel, quand elle est fort enflammée, elle s'appelle dévotion. Ainsi la dévotion n'ajoute rien au feu de la charité, sinon la flamme qui rend la charité prompte, active et diligente, non-seulement à l'observation des commandements de Dieu, mais à l'exercice des conseils et inspirations célestes.

CHAPITRE II

PROPRIÉTÉ ET EXCELLENCE DE LA DÉVOTION.

Ceux qui décourageaient les Israélites d'aller en la terre de promission leur disaient que c'était un pays qui dévorait les habitants, c'est-à-dire que l'air y était si malin, qu'on n'y pouvait vivre longuement, et que réciproquement les habitants étaient des gens si prodigieux, qu'ils mangeaient les autres hommes comme des locustes[1]. Ainsi le monde, ma chère Philothée, diffame tant qu'il peut la sainte dévotion, dépeignant les personnes dévotes avec un visage fâcheux, triste et chagrin, et publiant que la dévotion donne des humeurs mélancoliques et insupportables. Mais, comme Josué et Caleb protestaient que non-seulement la terre promise était bonne et belle[2], ains aussi que la possession en serait douce et agréable, de même le Saint-Esprit, par la bouche de tous les saints, et Notre-Seigneur par la sienne même, nous assurent que la vie dévote est une vie douce, heureuse et aimable.

Le monde voit que les dévots jeûnent, prient et

---

[1] Sauterelles. — [2] *Num.*, XIV, 7.

souffrent injures, servent les malades, donnent aux pauvres, veillent, contraignent leur colère, suffoquent et étouffent leurs passions, se privent des plaisirs sensuels, et font telles autres sortes d'actions, lesquelles, en elles-mêmes et de leur propre substance et qualités, sont âpres et rigoureuses. Mais le monde ne voit pas la dévotion intérieure et cordiale, laquelle rend toutes ces actions agréables, douces et faciles. Regardez les abeilles sur le thym, elles y trouvent un suc fort amer; mais en le suçant elles le convertissent en miel, parce que telle est leur propriété. O mondain! les âmes dévotes trouvent beaucoup d'amertume en leur exercice de mortification, il est vrai; mais en les faisant elles les convertissent en douceur et suavité. Les feux, les flammes, les roues et les épées semblaient des fleurs et des parfums aux martyrs, parce qu'ils étaient dévots; que si la dévotion peut donner de la douceur aux plus cruels tourments et à la mort même, qu'est-ce qu'elle fera pour les actions de la vertu? Le sucre adoucit les fruits mal mûrs et corrige la crudité et nuisance[1] de ceux qui sont bien doux. Or la dévotion est le vrai sucre spirituel, qui ôte l'amertume aux mortifications et la nuisance aux consolations; elle ôte le chagrin aux pauvres et l'em-

---

[1] Et la malignité.

pressement aux riches, la désolation à l'oppressé et l'insolence au favorisé, la tristesse aux solitaires et la dissolution à celui qui est en compagnie; elle sert de feu en hiver et de rosée en été; elle sait abonder et souffrir pauvreté; elle rend également utile l'honneur et le mépris; elle reçoit le plaisir et la douleur avec un cœur presque toujours semblable, et nous remplit d'une suavité merveilleuse.

Contemplez l'échelle de Jacob (car c'est le vrai portrait de la vie dévote); les deux côtés entre lesquels on monte et auxquels les échelons se tiennent représentent l'oraison qui impètre[1] l'amour de Dieu et les sacrements qui le confèrent; les échelons ne sont autre chose que les divers degrés de charité, par lesquels l'on va de vertu en vertu, ou descendant par l'action au secours et support du prochain, ou montant par la contemplation en l'union amoureuse de Dieu. Or voyez, je vous prie, ceux qui sont sur l'échelle, ce sont des hommes qui ont des cœurs angéliques, ou des anges qui ont des corps humains. Ils ne sont pas jeunes; mais ils le semblent être, parce qu'ils sont pleins de vigueur et agilité spirituelle; ils ont des ailes pour voler et s'élancer en Dieu par la sainte oraison; mais ils ont des pieds aussi pour chemi-

[1] Obtient.

ner avec les hommes par une sainte et aimable conversation; leurs visages sont beaux et gais, d'autant qu'ils reçoivent toutes choses avec douceur et suavité; leurs jambes, leurs bras et leurs têtes sont tout à découvert, d'autant que leurs pensées, leurs affections et leurs actions n'ont aucun dessein ni motif que de plaire à Dieu; le reste de leur corps est couvert, mais d'une belle et légère robe, parce qu'ils usent voirement[1] de ce monde et des choses mondaines, mais d'une façon toute pure et sincère, n'en prenant que légèrement ce qui est requis pour leur condition. Telles sont les personnes dévotes. Croyez-moi, chère Philothée, la dévotion est la douceur des douceurs et la reine des vertus; car c'est la perfection de la charité. Si la charité est un lait, la dévotion en est la crème; si elle est une plante, la dévotion en est la fleur; si elle est une pierre précieuse, la dévotion en est l'éclat; si elle est un baume précieux, la dévotion en est l'odeur de suavité, qui conforte les hommes et réjouit les anges.

[1] A la vérité.

CHAPITRE III

QUE LA DÉVOTION EST CONVENABLE A TOUTES SORTES DE VOCATIONS ET PROFESSIONS.

Dieu commanda en la création aux plantes de porter leurs fruits, chacune selon son genre; ainsi commande-t-il aux chrétiens, qui sont les plantes vivantes de son Église, qu'ils produisent des fruits de dévotion, chacune selon sa qualité et vocation. La dévotion doit être différemment exercée par le gentilhomme, par l'artisan, par le valet, par le prince, par la veuve, par la fille, par la mariée; et non-seulement cela, mais il faut accommoder la pratique de dévotion aux forces, aux affaires et aux devoirs de chaque particulier. Je vous prie, Philothée, serait-il à propos que l'évêque voulût être solitaire comme les chartreux? et, si les mariés ne voulaient rien amasser non plus que les capucins, si l'artisan était tout le jour à l'église comme les religieux, et le religieux toujours exposé à toutes sortes de rencontres pour le service du prochain, comme l'évêque, cette dévotion ne serait-elle pas ridicule, déréglée et insupportable? Cette faute néanmoins arrive bien souvent, et le monde, qui ne discerne pas, ou ne veut pas discerner entre la dévotion et l'indiscrétion de ceux qui pensent être dévots, murmure et blâme la dévotion, laquelle ne peut mais de ces désordres.

Non, Philothée, la dévotion ne gâte rien quand elle est vraie; mais elle perfectionne tout, et, lorsqu'elle se rend contraire à la légitime vocation de quelqu'un, elle est sans doute fausse. « L'abeille, dit Aristote, tire son miel des fleurs sans les intéresser[1], les laissant entières et fraîches comme elle les a trouvées. » Mais la vraie dévotion fait encore mieux; car non-seulement elle ne gâte nulle sorte de vocation ni d'affaires, mais, au contraire, elle les orne et embellit. Toutes sortes de pierreries jetées dans le miel en deviennent plus éclatantes, chacune selon sa couleur; et chacun devient plus agréable en sa vocation, la conjoignant[2] à la dévotion : le soin de la famille en est rendu plus paisible, l'amour du mari et de la femme plus sincère, le service du Prince plus fidèle, toutes sortes d'occupations plus suaves et aimables.

C'est une erreur, ains[3] une hérésie, de vouloir bannir la vie dévote de la compagnie des soldats, de la boutique des artisans, de la cour des Princes, du ménage des gens mariés. Il est vrai, Philothée,

---

[1] Endommager. — [2] En la joignant. — [3] Même.

que la dévotion purement contemplative, monastique et religieuse, ne peut être exercée en ces vacations-là [1]; mais aussi, outre ces trois sortes de dévotion, il y en a plusieurs autres propres à perfectionner ceux qui vivent dans les états séculiers. Abraham, Isaac et Jacob, David, Job, Tobie, Sara, Rébecca et Judith en font foi par l'Ancien Testament; et, quant au Nouveau, saint Joseph, Lydia [2] et saint Crépin furent parfaitement dévots en leurs boutiques; sainte Anne, sainte Marthe, sainte Monique, Aquilla, Priscilla en leurs ménages; Cornélius, saint Sébastien, saint Maurice, parmi les armes; Constantin, Hélène, saint Louis, le B. Amé, saint Édouard, en leurs trônes. Il est même arrivé que plusieurs ont perdu la perfection en la solitude, qui est néanmoins si désirable pour la perfection, et l'ont conservée parmi la multitude, qui semble si peu favorable à la perfection. « Loth,

---

[1] Occupations, états. — [2] « *Lydia*, » sainte Lydia, marchande de pourpre, à Philippes, convertie par saint Paul. — « *Crespin*, » saint Crépin, frère de saint Crépinien, patron des cordonniers, martyrisé à Soissons en 287. — « *Aquilla, Priscilla*, » saint Aquille et sainte Priscille, son épouse, que saint Paul salue dans l'épître aux Romains, étaient fabricants de tentes à Corinthe. — « *Cornelius*, » Corneille le centenier, dont il est parlé aux *Actes des Apôtres*, ch. x. — « Le *Bienheureux Amé*, » il y a plusieurs saints de ce nom; mais nous croyons que l'auteur veut citer Amédée IX, duc de Savoie, mort en 1472.

dit saint Grégoire, qui fut si chaste en la ville, se souilla en la solitude. » Où que nous soyons, nous pouvons et devons aspirer à la vie parfaite.

CHAPITRE IV

DE LA NÉCESSITÉ D'UN CONDUCTEUR POUR ENTRER ET FAIRE PROGRÈS EN LA DÉVOTION.

Le jeune Tobie, commandé d'aller en Ragès : « Je ne sais nullement le chemin, dit-il. — Va donc, répliqua le père, et cherche quelque homme qui te conduise[1]. » Je vous en dis de même, ma Philothée. Voulez-vous à bon escient vous acheminer à la dévotion, cherchez quelque homme de bien qui vous guide et vous conduise. C'est ici l'avertissement des avertissements : « Quoi que vous cherchiez, dit le dévot Avila, vous ne trouverez jamais si assurément la volonté de Dieu que par le chemin de cette humble obéissance, tant recommandée et pratiquée par tous les anciens dévots. » La bienheureuse mère Thérèse, voyant que madame Catherine de Cordoue faisait de grandes pénitences, désira fort de l'imiter en cela, contre l'avis de son confesseur, qui le lui défendait, auquel elle était tentée de ne point obéir pour ce re-

---

[1] *Tobie*, v, 2, 4.

gard[1]. Et Dieu lui dit : « Ma fille, tu tiens un bon et assuré chemin. Vois-tu la pénitence qu'elle fait? Mais moi je fais plus de cas de ton obéissance. » Aussi elle aimait tant cette vertu, qu'outre l'obéissance qu'elle devait à ses supérieurs, elle en voua une toute particulière à un excellent homme, s'obligeant de suivre sa direction et conduite, dont elle fut infiniment consolée; comme, après et devant elle, plusieurs bonnes âmes qui, pour se mieux assujettir à Dieu, ont soumis leur volonté à celle de ses serviteurs; ce que sainte Catherine de Sienne loue infiniment en ses Dialogues. La dévote princesse sainte Élisabeth se soumit avec une extrême obéissance au docteur Conrad. Et voici l'un des avis que le grand saint Louis fit à son fils avant de mourir : « Confesse-toi souvent, élis un confesseur idoine[2], qui soit prud'homme[3], et qui te puisse sûrement enseigner à faire les choses qui te seront nécessaires. »

L'ami fidèle, dit l'Écriture sainte, est une forte protection; celui qui l'a trouvé a trouvé un trésor. L'ami fidèle est un médicament de vie et d'immortalité; ceux qui craignent Dieu le trouvent[4]. Ces divines paroles regardent principalement l'immortalité, comme vous voyez, pour laquelle il faut sur toutes choses avoir cet ami fidèle, qui guide nos

[1] A cet égard. — [2] Capable. — [3] Ici le mot *prud'homme* veut dire tout simplement *homme prudent*.— [4] *Eccl.* vi 14.

actions par ses avis et conseils, et par ce moyen nous garantisse des embûches et tromperies du malin : il nous sera comme un trésor de sagesse en nos afflictions, tristesses et chutes ; il nous servira de médicament, pour alléger et consoler nos cœurs dans les maladies spirituelles; il nous gardera du mal et rendra notre bien meilleur ; et, quand il nous arrivera quelque infirmité, il empêchera qu'elle ne soit pas à la mort[1], car il nous en relèvera.

Mais qui trouvera cet ami ? Le sage répond : Ceux qui craignent Dieu, c'est-à-dire les humbles, qui désirent fort leur avancement spirituel. Puisqu'il vous importe tant, Philothée, d'aller avec un bon guide en ce saint voyage de dévotion, priez Dieu avec une grande instance qu'il vous en fournisse un qui soit selon son cœur ; et ne doutez point, car, quand il devrait envoyer un ange du ciel comme il fit au jeune Tobie, il vous en donnera un bon et fidèle.

Or ce doit toujours être un ange pour vous : c'est-à-dire, quand vous l'aurez trouvé, ne le considérez pas comme un simple homme, et ne vous confiez point en lui, ni en son savoir humain, mais en Dieu, lequel vous favorisera et parlera par l'entremise de cet homme, mettant dans le cœur

---

[1] *A la mort*, c'est-à-dire, mortelle; allusion au mot de N. S. qui dit de la maladie de Lazare : *Infirmitas hæc non est ad mortem.* Joan., xi, 4.

et dans la bouche d'icelui ce qui sera requis pour votre bonheur, si que [1] vous le devez écouter comme un ange qui descend du ciel pour vous y mener. Traitez avec lui à cœur ouvert, en toute sincérité et fidélité, lui manifestant clairement votre bien et votre mal, sans feintise [2] ni dissimulation; et par ce moyen votre bien sera examiné et plus assuré, et votre mal sera corrigé et remédié; vous en serez allégée et fortifiée en vos afflictions, modérée et réglée en vos consolations. Ayez en lui une extrême confiance, mêlée d'une sacrée révérence, en sorte que la révérence ne diminue pas la confiance, et que la confiance n'empêche point la révérence. Confiez-vous en lui avec le respect d'une fille envers son père, respectez-le avec la confiance d'un fils envers sa mère. Bref, cette amitié doit être forte et douce, toute sainte, toute sacrée, toute divine et toute spirituelle.

Et pour cela choisissez-en un entre mille, dit Avila, et moi je dis entre dix mille, car il s'en trouve moins que l'on ne saurait dire qui soient capables de cet office. Il le faut plein de charité, de science et de prudence; si l'une de ces trois parties lui manque, il y a du danger; mais je vous dis derechef : Demandez-le à Dieu, et, l'ayant obtenu, bénissez sa divine Majesté, demeurez ferme,

[1] *Si que...* pour *si bien que...* — [2] Feinte.

et n'en cherchez point d'autres ; ains allez simplement, humblement et confidemment[1], car vous ferez un très-heureux voyage.

CHAPITRE V

QU'IL FAUT COMMENCER PAR LA PURGATION[2] DE L'AME.

Les fleurs, dit l'époux sacré, *apparaissent en notre terre : le temps d'émonder et tailler est venu*[3]. Quelles sont les fleurs de nos cœurs, ô Philothée ! sinon les bons désirs ? Or, aussitôt qu'ils paraissent, il faut mettre la main à la serpe pour retrancher de notre conscience toutes les œuvres mortes et superflues; la fille étrangère, pour épouser l'Israélite, devait ôter la robe de sa captivité, rogner ses ongles et raser ses cheveux ; et l'âme qui aspire à l'honneur d'être épouse du Fils de Dieu se doit dépouiller du vieil homme et se revêtir du nouveau, quittant le péché; puis rogner et raser toutes sortes d'empêchements qui détournent de l'amour de Dieu; c'est le commencement de notre santé que d'être purgé de nos humeurs peccantes[4]. Saint Paul, tout en un mo-

---

[1] Avec confiance. — [2] Purification. — [3] *Cant. cant.*, II, 12. — [4] Allusion à un terme de médecine de l'époque.

ment, fut purgé d'une purgation parfaite, comme fut aussi sainte Catherine de Gênes, sainte Madeleine, sainte Pélagie et quelques autres; mais cette sorte de purgation est toute miraculeuse et extraordinaire en la grâce, comme la résurrection des morts en la nature; si bien que nous ne devons pas y prétendre. La purgation et guérison ordinaire, soit des corps, soit des esprits, ne se fait que petit à petit, par progrès, d'avancement en avancement, avec peine et loisir.

Les anges ont des ailes sur l'échelle de Jacob; mais ils ne volent pas, et montent et descendent par ordre d'échelon en échelon. L'âme qui monte du péché à la dévotion est comparée à l'aube, laquelle s'élevant ne chasse pas les ténèbres en un instant, mais petit à petit; la guérison, dit l'aphorisme, qui se fait tout bellement, est toujours plus assurée; les maladies du cœur, aussi bien que celles du corps, viennent à cheval et en poste; mais elles s'en revont à pied et au petit pas. Il faut donc être courageuse et patiente, ô Philothée! en cette entreprise. Hélas! quelle pitié est-ce de voir des âmes, lesquelles, se voyant sujettes à plusieurs imperfections, après s'être exercées quelques mois en la dévotion, commencent à s'inquiéter, se troubler et décourager, laissant presque emporter leur cœur à la tentation de tout quitter et retourner en arrière; mais aussi, de l'autre côté, n'est-ce pas un extrême danger aux âmes, lesquelles, par une tentation contraire, se font accroire d'être purgées[1] de leurs imperfections le premier jour de leur purgation, se tenant pour parfaites avant presque que d'être faites, en se mettant au vol sans ailes! ô Philothée, qu'elles sont en grand péril de rechoir pour s'être trop tôt ôtées d'entre les mains du médecin! Ah! ne vous levez pas avant que la lumière soit arrivée, dit le prophète; levez-vous après que vous aurez été assis[2]; et lui-même, pratiquant cette leçon, et ayant été déjà lavé et nettoyé, demande de l'être derechef.

L'exercice de la purgation de l'âme ne se peut ni doit finir qu'avec notre vie. Ne nous troublons donc point de nos imperfections, car notre perfection consiste à les combattre, et nous ne saurions les combattre sans les voir, ni les vaincre sans les rencontrer; notre victoire ne gît pas à ne les sentir point, mais à ne point leur consentir.

Mais ce n'est pas leur consentir que d'en être incommodé; il faut bien que, pour l'exercice de notre humilité, nous soyons quelquefois blessés en cette bataille spirituelle; néanmoins nous ne sommes jamais vaincus, sinon lorsque nous avons

---

[1] Croient être purgées. — [2] *Ps.* cxxvi, 2.

perdu ou la vie ou le courage. Or les imperfections ou péchés véniels ne nous sauraient ôter la vie spirituelle; car elle ne se perd que par le péché mortel. Il reste donc seulement qu'elles ne nous fassent point perdre le courage. Délivrez-moi, Seigneur, disait David, de la couardise[1] et découragement; c'est une heureuse condition pour nous en cette guerre que nous soyons toujours vainqueurs, pourvu que nous voulions combattre.

CHAPITRE VI

DE LA PREMIÈRE PURGATION, QUI EST CELLE DES PÉCHÉS MORTELS.

La première purgation qu'il faut faire, c'est celle du péché; le moyen de la faire, c'est le saint sacrement de pénitence : cherchez le plus digne confesseur que vous pourrez, prenez en main quelqu'un des petits livres qui ont été faits pour aider les consciences à se bien confesser, comme Grenade, Bruno, Arias, Auger; lisez-les bien, et remarquez de point en point en quoi vous aurez

---

[1] Lâcheté.

offensé, à prendre depuis que vous eûtes l'usage de raison jusqu'à l'heure présente. Et, si vous vous défiez de votre mémoire, mettez en écrit ce que vous aurez remarqué; et, ayant ainsi préparé et ramassé les humeurs peccantes de votre conscience, détestez-les et les rejetez par une contrition et déplaisir aussi grand que votre cœur le pourra souffrir, considérant ces quatre choses : que par le péché vous avez perdu la grâce de Dieu, quitté votre part de paradis, accepté les peines éternelles de l'enfer, et renoncé à la vision et à l'amour éternel de Dieu. Vous voyez bien, Philothée, que je parle d'une confession générale de toute la vie, laquelle, certes, je confesse bien n'être pas toujours absolument nécessaire; mais je considère bien aussi qu'elle vous sera extrêmement utile en ce commencement; c'est pourquoi je vous la conseille grandement. Il arrive souvent que les confessions ordinaires de ceux qui vivent d'une vie commune et vulgaire sont pleines de grands défauts. Car souvent on ne se prépare point ou fort peu; on n'a point la contrition requise; ainsi il advient maintefois que l'on se va confesser avec une volonté tacite de retourner au péché, d'autant qu'on ne veut pas éviter l'occasion du péché, ni prendre les expédients nécessaires à l'amendement de la vie; et en tous ces cas ici la confession générale est requise pour assurer l'âme. Mais, outre cela, la confession générale nous appelle à la connaissance de nous-même, nous provoque à une salutaire confusion pour notre vie passée, nous fait admirer la miséricorde de Dieu, qui nous a attendu en patience; elle apaise nos cœurs, délasse nos esprits, excite en nous de bons propos, donne sujet à notre père spirituel de nous faire des avis [1] plus convenables à notre condition, et nous ouvre le cœur, pour, avec confiance, nous bien déclarer aux confessions suivantes.

Parlant donc d'un renouvellement général de notre cœur et d'une conversion universelle de notre âme à Dieu, par l'entremise de la vie dévote, j'ai bien raison, ce me semble, Philothée, de vous conseiller cette confession générale.

CHAPITRE VII

DE LA SECONDE PURIFICATION, QUI EST CELLE DES AFFECTIONS DU PÉCHÉ.

Tous les Israélites sortirent en effet de la terre d'Égypte; mais ils n'en sortirent pas tous d'affection. C'est pourquoi emmi [2] le désert plusieurs

---

[1] Donner des avis. — [2] Dans.

d'entre eux regrettaient de n'avoir pas les oignons et les chairs d'Égypte. Ainsi il y a des pénitents qui sortent en effet du péché, et n'en quittent pourtant pas l'affection, c'est-à-dire ils proposent de ne plus pécher; mais c'est avec un certain contre-cœur qu'ils ont de se priver et abstenir des malheureuses délectations du péché. Leur cœur renonce au péché et s'en éloigne; mais il ne laisse pas pour cela de se retourner maintes fois de ce côté-là, comme fit la femme de Loth du côté de Sodome. Ils s'abstiennent du péché, comme les malades font des melons, lesquels ils ne mangent pas, parce que le médecin les menace de mort s'ils en mangent; mais ils s'inquiètent de s'en abstenir, ils en parlent et marchandent s'il se pourrait faire; ils les veulent au moins sentir, et estiment bienheureux ceux qui en peuvent manger. Car ainsi ces faibles et lâches pénitents s'abstiennent pour quelque temps du péché; mais c'est à regret : ils voudraient bien pouvoir pécher sans être damnés. Ils parlent avec ressentiment[1] et goût du péché, et estiment contents ceux qui le font. Un homme, résolu de se venger, changera de volonté en la confession, mais tôt après on le trouvera parmi ses amis qui prend plaisir à parler de sa querelle, disant que, si ce n'eût été

[1] Plaisir intérieur.

la crainte de Dieu, il eût fait ceci et cela; et que la loi divine, en cet article de pardonner, est difficile; que plût à Dieu qu'il fût permis de se venger. Ah! qui ne voit qu'encore que ce pauvre homme soit hors du péché, il est néanmoins tout embarrassé de l'affection du péché; et qu'étant hors d'Égypte en effet, il y est encore en appétit, désirant les aulx et les oignons qu'il y soulait manger[1]? Hélas! que de telles gens sont en grand péril!

O Philothée! puisque vous voulez entreprendre la vie dévote, il ne vous faut pas seulement quitter le péché; mais il faut tout à fait émonder votre cœur de toutes les affections qui dépendent du péché; car, outre le danger qu'il y aurait de faire rechute, ces misérables affections alanguiraient perpétuellement votre esprit et l'appesantiraient en telle sorte, qu'il ne pourrait pas faire les bonnes œuvres promptement, diligemment et fréquemment, en quoi gît néanmoins la vraie essence de la dévotion. Les âmes, lesquelles sorties de l'état du péché ont encore ces affections et alanguissements, ressemblent, à mon avis, aux personnes qui ont les pâles couleurs, lesquelles ne sont pas malades; mais toutes leurs actions sont malades; elles mangent sans goût, dorment sans repos,

---

[1] Qu'il avait coutume d'y manger.

rient sans joie, et se traînent plutôt que de cheminer. Car de même ces âmes font le bien avec des lassitudes spirituelles si grandes, qu'elles ôtent toute la grâce à leurs bons exercices, qui sont peu en nombre et petits en effet.

CHAPITRE VIII.

DU MOYEN DE FAIRE CETTE SECONDE PURGATION.

Or le premier moyen pour parvenir à cette seconde purgation, c'est la vive et forte appréhension du grand mal que le péché nous apporte, par le moyen de laquelle nous entrons en une profonde et véhémente contrition. Car tout ainsi que la contrition, pourvu qu'elle soit vraie, pour petite qu'elle soit, et surtout étant jointe à la vertu des sacrements, nous purge suffisamment du péché; de même, quand elle est grande et véhémente, elle nous purge de toutes les affections qui dépendent du péché. Une haine ou rancune faible et débile nous fait avoir à contre-cœur celui que nous haïssons et nous fait fuir sa compagnie; mais, si c'est une haine mortelle et violente, non-seulement nous fuyons et abhorrons celui à qui nous la portons, mais nous avons à dégoût et ne pouvons souffrir la conversation de ses alliés, parents et amis, non pas même son image, ni chose qui lui appartienne. Ainsi, quand le pénitent ne hait le péché que par une légère (quoique vraie) contrition, il se résout voirement bien[1] à ne plus pécher; et, quand il le hait d'une contrition puissante et vigoureuse, non-seulement il déteste le péché, mais encore toutes les affections, dépendances et acheminements du péché. Il faut donc, Philothée, agrandir tant qu'il nous sera possible notre contrition et repentance, afin qu'elle s'étende jusqu'aux moindres appartenances du péché. Ainsi Madeleine en sa conversion perdit tellement le goût des péchés et des plaisirs qu'elle y avait pris, que jamais plus elle n'y pensa; et David protestait de non-seulement haïr le péché, mais aussi toutes les voies et sentiers d'icelui[2]. En ce point consiste le rajeunissement de l'âme, que ce même prophète compare au renouvellement de l'aigle[3].

Or, pour parvenir à cette appréhension et contrition, il faut que vous vous exerciez soigneusement aux méditations suivantes, lesquelles, étant bien pratiquées, déracineront de votre cœur, moyennant la grâce de Dieu, le péché et les prin-

[1] Certainement. — [2] *Ps.* cxviii, 104. — [3] *Ps.* ciii, 5.

cipales affections du péché; aussi les ai-je dressées tout à fait pour cet usage. Vous les ferez l'une après l'autre, selon que je les ai marquées, n'en prenant qu'une pour chaque jour, laquelle vous ferez le matin, s'il est possible, qui est le temps le plus propre pour toutes les actions de l'esprit, et la ruminerez le reste de la journée. Que si vous n'êtes encore pas duite[1] à faire la méditation, voyez ce qui en sera dit en la seconde partie.

CHAPITRE IX

DE LA CRÉATION.

MÉDITATION I

PRÉPARATION.

Mettez-vous en la présence de Dieu.
Suppliez-le qu'il vous inspire.

CONSIDÉRATIONS.

Considérez qu'il n'y a que tant d'ans que vous n'étiez point au monde, et que votre être était un

[1] Habituée.

vrai rien : où étions-nous, ô mon âme! en ce temps-là? le monde avait déjà tant duré, et de nous il n'en était nulle nouvelle.

Dieu vous a fait éclore de ce rien, pous vous rendre ce que vous êtes, sans qu'il eût besoin de vous, et par sa seule bonté.

Considérez l'être que Dieu vous a donné, car c'est le premier être du monde visible, capable de vivre éternellement et de s'unir parfaitement à sa divine Majesté.

AFFECTIONS ET RÉSOLUTIONS.

Humiliez-vous profondément devant Dieu, disant de cœur avec le Psalmiste : « O Seigneur! je suis devant vous comme un vrai rien [1], et comment eûtes-vous mémoire de moi pour me créer? Hélas! mon âme, tu étais abîmée dans cet ancien néant, et y serais encore de présent, si Dieu ne t'en eût retirée : et que ferais-tu dans ce rien? »

Rendez grâces à Dieu. O mon grand et bon Créateur! combien je vous suis redevable, puisque vous m'êtes allé prendre dans mon rien pour me rendre par votre miséricorde ce que je suis! Qu'est-ce que je ferai jamais pour dignement bé-

---

[1] *Ps.* xxxviii, 6.

nir votre saint nom et remercier votre immense bonté?

Confondez-vous. Mais, hélas! mon Créateur, au lieu de m'unir à vous par amour et service, je me suis rendue toute rebelle par mes déréglées affections, me séparant et éloignant de vous pour me joindre au péché et à l'iniquité, n'honorant non plus votre bonté que si vous n'eussiez pas été mon Créateur.

Abaissez-vous devant Dieu. O mon âme! sache que le Seigneur est ton Dieu : c'est lui qui t'a faite, et tu ne t'es pas faite toi-même; ô Dieu! je suis l'ouvrage de vos mains.

Je ne veux donc plus désormais me complaire en moi-même, qui de ma part ne suis rien. De quoi te glorifies-tu, ô poudre et cendre[1]? mais, plutôt, ô vrai néant! de quoi t'exaltes-tu? Pour m'humilier, je veux faire telle et telle chose, supporter tels et tels mépris; je veux changer de vie, et suivre désormais mon Créateur, et m'honorer de la condition de l'être qu'il m'a donné, l'employant tout entièrement à l'obéissance de sa volonté, par les moyens qui me seront enseignés, et desquels je m'enquerrai vers mon père spirituel.

[1] *Eccli.*, x, 9.

CONCLUSION.

Remerciez Dieu. Bénis, ô mon âme! ton Dieu, et que toutes mes entrailles louent son saint nom[1]; car sa bonté m'a tirée du rien, et sa miséricorde m'a créée.

Offrez. O mon Dieu! je vous offre l'être que vous m'avez donné, avec tout mon cœur; je vous le dédie et consacre.

Priez. O Dieu! fortifiez-moi en ces affections et résolutions; ô sainte Vierge! recommandez-les à la miséricorde de votre Fils, avec tous ceux pour qui je dois prier. *Pater noster. Ave, Maria.*

Au sortir de l'oraison, en vous promenant un peu, recueillez un petit bouquet de dévotion des considérations que vous aurez faites, pour l'odorer[2] le long de la journée.

CHAPITRE X

DE LA FIN POUR LAQUELLE NOUS SOMMES CRÉÉS.

MÉDITATION II

PRÉPARATION.

Mettez-vous devant Dieu.
Priez-le qu'il vous inspire.

[1] *Ps.* cii. 1. — [2] Le flairer.

CONSIDÉRATIONS.

Dieu ne vous a pas mise en ce monde pour aucun besoin qu'il eût de vous, qui lui êtes du tout[1] inutile, mais seulement afin d'exercer en vous sa bonté, vous donnant sa grâce et sa gloire. Et pour cela il vous a donné l'entendement pour le connaître, la mémoire pour vous souvenir de lui, la volonté pour l'aimer, l'imagination pour vous représenter ses bienfaits, les yeux pour voir les merveilles de ses ouvrages, la langue pour le louer, et ainsi des autres facultés.

Étant créée et mise en ce monde à cette intention, toutes actions contraires à celles-ci doivent être rejetées et évitées, et celles qui ne servent de rien à cette fin doivent être méprisées, comme vaines et superflues.

Considérez le malheur du monde, qui ne pense point à cela, mais vit comme s'il croyait n'être créé que pour bâtir des maisons, planter des arbres, assembler des richesses et faire des badineries.

AFFECTIONS ET RÉSOLUTIONS.

Confondez-vous, reprochant à votre âme sa misère, qui a été si grande ci-devant, qu'elle n'a que

---

[1] Entièrement.

peu ou point pensé à tout ceci. Hélas! direz-vous, que pensais-je, ô mon Dieu! quand je ne pensais point à vous? de quoi me ressouvenais-je, quand je vous oubliais? qu'aimais-je, quand je ne vous aimais pas? Hélas! je me devais repaître de la vérité, et je me remplissais de la vanité et servais le monde, qui n'est fait que pour me servir.

Détestez la vie passée. Je vous renonce, pensées vaines et cogitations[1] inutiles; je vous abjure, ô souvenirs détestables et frivoles! je vous renonce, amitiés infidèles et déloyales, services perdus et misérables, gratifications ingrates, complaisances fâcheuses.

Convertissez-vous à Dieu. Et vous, ô mon Dieu, mon Sauveur, vous serez dorénavant le seul objet de mes pensées; non, jamais je n'appliquerai mon esprit à des cogitations qui vous soient désagréables. Ma mémoire se remplira, tous les jours de ma vie, de la grandeur de votre débonnaireté[2], si doucement exercée en mon endroit. Vous serez les délices de mon cœur et la suavité de mes affections.

Ah! donc tels et tels fatras et amusements auxquels je m'appliquais, tels et tels vains exercices auxquels j'employais ma journée, telles et telles affections qui engageaient mon cœur, me seront

---

[1] Préoccupations. — [2] Bonté.

désormais en horreur; et à cette intention j'userai de tels et tels remèdes.

CONCLUSION.

Remerciez Dieu qui vous a faite pour une fin si excellente. Vous m'avez faite, ô Seigneur! pour vous, afin que je jouisse éternellement de l'immensité de votre gloire; quand sera-ce que j'en serai digne, et quand vous bénirai-je selon mon devoir?

Offrez. Je vous offre, ô mon cher Créateur, toutes ces mêmes affections et résolutions, avec toute mon âme et mon cœur.

Priez. Je vous supplie, ô Dieu! d'avoir agréables mes souhaits et mes vœux, et de donner votre sainte bénédiction à mon âme, à cette fin qu'elle les puisse accomplir par le mérite du sang de votre Fils répandu sur la croix.

FAITES LE PETIT BOUQUET DE DÉVOTION.

CHAPITRE XI

DES BÉNÉFICES[1] DE DIEU.

MÉDITATION III

PRÉPARATION.

Mettez-vous en la présence de Dieu.
Priez-le qu'il vous inspire.

CONSIDÉRATIONS.

Considérez les grâces corporelles que Dieu vous a données, quel corps, quelles commodités de l'entretenir, quelle santé, quelles consolations loisibles pour icelui, quels amis, quelles assistances; mais cela, considérez-le avec une comparaison de tant d'autres personnes qui valent mieux que vous, lesquelles sont destituées de ces bénéfices[1] : les unes gâtées de corps, de santé, de membres; les autres abandonnées à la merci des opprobres, du mépris et déshonneur; les autres accablées de

---

[1] Bienfaits.

pauvreté; et Dieu n'a pas voulu que vous fussiez si misérable.

Considérez les dons de l'esprit : combien y a-t-il au monde de gens hébétés, enragés, insensés! et pourquoi n'êtes-vous pas du nombre? Dieu vous a favorisée; combien y en a-t-il qui ont été nourris rustiquement et en une extrême ignorance, et la Providence divine vous a fait élever civilement et honorablement.

Considérez les grâces spirituelles : ô Philothée! vous êtes des enfants de l'Église, Dieu vous a enseigné sa connaissance dès votre jeunesse. Combien de fois vous a-t-il donné ses sacrements? combien de fois des inspirations, des lumières intérieures, des répréhensions [1] pour votre amendement? combien de fois vous a-t-il pardonné vos fautes? combien de fois délivrée des occasions de vous perdre où vous étiez exposée? Et ces années passées, n'étaient-ce pas un loisir et commodité de vous avancer au bien de votre âme? Voyez un peu, par le menu [2], combien Dieu vous a été doux et gracieux.

AFFECTIONS ET RÉSOLUTIONS.

Admirez la bonté de Dieu. Oh! que mon Dieu est bon en mon endroit! oh! qu'il est bon! Oh! que votre

[1] Réprimandes. — [2] En détail.

cœur, Seigneur, est riche en miséricorde et libéral en débonnaireté! O mon âme! racontons à jamais combien de grâces il nous a faites.

Admirez votre ingratitude. Mais que suis-je, Seigneur, que vous ayez eu mémoire de moi? Oh! que mon indignité est grande! Hélas! j'ai foulé aux pieds vos bénéfices, j'ai déshonoré vos grâces, les convertissant en abus et mépris de votre souveraine bonté; j'ai opposé l'abîme de mon ingratitude à l'abîme de votre grâce et faveur.

Excitez-vous à reconnaissance. Sus donc, ô mon cœur! ne veuille plus être infidèle, ingrat et déloyal à ce grand bienfaiteur. Et comment mon âme ne sera-t-elle pas à jamais sujette à Dieu, qui a fait tant de merveilles et de grâces en moi et pour moi?

Ah! donc, Philothée, retirez votre corps de telles et telles voluptés, rendez-le sujet au service de Dieu, qui a tant fait pour lui; appliquez votre âme à le connaître et reconnaître, par tels et tels exercices qui sont requis pour cela. Employez soigneusement les moyens qui sont en l'Église, pour vous sauver et aimer Dieu; oui, je fréquenterai l'oraison, les sacrements; j'écouterai la sainte parole, je pratiquerai les inspirations et conseils.

CONCLUSION.

Remerciez Dieu de la connaissance qu'il vous a donnée maintenant de votre devoir et de tous les bienfaits ci-devant reçus.

Offrez-lui votre cœur avec toutes vos résolutions.

Priez-le qu'il vous fortifie, pour les pratiquer fidèlement par le mérite de la mort de son Fils; implorez l'intercession de la Vierge et des saints. *Pater noster,* etc.

FAITES LE PETIT BOUQUET SPIRITUEL.

CHAPITRE XII

DES PÉCHÉS.

MÉDITATION IV

PRÉPARATION.

Mettez-vous en la présence de Dieu.
Suppliez-le qu'il vous inspire.

CONSIDÉRATIONS.

Pensez combien il y a que vous commencez à pécher, et voyez combien, dès ce premier commencement-là, les péchés se sont multipliés en votre cœur, comme tous les jours vous les avez accrus contre Dieu, contre vous-même, contre le prochain, par œuvre, par parole, par désir et pensées.

Considérez vos mauvaises inclinations, et combien vous les avez suivies. Et par ces deux points vous verrez que vos coulpes [1] sont en plus grand nombre que les cheveux de votre tête [2], voire que le sable de la mer.

Considérez à part le péché d'ingratitude envers Dieu, qui est un péché général, lequel s'épanche par tous les autres et les rend infiniment plus énormes; voyez donc combien de bénéfices Dieu vous a faits, et que de tous vous avez abusé contre le donateur; singulièrement combien d'inspirations méprisées, combien de beaux mouvements rendus inutiles! Et encore plus que tout, combien de fois avez-vous reçu les sacrements, et où en sont les fruits? que sont devenus ces précieux joyaux dont votre cher époux vous avait ornée? tout cela a été couvert sous vos iniquités; avec quelle préparation les avez-vous reçus? Pensez à cette ingratitude, que, Dieu ayant tant couru après

[1] Fautes. — [2] *Ps.* xxxix, 13.

vous pour vous sauver, vous avez toujours fui devant lui pour vous perdre.

AFFECTIONS ET RÉSOLUTIONS.

Confondez-vous en votre misère. O mon Dieu! comment osai-je comparaître devant vos yeux? Hélas! je ne suis qu'une apostème [1] du monde et un égout d'ingratitude et d'iniquité. Est-il possible que j'aie été si déloyale, que je n'aie laissé pas un seul de mes sens, pas une des puissances de mon âme, que je n'aie gâté, violé et souillé, et que pas un jour de ma vie ne soit écoulé, auquel je n'aie produit de si mauvais effets? Est-ce ainsi que je devais contre-changer [2] les bénéfices de mon Créateur et le sang de mon Rédempteur?

Demandez pardon, et vous jetez aux pieds du Seigneur comme un enfant prodigue, comme une Madeleine. O Seigneur! miséricorde sur cette pécheresse, hélas! O source vive de compassion! ayez pitié de cette misérable.

Proposez de vivre mieux. O Seigneur! non jamais plus, moyennant votre grâce, non jamais plus je ne m'abandonnerai au péché.

Hélas! je ne l'ai que trop aimé, je le déteste, et vous embrasse. O Père de miséricorde! je veux vivre et mourir en vous.

[1] Un rebut, ancien terme de médecine. — [2] Est-ce là ce que je pouvais *donner en échange* pour les bienfaits?...

Pour effacer les péchés passés, je m'en accuserai courageusement, et n'en laisserai pas un que je ne pousse dehors.

Je ferai tout ce que je pourrai pour en déraciner entièrement les plantes de mon cœur, particulièrement de tels et tels qui me sont plus ennuyeux.

Et, pour ce faire, j'embrasserai constamment les moyens qui me seront conseillés, ne me semblant avoir jamais assez fait pour réparer de si grandes fautes.

CONCLUSION.

Remerciez Dieu, qui vous a attendue jusqu'à cette heure et vous a donné ces bonnes affections.

Faites-lui offrande de votre cœur pour les effectuer.

Priez-le qu'il vous fortifie, etc.

CHAPITRE XIII

DE LA MORT.

MÉDITATION V

PRÉPARATION.

Mettez-vous en la présence de Dieu.
Demandez-lui sa grâce.

Imaginez-vous d'être malade en extrémité dans le lit de la mort, sans espérance aucune d'en échapper.

CONSIDÉRATIONS.

Considérez l'incertitude du jour de votre mort, ô mon âme! vous sortirez un jour de ce corps. Quand sera-ce, en hiver ou en été? en la ville ou au village? de jour ou de nuit? sera-ce à l'imprévu ou avec avertissement? sera-ce de maladie ou d'accident? aurez-vous le loisir de vous confesser ou non? serez-vous assistée de votre confesseur et père spirituel? Hélas! de tout cela nous n'en savons rien du tout; seulement cela est assuré, que nous mourrons, et toujours plus tôt que nous ne pensons.

Considérez qu'alors le monde finira pour ce qui vous regarde, il n'y en aura plus pour vous; il renversera sens dessus dessous devant vos yeux : oui, car alors les plaisirs, les vanités, les joies mondaines, les affections vaines, nous apparaîtront comme des fantômes et nuages. Ah! chétive[1]! pour quelles bagatelles et chimères ai-je offensé mon Dieu? Vous verrez que nous avons quitté Dieu pour néant. Au contraire, la dévotion, les bonnes œuvres, vous sembleront alors si désirables et douces : et pourquoi n'ai-je suivi ce beau et gra-

[1] Ame chétive, pauvre âme!

cieux chemin? Alors les péchés qui semblaient bien petits paraîtront gros comme des montagnes, et votre dévotion bien petite.

Considérez les grands et langoureux adieux que votre âme dira à ce bas monde; elle dira adieu aux richesses, aux vanités et vaines compagnies, aux plaisirs, aux passe-temps, aux amis et voisins, aux parents, bref, à toute créature. Et enfin, finalement à son corps, qu'elle délaissera pâle, hâve, défait, hideux et puant.

Considérez les empressements qu'on aura pour lever [1] ce corps-là et le cacher en terre, et que, cela fait, le monde ne pensera plus guère à vous, ni n'en fera plus mémoire, non plus que vous n'avez guère pensé aux autres. Dieu lui fasse paix, dira-t-on, et puis c'est tout. O mort! que tu es inconsidérable [2] et que si tu es impiteuse [3] !

Considérez qu'au sortir du corps l'âme prend son chemin, ou à droite ou à gauche. Hélas! où ira la vôtre, quelle voie tiendra-t-elle? Non autre que celle qu'elle aura commencée en ce monde.

AFFECTIONS ET RÉSOLUTIONS.

Priez Dieu et vous jetez entre ses bras. Las! Seigneur, recevez-moi en votre protection pour

---

[1] Enlever. — [2] Qui ne considère rien.— [3] Sans pitié.

ce jour effroyable. Rendez-moi cette heure heureuse et favorable, et que plutôt toutes les autres de ma vie me soient tristes et d'affliction.

Méprisez le monde. Puisque je ne sais l'heure en laquelle il te faut quitter, ô monde! je ne me veux point attacher à toi. O mes chers amis! permettez-moi que je ne vous affectionne plus que par une amitié sainte, laquelle puisse durer éternellement; car pourquoi m'unir à vous, en sorte qu'il faille quitter et rompre la liaison?

Je me veux préparer à cette heure, et prendre le soin requis pour faire ce passage heureusement : je veux assurer l'état de ma conscience de tout mon pouvoir, et veux mettre ordre à tels et tels manquements.

CONCLUSION.

Remerciez Dieu de ces résolutions qu'il vous a données; offrez-les à sa Majesté; suppliez-la derechef qu'elle vous rende votre mort heureuse par le mérite de celle de son Fils. Implorez l'aide de la Vierge et des saints. *Pater, Ave Maria.*

FAITES UN BOUQUET DE MYRRHE.

CHAPITRE XIV

DU JUGEMENT.

MÉDITATION VI

PRÉPARATION.

Mettez-vous devant Dieu.
Suppliez-le qu'il vous inspire.

CONSIDÉRATIONS.

Enfin, après le temps que Dieu a marqué pour la durée de ce monde, et après une quantité de signes et présages horribles pour lesquels les hommes sécheront d'effroi et de crainte, le feu, venant comme un déluge, brûlera et réduira en cendre toute la face de la terre, sans qu'aucune des choses que nous voyons sur celle-ci en soit exempte.

Après ce déluge de flammes et de foudres, tous les hommes ressusciteront de la terre (excepté ceux qui sont déjà ressuscités), et à la voix de l'archange comparaîtront en la vallée de Josaphat. Mais, hélas! avec quelle différence, car les uns y seront en corps glorieux et resplendissants, et les autres en corps hideux et horribles.

Considérez la majesté avec laquelle le souverain juge comparaîtra environné de tous les anges et saints, ayant devant soi sa croix plus reluisante que le soleil, enseigne de grâce pour les bons et de rigueur pour les mauvais.

Ce souverain juge, par son commandement redoutable, et qui sera soudain exécuté, séparera les bons des mauvais, mettant les uns à sa droite, les autres à sa gauche; séparation éternelle, et après laquelle jamais plus ces bandes ne se trouveront ensemble.

La séparation faite et les livres des consciences ouverts, on verra clairement la malice des mauvais et le mépris dont ils ont usé contre Dieu; et, d'ailleurs, la pénitence des bons et les effets de la grâce de Dieu qu'ils ont reçue; et rien ne sera caché. O Dieu! quelle confusion pour les uns, quelle consolation pour les autres!

Considérez la dernière sentence des mauvais. Allez, maudits, au feu éternel qui est préparé au diable et à ses compagnons[1]. Pesez ces paroles si pesantes : « Allez, » dit-il : c'est un mot d'abandonnement perpétuel que Dieu fait de tels malheureux, les bannissant pour jamais de sa face. Il

---

[1] Matth., xxv, 41.

les appelle maudits : ô mon âme! quelle malédiction! malédiction générale, qui comprend tous les maux; malédiction irrévocable, qui comprend tous les temps et l'éternité. Il ajoute : au feu éternel. Regarde, ô mon cœur! cette grande éternité; ô éternelle éternité des peines, que tu es effroyable!

Considérez la sentence contraire des bons : Venez, dit le Juge (ah! c'est le mot agréable de salut par lequel Dieu nous tire à soi et nous reçoit dans le giron de sa bonté), bénis de mon père! ô chère bénédiction qui comprend toute bénédiction! Possédez le royaume qui vous est préparé dès la constitution du monde [1]. O Dieu! quelle grâce! car ce royaume n'aura jamais de fin.

AFFECTIONS ET RÉSOLUTIONS.

Tremble, ô mon âme! à ce souvenir. O Dieu! qui me peut assurer pour cette journée, en laquelle les colonnes du ciel trembleront de frayeur?

Détestez vos péchés, qui seuls vous peuvent perdre en cette journée épouvantable.

Ah! je me veux juger moi-même maintenant, afin que je ne sois pas jugée; je veux examiner ma conscience et me condamner, m'accuser et me corriger, afin que le Juge ne me condamne en ce

---

[1] Matth., xxv, 34.

jour redoutable : je me confesserai donc, j'accepterai les avis nécessaires, etc.

CONCLUSION.

Remerciez Dieu qui vous a donné moyen de vous assurer pour ce jour-là, et le temps de faire pénitence.

Offrez-lui votre cœur pour la faire.

Priez-le qu'il vous fasse la grâce de vous en bien acquitter. *Pater noster, Ave.*

FAITES UN BOUQUET.

CHAPITRE XV

DE L'ENFER.

MÉDITATION VII

PRÉPARATION.

Mettez-vous en la présence divine.

Humiliez-vous et demandez son assistance.

Imaginez-vous une ville ténébreuse, toute brûlante de soufre et de poix puante, pleine de citoyens qui n'en peuvent sortir.

CONSIDÉRATIONS.

Les damnés sont dans l'abîme infernal, comme dans cette ville infortunée, en laquelle ils souffrent des tourments indicibles en tous leurs sens et en tous leurs membres ; parce que, comme ils ont employé tous leurs sens et leurs membres pour pécher, ainsi souffriront-ils en tous leurs membres et en tous leurs sens les peines dues au péché : les yeux, pour leurs faux et mauvais regards, souffriront l'horrible vision des diables et de l'enfer; les oreilles, pour avoir pris plaisir aux discours vicieux, n'ouïront jamais que pleurs, lamentations et désespoirs, et ainsi des autres.

Outre tous ces tourments, il y en a encore un plus grand, qui est la privation et perte de la gloire de Dieu, laquelle ils sont forclos [1] de jamais voir.

Que si Absalon trouva que la privation de la face aimable de son père David était plus ennuyeuse que son exil, ô Dieu ! quel regret d'être à jamais privée de voir votre doux et suave visage !

Considérez surtout l'éternité de ces peines, laquelle seule rend l'enfer insupportable. Hélas ! si une puce en notre oreille, si la chaleur d'une petite fièvre, nous rend une courte nuit si longue et ennuyeuse, combien sera épouvantable la nuit de

[1] Empêchés.

l'éternité avec tant de tourments? De cette éternité naissent le désespoir éternel, les blasphèmes et rages infinies.

AFFECTIONS ET RÉSOLUTIONS

Épouvantez votre âme par les paroles de Job[1] : O mon âme ! pourrais-tu bien vivre éternellement avec ces ardeurs perdurables[2] et dans ce feu dévorant? veux-tu bien quitter ton Dieu pour jamais?

Confessez que vous l'avez mérité : mais combien de fois? Or, désormais, je veux prendre parti au chemin contraire ; pourquoi descendrais-je en cet abîme?

Je ferai donc tel et tel effort pour éviter le péché, qui seul me peut donner cette mort éternelle.

REMERCIEZ, OFFREZ, PRIEZ.

CHAPITRE XVI

DU PARADIS.

MÉDITATION VIII

PRÉPARATION.

Mettez-vous en la présence de Dieu.
Faites l'invocation.

---

[1] Is., xxxiii, 14. C'est par erreur que ces paroles sont attribuées à Job. — [2] Continuelles.

CONSIDÉRATIONS.

Considérez une belle nuit bien sereine, et pensez combien il fait bon voir le ciel avec cette multitude et variété d'étoiles ; or joignez maintenant cette beauté avec celle d'un beau jour, en sorte que la clarté du soleil n'empêche point la claire vue des étoiles, ni de la lune, et puis après dites hardiment que toute cette beauté, mise ensemble, n'est rien au prix de l'excellence du grand paradis. Oh ! que ce lieu est désirable et aimable ! que cette cité est précieuse !

Considérez la noblesse, la beauté et la multitude des citoyens et habitants de cet heureux pays ; ces millions de millions d'anges, de chérubins et séraphins, cette troupe d'apôtres, de martyrs, de confesseurs, de vierges, de saintes dames ; la multitude est innumérable[1]. Oh ! que cette compagnie est heureuse ! le moindre de tous est plus beau à voir que tout ce monde ; que sera-ce de les voir tous ? Mais, mon Dieu ! qu'ils sont heureux ! toujours ils chantent le doux cantique de l'amour éternel, toujours ils jouissent d'une constante allégresse ; ils s'entre-donnent les uns aux autres des contentements indicibles, et vivent en la consolation d'une heureuse et indissoluble société.

Considérez enfin quel bien ils ont tous de jouir

[1] Innombrable.

de Dieu, qui les gratifie pour jamais de son aimable regard, et par icelui répand dans leurs cœurs un abîme de délices. Quel bien d'être à jamais uni à son prince ! Ils sont là comme des heureux oiseaux qui volent et chantent à jamais dans l'air de la divinité, qui les environne de toutes parts de plaisirs incroyables : là, chacun à qui mieux mieux et sans ennui chante les louanges du Créateur : Bénit[1] soyez-vous à jamais, ô doux et souverain Créateur et Sauveur, qui nous êtes si bon et nous communiquez si libéralement votre gloire ! Et, réciproquement, Dieu bénit d'une bénédiction perpétuelle tous ses saints : Bénites soyez-vous à jamais, dit-il, mes chères créatures, qui m'avez servi et qui me louerez éternellement avec si grand amour et courage !

AFFECTIONS ET RÉSOLUTIONS.

Admirez et louez cette patrie céleste. Oh ! que vous êtes belle, ma chère Jérusalem, et que bienheureux sont vos habitants !

Reprochez à votre cœur le peu de courage qu'il a eu jusqu'à présent de s'être tant détourné du chemin de cette glorieuse demeure. Pourquoi me suis-je tant éloignée de mon souverain bonheur ? Ah ! misérable, pour ces plaisirs si déplaisants et

---

[1] Bénit, *pour* béni.

légers, j'ai mille et mille fois quitté ces éternelles et infinies délices. Quel esprit avais-je de mépriser des biens si désirables pour des désirs si vains et méprisables !

Aspirez néanmoins avec véhémence à ce séjour tant délicieux. Oh ! puisqu'il vous a plu, mon bon et souverain Seigneur, redresser mes pas en vos voies, non, jamais plus je ne retournerai en arrière. Allons, ô ma chère âme ! allons en ce repos infini, cheminons à cette bénite terre qui nous est promise ; que faisons-nous en cette Égypte ?

Je ne m'empêcherai donc de telles choses qui me détournent ou retardent de ce chemin.

Je ferai donc telles et telles choses qui m'y peuvent conduire.

REMERCIEZ, OFFREZ, PRIEZ.

CHAPITRE XVII

POUR MANIÈRE D'ÉLECTION ET CHOIX DU PARADIS.

MÉDITATION IX

PRÉPARATION.

Mettez-vous en la présence de Dieu.

Humiliez-vous devant lui, priant qu'il vous inspire.

CONSIDÉRATIONS.

Imaginez-vous d'être en une rase campagne, toute seule avec votre bon ange, comme était le jeune Tobie allant en Ragès, et qu'il vous fait voir en haut le paradis ouvert, avec les plaisirs présentés en la Méditation du paradis que vous avez faite; puis, du côté d'en bas, il vous fait voir l'enfer ouvert avec tous les tourments décrits en la Méditation de l'enfer. Vous étant colloquée ainsi par imagination, et mise à genoux devant votre bon ange.

Considérez qu'il est très-vrai que vous êtes au milieu du paradis et de l'enfer, et que l'un et l'autre est ouvert pour vous recevoir, selon le choix que vous en ferez.

Considérez que le choix que l'on fait de l'un et l'autre en ce monde durera éternellement en l'autre.

Et encore que l'un et l'autre soit ouvert pour vous recevoir, selon que vous le choisirez, si est-ce que Dieu, qui est appareillé[1] de vous donner ou l'un par sa justice, ou l'autre par sa miséricorde, désire néanmoins d'un désir nonpareil que vous choisissiez le paradis, et votre bon ange vous en presse de tout son pouvoir, vous offrant, de la

[1] Toujours est-il que Dieu qui est prêt à....

part de Dieu, mille grâces et mille secours pour aider à la montée.

Jésus-Christ, du haut du ciel, vous regarde en sa débonnaireté et vous invite doucement. Viens, ô ma chère âme! au repos éternel, entre les bras de ma bonté qui t'a préparé les délices immortelles en l'abondance de son amour. Voyez de vos yeux intérieurs la sainte Vierge qui vous convie maternellement. Courage, ma fille, ne veuille pas mépriser les désirs de mon Fils, ni tant de soupirs que je jette pour toi, respirant avec lui ton salut éternel. Voyez les saints qui vous exhortent, et un million de saintes âmes qui vous convient doucement, ne désirant que de voir un jour votre cœur joint au leur pour louer Dieu à jamais, et vous assurent que le chemin du ciel n'est point si malaisé que le monde le fait. Hardiment, vous disent-elles, très-chère amie! qui considérera bien le chemin de la dévotion par lequel nous sommes montés, il verra que nous sommes venus en ces délices par des délices incomparablement plus souëves [1] que celles du monde.

ÉLECTION.

O enfer! je te déteste maintenant et éternellement; je déteste tes tourments et tes peines; je

---

[1] Suaves.

déteste ton infortunée et malheureuse éternité, et surtout ces éternels blasphèmes et malédictions que tu vomis éternellement contre mon Dieu; et, retournant mon cœur et mon âme de ton côté, ô beau paradis, gloire éternelle, félicité perdurable! je choisis à jamais et irrévocablement mon domicile et mon séjour dans tes belles et sacrées maisons, et en tes saints et désirables tabernacles. Je bénis, ô mon Dieu! votre miséricorde, et j'accepte l'offre qu'il vous plaît de m'en faire. O Jésus, mon Sauveur! j'accepte votre amour éternel et avoue [1] l'acquisition que vous avez faite pour moi d'une place et logis en cette bienheureuse Jérusalem, non tant pour aucune autre chose, comme pour vous aimer et bénir à jamais.

Acceptez les faveurs que la Vierge et les saints vous présentent; promettez-leur que vous vous acheminerez à eux; tendez la main à votre bon ange, afin qu'il vous y conduise, encouragez votre âme à ce choix.

---

[1] Je reconnais, je souscris à...

CHAPITRE XVIII

PAR MANIÈRE D'ÉLECTION ET CHOIX QUE L'AME FAIT DE
LA VIE DÉVOTE.

MÉDITATION X

PRÉPARATION.

Mettez-vous en la présence de Dieu.

Abaissez-vous devant sa face; requérez son aide.

CONSIDÉRATIONS.

Imaginez-vous être derechef en une rase campagne avec votre bon ange, toute seule, et, à côté gauche, vous voyez le diable assis sur un grand trône haut élevé, avec plusieurs des esprits infernaux auprès de lui, et tout autour de lui une grande troupe de mondains, qui tous, à tête nue, le reconnaissent et lui font hommage, les uns par un péché, les autres par un autre. Voyez la contenance de tous les infortunés courtisans de cet abominable roi; regardez les uns furieux de haine, d'envie et de colère; les autres qui s'entre-tuent; les autres hâves, pensifs et empressés à faire des richesses; les autres attentifs à la vanité, sans aucune sorte de plaisir qui ne soit inutile et vain ; les autres vilains, perdus, pourris en leurs brutales affections. Voyez comme ils sont tous sans repos, sans ordres et sans contenance. Voyez comme ils se méprisent les uns les autres, et comme ils ne s'aiment que par les faux semblants. Enfin, vous verrez une calamiteuse république, tyrannisée de ce roi maudit, qui vous fera compassion.

Du côté droit, voyez Jésus crucifié, qui avec un amour cordial prie pour ces pauvres endiablés [1], afin qu'ils sortent de cette tyrannie, et qui les appelle à soi. Voyez une grande troupe de dévots qui sont autour de lui avec leurs anges ; contemplez la beauté de ce royaume de dévotion. Qu'il fait beau voir cette troupe de vierges, hommes et femmes, plus blanches que lis ; cette assemblée de veuves pleines d'une sacrée mortification et humilité ! Voyez le rang de plusieurs personnes mariées, qui vivent si doucement ensemble avec respect mutuel, qui ne peut être sans une grande charité ; voyez comme ces dévotes âmes marient le soin de leur maison extérieure avec le soin de l'intérieure, l'amour du mari avec celui de l'Époux céleste. Regardez généralement partout : vous les verrez tous en une contenance sainte, douce, aimable, qui écoutent Notre-Seigneur, et tous le voudraient planter au milieu de leur cœur.

[1] Abandonnés au diable.

Ils se réjouissent, mais d'une joie gracieuse, charitable et bien réglée; ils s'entr'aiment, mais d'un amour sacré et très pur. Ceux qui ont des afflictions en ce peuple dévot ne se tourmentent pas beaucoup et n'en perdent point contenance; bref, voyez les yeux du Sauveur qui les console, et que tous ensemblement [1] aspirent à lui.

Vous avez meshuy [2] quitté Satan, avec sa triste et malheureuse troupe, par les bonnes affections que vous avez conçues, et néanmoins vous n'êtes pas encore arrivée au roi Jésus, ni jointe à son heureuse et sainte compagnie de dévots; ains vous avez été toujours entre l'un et l'autre.

La Vierge sainte, avec saint Joseph, saint Louis, sainte Monique et cent mille autres qui sont dans l'escadron de ceux qui ont vécu parmi le monde, vous invitent et encouragent.

Le Roi crucifié vous appelle par votre nom propre; venez, ô ma bien aimée! venez, afin que je vous couronne [3].

ÉLECTION.

O monde! ô troupe abominable! non, jamais vous ne me verrez sous votre drapeau. J'ai quitté pour jamais vos forceneries [4] et vanités. O roi d'orgueil, roi de malheur, esprit infernal! je te re-

---

[1] Ensemble. — [2] Désormais. — [3] *Cant. cant.*, IV, 8. — [4] Folies.

nonce avec toutes tes vaines pompes; je te déteste avec toutes tes œuvres.

Et me convertissant à vous, mon doux Jésus, roi de bonheur et de gloire éternelle, je vous embrasse de toutes les forces de mon âme; je vous adore de tout mon cœur; je vous choisis maintenant et pour jamais pour mon roi, et, par mon inviolable fidélité, je vous fais un hommage irrévocable, je me soumets à l'obéissance de vos saintes lois et ordonnances.

O Vierge sainte, ma chère dame! je vous choisis pour ma guide; je me rends sous votre enseigne; je vous offre un particulier respect et une révérence spéciale.

O mon saint ange! présentez-moi à cette sacrée assemblée, ne m'abandonnez point jusqu'à ce que j'arrive avec cette heureuse compagnie, avec laquelle je dis et dirai à jamais, pour témoignage de mon choix: Vive Jésus! vive Jésus!

CHAPITRE XIX

COMME IL FAUT FAIRE LA CONFESSION GÉNÉRALE.

Voilà donc, ma chère Philothée, les méditations requises à notre intention; quand vous les aurez faites, allez alors courageusement en esprit d'humilité faire votre confession générale. Mais je vous prie de ne vous laisser point troubler par aucune sorte d'appréhension. Le scorpion qui nous a piqués est venimeux en nous piquant; mais, étant réduit en huile, c'est un grand médicament contre sa propre piqûre; le péché n'est honteux que quand nous le faisons; mais, étant converti en confession et pénitence, il est honorable et salutaire. La contrition et confession sont si belles et de si bonne odeur, qu'elles effacent la laideur et dissipent la puanteur du péché. Simon le lépreux disait que Madeleine était pécheresse; mais Notre-Seigneur dit que non, et ne parle plus sinon des parfums qu'elle répandit et de la grandeur de sa charité. Si nous sommes bien humbles, Philothée, notre péché nous déplaira infiniment, parce que Dieu en est offensé; mais l'accusation de notre péché nous sera douce et agréable, parce que Dieu en est honoré : ce nous est une sorte d'allégement de bien dire au médecin le mal qui nous tourmente. Quand vous serez arrivée devant votre père spirituel, imaginez-vous être à la montagne de Calvaire, sous les pieds de Jésus-Christ crucifié, duquel le sang précieux distille[1] de toutes parts, pour vous laver de vos iniquités.

---

[1] Coule par gouttes.

Car, bien que ce ne soit pas le propre sang du Sauveur, c'est néanmoins le mérite de ce sang répandu qui arrose abondamment les pénitents autour des confessionnaux. Ouvrez donc bien votre cœur pour en faire sortir les péchés par la confession ; car, à mesure qu'ils en sortiront, le précieux mérite de la passion divine y entrera pour le remplir de bénédiction.

Mais dites bien tout simplement et naïvement, contentez bien votre conscience en cela pour une bonne fois. Et, cela fait, écoutez l'avertissement et les ordonnances du serviteur de Dieu et dites en votre cœur : Parlez, Seigneur, car votre servante vous écoute [1]. Oui, c'est Dieu, Philothée, que vous écoutez, puisqu'il a dit à ses vicaires : « Qui vous écoute, m'écoute [2]. » Prenez part en main la protestation suivante, laquelle sert de conclusion à toute votre contrition, et que vous devez avoir premièrement méditée et considérée ; lisez-la attentivement et avec le plus de ressentiment [3] qu'il vous sera possible.

[1] I *Reg.*, III, 9. — [2] Luc., IX, 16. — [3] Componction.

CHAPITRE XX

PROTESTATION AUTHENTIQUE POUR GRAVER EN L'AME LA RÉSOLUTION DE SERVIR DIEU, ET CONCLURE LES ACTES DE PÉNITENCE.

Je soussignée, constituée et établie en la présence de Dieu éternel et de toute la cour céleste, ayant considéré l'immense miséricorde de sa divine bonté envers moi, très-indigne et chétive créature, qu'elle a créée de rien, conservée, soutenue, délivrée de tant de dangers et comblée de tant de bienfaits; mais surtout ayant considéré cette incompréhensible douceur et clémence avec laquelle ce très-bon Dieu m'a si bénignement tolérée en mes iniquités, si souvent et si amiablement inspirée, me conviant à m'amender, et si patiemment attendue à pénitence et repentance jusqu'à cette année de mon âge; nonobstant toutes mes ingratitudes, déloyautés et infidélités, par lesquelles, différant ma conversion et différant ses grâces, je l'ai imprudemment offensé; après avoir encore considéré qu'au jour de mon sacré baptême je fus si heureusement et saintement vouée et dédiée à mon Dieu pour être sa fille, et que, contre la profession qui fut alors faite en mon nom, j'ai tant et tant de fois si malheureusement et détestablement profané et violé mon esprit, l'appliquant et employant contre sa divine Majesté ; enfin, revenant maintenant à moi-même, prosternée de cœur et d'esprit devant le trône de la justice divine, je me reconnais, avoue et confesse pour légitimement atteinte et convaincue du crime de lèse-majesté divine, et coupable de la mort et passion de Jésus-Christ, à raison des péchés que j'ai commis, pour lesquels il est mort et a souffert le tourment de la croix, et que je suis digne, par conséquent, d'être à jamais perdue et damnée.

Mais, me retournant devers[1] le trône de l'infinie miséricorde de ce même Dieu éternel, après avoir détesté de tout mon cœur et de toutes mes forces les iniquités de ma vie passée, je demande et requiers humblement grâce, pardon et merci, avec entière absolution de mon crime, en vertu de la mort et passion de ce même Sauveur et Rédempteur de mon âme, sur laquelle m'appuyant, comme sur l'unique fondement de mon espérance, j'avoue derechef et renouvelle la sacrée profession de fidélité faite de ma part à mon Dieu en mon baptême, renonçant au diable, au monde et à la chair ; détestant leurs malheureuses suggestions, vanités et concupiscences, pour tout le temps de

[1] Vers.

ma vie présente et de toute l'éternité ; et, me convertissant à mon Dieu débonnaire et pitoyable [1], je désire, propose, délibère, et me résous irrévocablement de le servir et aimer maintenant et éternellement; lui donnant à ces fins, dédiant et consacrant mon esprit avec toutes ses facultés, mon âme avec toutes ses puissances, mon cœur avec toutes ses affections, mon corps avec tous ses sens ; protestant de ne jamais plus abuser d'aucune partie de mon être contre sa divine volonté et souveraine Majesté, à laquelle je me sacrifie et immole en esprit pour lui être à jamais loyale, obéissante et fidèle créature, sans que je veuille oncques [2] m'en dédire ni repentir. Mais, hélas ! si par suggestion de l'ennemi, ou par quelque infirmité humaine, il m'arrivait de contrevenir en chose quelconque à cette mienne résolution et consécration, je proteste dès maintenant et me propose, moyennant la grâce du Saint-Esprit, de m'en relever sitôt que je m'en apercevrai, me convertissant derechef à la miséricorde divine, sans retardation ni dilation [3] quelconque. Ceci est ma volonté, mon intention et ma résolution inviolable et irrévocable, laquelle j'avoue et confirme sans réserve ni exception, en la même présence sacrée de mon Dieu, à la vue de l'église

---

[1] Plein de pitié. — [2] Jamais. — [3] Retard ni délai.

triomphante, et en la face de l'église militante, ma mère, qui entend cette mienne déclaration en la personne de celui qui, comme officier de celle-ci, m'écoute en cette action. Plaise à vous, ô mon Dieu éternel, tout-puissant et tout bon, Père, Fils et Saint-Esprit, confirmer en moi cette résolution et accepter ce mien sacrifice cordial et intérieur en odeur de suavité. Et, comme il vous a plu me donner l'inspiration et volonté de le faire, donnez-moi aussi la force et la grâce requises pour le parfaire. O mon Dieu, vous êtes mon Dieu, Dieu de mon cœur, Dieu de mon âme, Dieu de mon esprit; ainsi je vous reconnais et adore maintenant et pour toute l'éternité. Vive Jésus !

CHAPITRE XXI

CONCLUSION POUR CETTE PREMIÈRE PURGATION.

Cette protestation faite, soyez attentive et ouvrez les oreilles de votre cœur, pour ouïr en esprit la parole de votre absolution, que le Sauveur même de votre âme, assis sur le trône de sa miséricorde, prononcera là-haut au ciel devant tous les anges et les saints, en même temps qu'en son nom le prêtre vous absout ici-bas en terre. Si que toute cette troupe de bienheureux, se réjouissant sur votre bonheur, chantera le cantique spirituel d'une allégresse non pareille, et tous donneront le baiser de paix et de société à votre cœur, remis en grâce et sanctifié.

O Dieu! Philothée, que voilà un contrat admirable, par lequel vous faites un heureux traité avec sa divine Majesté, puisqu'en vous donnant vous-même à elle vous la gagnez, et vous-même aussi pour la vie éternelle. Il ne reste plus sinon que, prenant la plume en main, vous signiez de bon cœur l'acte de votre protestation, et que par après vous alliez à l'autel, où Dieu réciproquement signera et scellera votre absolution et la promesse qu'il vous fera de son paradis, se mettant lui-même, par son sacrement, comme un cachet et sceau sacré sur votre cœur renouvelé [1]. En cette sorte, ce me semble, Philothée, votre âme sera purgée du péché et de toutes les affections du péché. Mais, d'autant que ces affections renaissent aisément en l'âme, à raison de notre infirmité et de notre concupiscence, qui peut être mortifiée, mais qui ne peut mourir pendant que nous vivons ici-bas en terre, je vous donnerai des avis, lesquels, étant bien pratiqués, vous préserveront désormais du péché mortel et de toutes les

---

[1] *Cant. cant.*, VIII, 6.

affections d'icelui, afin que jamais il ne puisse avoir place dans votre cœur; et d'autant que les mêmes avis servent encore pour une purification plus parfaite, avant que de vous les donner, je veux dire quelque chose de cette plus absolue pureté à laquelle je désire vous conduire.

CHAPITRE XXII

QU'IL SE FAUT PURGER DES AFFECTIONS QUE L'ON A AUX PÉCHÉS VÉNIELS.

A mesure que le jour se fait, nous voyons plus clairement dans le miroir les taches et souillures de notre visage; ainsi, à mesure que la lumière intérieure du Saint-Esprit éclaire nos consciences, nous voyons plus distinctement et plus clairement les péchés, inclinations et imperfections qui nous peuvent empêcher d'atteindre à la vraie dévotion. Et la même lumière qui nous fait voir ces tares et déchets[1] nous échauffe au désir de nous en nettoyer et purger.

Vous découvrirez donc, ma chère Philothée, qu'outre les péchés mortels et affections des pé-

---

[1] Taches et défauts.

chés mortels, dont vous avez été purgée par les exercices marqués ci-devant, vous avez encore en votre âme plusieurs inclinations et affections aux péchés véniels. Je ne dis pas que vous découvrirez des péchés véniels; mais je dis que vous découvrirez des affections et inclinations à iceux. Or l'un est bien différent de l'autre : car nous ne pouvons jamais être du tout purs des péchés véniels, au moins pour persister longtemps en cette pureté; mais nous pouvons bien n'avoir aucune affection aux péchés véniels. Certes, c'est autre chose de mentir une fois ou deux de gaieté de cœur, en chose de peu d'importance, et autre chose de se plaire à mentir et d'être affectionné à cette sorte de péché.

Et je dis maintenant qu'il faut purger son âme de toutes ces affections qu'elle a aux péchés véniels, c'est-à-dire qu'il ne faut point nourrir volontairement la volonté de continuer et persévérer en aucune sorte de péché véniel. Car aussi serait-ce une lâcheté trop grande de vouloir, tout à notre escient, garder en notre conscience une chose si déplaisante à Dieu, comme est la volonté de lui vouloir déplaire. Le péché véniel, pour petit qu'il soit, déplaît à Dieu, bien qu'il ne lui déplaise pas tant que pour icelui il nous veuille damner ou perdre. Que si le péché véniel lui déplaît, la volonté et l'affection que l'on a au péché véniel n'est autre chose qu'une résolution de vouloir déplaire à sa divine Majesté. Est-il bien possible qu'une âme bien née veuille non-seulement déplaire à son Dieu, mais affectionner de lui déplaire?

Ces affections, Philothée, sont directement contraires à la dévotion, comme les affections au péché mortel le sont à la charité; elles alanguissent[1] les forces de l'esprit, empêchent les consolations divines, ouvrent la porte aux tentations, et, bien qu'elles ne tuent pas l'âme, elles la rendent extrêmement malade. Les mouches mourantes, dit le Sage, perdent et gâtent la suavité de l'onguent[2]; il veut dire que les mouches, ne s'arrêtant guère sur l'onguent, mais le mangeant en passant, ne gâtent que ce qu'elles prennent, le reste demeurant en son entier; mais, quand elles demeurent en l'onguent, elles lui ôtent son prix et le mettent à dédain[3] ; et de même les péchés véniels, vivant dans une âme dévote, et ne s'y arrêtant pas longtemps, ne l'endommagent pas beaucoup; mais, si ces mêmes péchés demeurent dans l'âme pour l'affection qu'elle y met, ils lui font perdre sans doute la suavité de l'onguent, c'est-à-dire la sainte dévotion.

Les araignées ne tuent pas les abeilles, mais elles gâtent et corrompent leur miel, et embar-

---

[1] Rendent languissantes. — [2] *Eccli.*, x, 1. — [3] Rendent méprisables.

rassent leurs rayons des toiles qu'elles y font; en sorte que les abeilles ne peuvent plus faire leur ménage; cela s'entend quand elles y font du séjour. Ainsi le péché véniel ne tue pas notre âme, mais il gâte pourtant la dévotion et embarrasse si fort de mauvaises habitudes et inclinations les puissances de l'âme, qu'elle ne peut plus exercer la promptitude de la charité, en laquelle gît la dévotion. Mais cela s'entend quand le péché véniel séjourne en notre conscience par l'affection que nous y mettons. Ce n'est rien, Philothée, de dire quelque petit mensonge, de se dérégler un peu en paroles, en actions, en regards, en habits, en jolivetés [1], en jeux, en danses, pourvu que, tout aussitôt que ces araignées spirituelles seront entrées en notre conscience, nous les en rechassions et bannissions, comme les mouches à miel font les araignées corporelles. Mais, si nous leur permettons d'arrêter dans nos cœurs, et non-seulement cela, mais que nous nous affectionnions à les retenir et multiplier, bientôt nous verrons notre miel perdu, et la ruche de notre conscience empêtrée et défaite. Mais je redis encore une fois, quelle apparence y a-t-il qu'une âme généreuse se plaise à déplaire à son Dieu et s'affectionne à lui être désagréable, et veuille vouloir ce qu'elle sait lui être ennuyeux?

[1] Propos joyeux.

CHAPITRE XXIII

QU'IL SE FAUT PURGER DE L'AFFECTION AUX CHOSES INUTILES ET DANGEREUSES.

Les jeux, les bals, les festins, les pompes, les comédies, en leur substance, ne sont nullement choses mauvaises, mais indifférentes, pouvant être bien et mal exercées; toujours néanmoins ces choses-là sont dangereuses, et de s'y affectionner cela est encore plus dangereux. Je dis donc, Philothée, qu'encore qu'il soit loisible de jouer, danser, se parer, ouïr des honnêtes comédies, banqueter[1]; si est-ce que d'avoir de l'affection à cela, c'est chose contraire à la dévotion et extrêmement nuisible et périlleuse. Ce n'est pas mal de le faire, mais oui bien de s'y affectionner. C'est dommage de semer en la terre de notre cœur des affections si vaines et sottes; cela occupe le lieu des bonnes impressions et empêche que le suc de notre âme ne soit employé ès bonnes inclinations.

Ainsi les anciens Nazaréens s'abstenaient non-seulement de tout ce qui pouvait enivrer, mais

---

[1] Assister à des banquets; toujours est-il que...

aussi des raisins et du verjus, non point que le raisin ou le verjus enivrent, mais parce qu'il y avait danger, en mangeant du verjus, d'exciter le désir de manger des raisins, et, en mangeant des raisins, de provoquer l'appétit à boire du moût et du vin. Or je ne dis pas que nous ne puissions user de ces choses dangereuses; mais je dis bien pourtant que nous ne pouvons y mettre de l'affection, sans intéresser la dévotion. Les cerfs, ayant pris trop de venaison [1], s'écartent et retirent dans leurs buissons, connaissant que leur graisse les charge, en sorte qu'ils ne sont pas habiles à courir, si d'aventure ils étaient attaqués. Le cœur de l'homme, se chargeant de ces affections inutiles, superflues et dangereuses, ne peut sans doute promptement, aisément et facilement courir après son Dieu, qui est le vrai point de la dévotion. Les petits enfants s'affectionnent et s'échauffent après les papillons; nul ne le trouve mauvais, parce qu'ils sont enfants; mais n'est-ce pas une chose ridicule, même plutôt lamentable, de voir des hommes faits s'empresser et s'affectionner après des bagatelles si indignes, comme sont les choses que j'ai nommées, lesquelles, outre leur inutilité, nous mettent en péril de nous dérégler et désordonner à leur poursuite?

---

[1] Étant devenus trop replets.

C'est pourquoi, ma chère Philothée, je vous dis qu'il se faut purger de ces affections; et, bien que les actes ne soient pas toujours contraires à la dévotion, les affections néanmoins lui sont toujours dommageables.

CHAPITRE XXIV

QU'IL SE FAUT PURGER DES MAUVAISES INCLINATIONS.

Nous avons encore, Philothée, certaines inclinations naturelles, lesquelles, pour n'avoir pris leur origine de nos péchés particuliers, ne sont proprement pas péchés, ni mortels ni véniels, mais s'appellent imperfections, et leurs actes, défauts et manquements. Par exemple, sainte Paule, selon le récit de saint Jérôme, avait une grande inclination aux tristesses et regrets, si qu'en la mort de ses enfants et de son mari elle courut toujours fortune[1] de mourir de déplaisir. Cela était une imperfection, et non point un péché, puisque c'était contre son gré et sa volonté. Il y en a qui, de leur naturel, sont légers, les autres rébarbatifs, les autres durs à recevoir les opinions d'autrui; les uns sont enclins à l'indignation, les

[1] Risque.

autres à la colère ; et, en somme, il se trouve peu de personnes en lesquelles on ne puisse remarquer quelque sorte de telles imperfections. Or, quoiqu'elles soient comme propres et naturelles à un chacun, si est-ce que par le soin et affection contraire on les peut corriger et modérer, et même on peut s'en délivrer et purger ; et je vous dis, Philothée, qu'il le faut faire. On a bien trouvé le moyen de changer les amandiers amers en amandiers doux, en les perçant seulement au pied pour en faire sortir le suc ; pourquoi est-ce que nous ne pourrions pas faire sortir nos inclinations perverses pour devenir meilleurs ? Il n'y a point de si bon naturel qui ne puisse être rendu mauvais par les habitudes vicieuses ; il n'y a point aussi de naturel si revêche qui, par la grâce de Dieu premièrement, puis par l'industrie et diligence, ne puisse être dompté et surmonté. Je m'en vais donc maintenant donner des avis et proposer des exercices, par le moyen desquels vous purgerez votre âme des affections dangereuses, des imperfections et de toutes affections aux péchés véniels, et ainsi assurerez de plus en plus votre conscience contre tout péché mortel. Dieu vous fasse la grâce de les bien pratiquer !

FIN DE LA PREMIÈRE PARTIE.

SECONDE PARTIE

CONTENANT DIVERS AVIS POUR L'ÉLÉVATION DE L'AME
A DIEU PAR L'ORAISON ET LES SACREMENTS.

CHAPITRE PREMIER

DE LA NÉCESSITÉ DE L'ORAISON.

L'oraison mettant notre entendement en la clarté et lumière divine et exposant notre volonté à la chaleur de l'amour céleste, il n'y a rien qui purge tant notre entendement de ses ignorances et notre volonté de ses affections dépravées. C'est l'eau de bénédiction qui, par son arrosement, fait reverdir et fleurir les plantes de nos bons désirs, lave nos âmes de leurs imperfections, et désaltère nos cœurs de leurs passions.

Mais surtout je vous conseille la mentale et cordiale [1], et particulièrement celle qui se fait autour de la vie et passion de Notre-Seigneur; en le regardant souvent par la méditation, toute votre

---

[1] Oraison du cœur.

âme se remplira de lui, vous apprendrez ses contenances, et formerez vos actions au modèle des siennes. Il est la lumière du monde; c'est donc en lui, par lui et pour lui que nous devons être éclairés et illuminés; c'est l'arbre de désir, à l'ombre duquel nous nous devons rafraîchir; c'est la vive fontaine de Jacob, pour le lavement de toutes nos souillures. Enfin, les enfants, à force d'ouïr leurs mères et de bégayer avec elles, apprennent à parler leur langage. Et nous, demeurant près du Sauveur par la méditation, et observant ses paroles, ses actions et ses affections, nous apprendrons, moyennant sa grâce, à parler, faire et vouloir comme lui. Il faut s'arrêter là, Philothée; et, croyez-moi, nous ne saurions aller à Dieu le Père que par cette porte; car, tout ainsi que la glace d'un miroir ne saurait arrêter notre vue, si elle n'est enduite d'étain ou de plomb par derrière, aussi la Divinité ne pourrait être bien contemplée par nous en ce bas monde si elle ne se fût jointe à la sacrée humanité du Sauveur, duquel la vie et la mort sont l'objet le plus proportionné, souëf[1], délicieux et profitable que nous puissions choisir pour notre méditation ordinaire. Le Sauveur ne s'appelle pas pour néant le pain descendu du ciel; car, comme le pain doit être mangé avec toutes

[1] Suave.

sortes de viandes, aussi le Sauveur doit être médité, considéré et recherché en toutes nos oraisons et actions. Sa vie et sa mort ont été disposées et distribuées en divers points, pour servir à la méditation, par plusieurs auteurs; ceux que je vous conseille sont saint Bonaventure, Bellintani, Bruno, Capilla, Grenade, du Pont.

Employez-y chaque jour une heure avant dîner, et, s'il se peut, au commencement de votre matinée, parce que vous aurez votre esprit moins embarrassé et plus frais après le repos de la nuit. N'y mettez pas aussi davantage d'une heure, si votre père spirituel ne vous le dit expressément.

Si vous pouvez faire cet exercice dans l'église, et que vous y trouviez assez de tranquillité, ce vous sera une chose fort aisée et commode, parce que nul, ni père, ni mère, ni autre quelconque, ne vous pourra bonnement empêcher de demeurer une heure dans l'église; au lieu qu'étant en quelque sujétion, vous ne pourriez peut-être pas vous promettre d'avoir une heure si franche dans votre maison.

Commencez toutes sortes d'oraisons, soit mentales, soit vocales, par la présence de Dieu, et tenez cette règle sans exception, et vous verrez dans peu de temps combien elle vous sera profitable.

Si vous me croyez, vous direz votre *Pater*, votre *Ave Maria* et le *Credo* en latin, mais vous apprendrez aussi à bien entendre les paroles qui y sont, en votre langage, afin que, les disant au langage commun de l'Eglise, vous puissiez néanmoins savourer le sens admirable et délicieux de ces saintes oraisons, lesquelles il faut dire, fichant [1] profondément votre pensée, et excitant vos affections sur le sens d'icelles; et ne vous hâtant nullement pour en dire beaucoup, mais vous étudiant de dire ce que vous direz cordialement; car un seul *Pater* dit avec sentiment vaut mieux que plusieurs récités vitement et couramment [2].

Le chapelet est une très-utile manière de prier, pourvu que vous le sachiez dire comme il convient; et, pour ce faire, ayez quelqu'un des petits livres qui enseignent la façon de le réciter [3]. Il est bon aussi de dire les litanies de Notre-Seigneur et de Notre-Dame et des saints, et toutes les autres prières vocales qui sont dans les Manuels et Heures approuvés; à la charge, néanmoins, que, si vous avez le don de l'oraison mentale, vous lui gardiez toujours la principale place; en sorte que, si, après celle-ci, ou par la multitude des affaires, ou pour quelque autre raison, vous ne pouviez point faire de prière vocale, vous ne vous en mettiez point en peine pour cela, vous contentant de

---

[1] Fixant.— [2] En courant, en se pressant.— [3] Voir à la fin de l'ouvrage la méthode indiquée par le saint auteur lui-même.

dire simplement, avant ou après la méditation, l'Oraison dominicale, la Salutation angélique et le Symbole des apôtres.

Si, faisant l'oraison vocale, vous sentez votre cœur tiré et convié à l'oraison intérieure ou mentale, ne refusez point d'y aller; mais laissez tout doucement couler votre esprit de ce côté-là, et ne vous souciez point de n'avoir pas achevé les oraisons vocales que vous vous étiez proposées; car la mentale que vous aurez faite en leur place est plus agréable à Dieu et plus utile à votre âme; j'excepte l'office ecclésiastique, si vous êtes obligée de le dire; car, en ce cas-là, il faut rendre le devoir.

S'il advenait que toute votre matinée se passât sans cet exercice sacré de l'oraison mentale, ou pour la multiplicité des affaires, ou pour quelque autre cause, ce que vous devez procurer n'advenir point, tant qu'il vous sera possible, tâchez de réparer ce défaut l'après-dînée, en quelque heure la plus éloignée du repas, parce que, ce faisant sur icelui et avant que la digestion soit fort acheminée, il vous arriverait beaucoup d'assoupissement, et votre santé en serait intéressée [1].

Que, si toute la journée vous ne pouvez la faire, il faut réparer cette perte, multipliant les oraisons jaculatoires, et par la lecture de quelque

[1] En souffrirait.

livre de dévotion, avec quelque pénitence qui empêche la suite de ce défaut; avec cela faites une forte résolution de vous remettre en train le jour suivant.

CHAPITRE II

BRIÈVE MÉTHODE POUR LA MÉDITATION, ET PREMIÈREMENT DE LA PRÉSENCE DE DIEU, PREMIER POINT DE LA PRÉPARATION.

Mais vous ne savez peut-être pas, Philothée, comme il faut faire l'oraison mentale; car c'est une chose, laquelle, par malheur, peu de gens savent en notre âge; c'est pourquoi je vous présente une simple et briève méthode pour cela, en attendant que, par la lecture de plusieurs beaux livres qui ont été composés sur ce sujet, et surtout par l'usage, vous en puissiez être plus amplement instruite. Je vous marque premièrement la préparation, laquelle consiste en deux points, dont le premier est de se mettre en la présence de Dieu, et le second d'invoquer son assistance. Or, pour vous mettre en la présence de Dieu, je vous propose quatre principaux moyens, desquels vous vous pourrez servir à ce commencement.

Le premier gît en une vive et attentive appréhension de la toute-présence de Dieu, c'est-à-dire que Dieu est en tout et partout, et qu'il n'y a lieu, ni chose en ce monde, où il ne soit d'une très-véritable présence, de sorte que, comme les oiseaux, où qu'ils volent, rencontrent toujours l'air, ainsi, où que nous allions, où que nous soyons, nous trouvons Dieu présent; chacun sait cette vérité, mais chacun n'est pas attentif à l'appréhender [1]. Les aveugles, ne voyant pas un prince qui leur est présent, ne laissent pas de se tenir en respect s'ils sont avertis de sa présence; mais la vérité est que, parce qu'ils ne le voient pas, ils perdent encore plus aisément le respect et la révérence. Hélas! Philothée, nous ne voyons pas Dieu, qui nous est présent, et, bien que la foi nous avertisse de sa présence, si est-ce que, ne le voyant pas de nos yeux, nous nous oublions bien souvent, et lors nous nous comportons comme si Dieu était bien loin de nous; car, encore que nous sachions bien qu'il est présent à toutes choses, si est-ce que, n'y pensant point, c'est tout autant comme si nous le savions pas. C'est pourquoi, toujours avant l'oraison, il faut

[1] La saisir.

provoquer notre âme à une attentive pensée et considération de cette présence de Dieu. Ce fut l'appréhension de David, quand il s'écriait : Si je monte au ciel, ô mon Dieu! vous y êtes; si je descends aux enfers, vous y êtes [1]; et ainsi nous devons user des paroles de Jacob, lequel, ayant vu l'échelle sacrée : Oh! que ce lieu, dit-il, est redoutable! vraiment Dieu est ici, et je n'en savais rien [2]. Il veut dire qu'il n'y pensait pas; car, au reste, il ne pouvait ignorer que Dieu ne fût en tout et partout. Venant donc à la prière, ô Philothée! il vous faut dire de tout votre cœur et à votre cœur : O mon cœur, mon cœur, Dieu est vraiment ici!

Le second moyen de se mettre en cette sacrée présence, c'est de penser que non-seulement Dieu est au lieu où vous êtes, mais qu'il est très-particulièrement en votre cœur et au fond de votre esprit, lequel vivifie et anime de sa divine présence, étant là comme le cœur de votre cœur et l'esprit de votre esprit; car, comme l'âme, étant répandue par tout le corps, se trouve présente en toutes les parties de celui-ci et réside néanmoins au cœur d'une spéciale résidence, de même Dieu, étant très-présent à toutes choses, assiste toutefois d'une spéciale façon à notre esprit. Et pour

---

[1] *Ps.* cxxxviii, 8. — [2] *Gen.*, xxviii, 17.

cela David appelait Dieu *Dieu de son cœur*, et saint Paul disait que *nous vivons, nous nous mouvons et sommes en Dieu*[1]. En la considération donc de cette vérité, vous exciterez une grande révérence en votre cœur à l'endroit de Dieu, qui lui est si intimement présent.

Le troisième moyen, c'est de considérer notre Sauveur, lequel, en son humanité, regarde du ciel toutes les personnes du monde, mais particulièrement les chrétiens, qui sont ses enfants, et plus spécialement ceux qui sont en prière, desquels il marque les actions et déportements[2]. Or ceci n'est pas une simple imagination, mais une vraie vérité; car, encore que nous ne le voyions pas, si est-ce que de là-haut il nous considère. Saint Étienne le vit ainsi au temps de son martyre; et nous pouvons bien dire avec l'épouse : *Le voilà derrière la paroi, voyant par les fenêtres, regardant par les treillis*[3].

La quatrième façon consiste à se servir de la simple imagination, nous représentant le Sauveur en son humanité sacrée, comme si elle était auprès de nous, ainsi que nous avons accoutumé de nous représenter nos amis, et dire : Je m'imagine de voir un tel qui fait ceci et cela; il me

---

[1] *Act.*, xvii, 28. — [2] Les mouvements. — [3] *Cant. cant.*, ii, 9.

semble que je le vois; ou chose semblable. Mais, si le très-saint sacrement de l'autel était présent, alors cette présence serait réelle, et non purement imaginaire, car les espèces et apparences du pain seraient comme une tapisserie derrière laquelle Notre-Seigneur, étant réellement présent, nous voit et considère, quoique nous ne le voyons pas de sa propre forme. Vous userez donc, Philothée, de l'un de ces quatre moyens, pour mettre votre âme en la présence de Dieu avant l'oraison; et ne faut pas les vouloir employer tous ensemblement, mais seulement un à la fois, et cela brièvement et simplement.

CHAPITRE III

DE L'INVOCATION, SECOND POINT DE LA PRÉPARATION.

L'invocation se fait en cette manière : votre âme, se sentant en la présence de Dieu, se prosterne en une extrême révérence, se connaissant très-indigne de demeurer devant une si souveraine Majesté; et néanmoins, sachant que cette même bonté le veut, elle lui demande la grâce de la bien servir et adorer en cette méditation. Que si vous le voulez, vous pourrez user de quelques paroles courtes et enflammées, comme celles-ci de David : Ne me rejetez point, ô mon Dieu ! de devant votre face, et ne m'ôtez point la faveur de votre Saint-Esprit; éclairez votre face sur votre servante, et je considérerai vos merveilles; donnez-moi l'entendement, et je regarderai votre loi et la garderai de tout mon cœur[1]. Je suis votre servante, donnez-moi l'Esprit-Saint; et telles paroles semblables. Il vous servira encore d'ajouter l'invocation de votre bon ange et des sacrées personnes qui se trouveront au mystère que vous méditez; comme en celui de la mort de Notre-Seigneur, vous pourrez invoquer Notre-Dame, saint Jean, la Madeleine, le bon larron, afin que les sentiments et mouvements intérieurs qu'ils y reçurent vous soient communiqués; et, en la méditation de votre mort, vous pourrez invoquer votre bon ange qui se trouvera présent, afin qu'il vous inspire des considérations convenables ; et ainsi des autres mystères.

[1] *Ps.* L, 13. — *Ps.* cxviii, 135.

CHAPITRE IV

DE LA PROPOSITION DU MYSTÈRE, TROISIÈME POINT DE LA PRÉPARATION.

Après ces deux points ordinaires de la méditation, il y en a un troisième qui n'est pas commun à toutes sortes de méditations : c'est celui que les uns appellent fabrication du lieu, et les autres, leçon intérieure. Or ce n'est autre chose que de proposer à son imagination le corps du mystère que l'on veut méditer, comme s'il se passait réellement et de fait en notre présence. Par exemple, si vous voulez méditer Notre-Seigneur en croix, vous vous imaginerez être au mont de Calvaire, et que vous voyez tout ce qui se fit et se dit au jour de la passion; ou, si vous voulez, car c'est tout un, vous vous imaginerez qu'au lieu même où vous êtes, se fait le crucifiement de Notre-Seigneur, en la façon que les Évangiles le décrivent. J'en dis de même quand vous méditerez la mort, ainsi que je l'ai marqué en la méditation de celle-ci; comme aussi en celle de l'enfer et en tous semblables mystères, où il s'agit de choses visibles et sensibles; car, quant aux autres mystères de la grandeur de Dieu, de l'excellence des vertus, de la fin pour laquelle nous sommes créés, qui sont des choses invisibles, il n'est pas question de vouloir se servir de cette sorte d'imagination. Il est vrai que l'on peut bien employer quelque similitude et comparaison pour aider à la considération; mais cela est aucunement[1] difficile à rencontrer, et je ne veux traiter avec vous que fort simplement et en sorte que votre esprit ne soit pas beaucoup travaillé à faire des inventions. Or, par le moyen de cette imagination, nous enfermons notre esprit dans le mystère que nous voulons méditer, afin qu'il n'aille pas courant çà et là, ni plus ni moins que l'on enferme un oiseau dans une cage, ou bien comme l'on attache l'épervier à ses longes, afin qu'il demeure dessus le poing. Quelques-uns vous diront néanmoins qu'il est mieux d'user de la simple pensée de la foi et d'une simple appréhension toute mentale et spirituelle, en la représentation de ces mystères, ou bien de considérer que les choses se font en votre propre esprit; mais cela est trop subtil pour le commencement; et, jusqu'à ce que Dieu vous élève plus haut, je vous conseille, Philothée, de vous retenir en la basse vallée que je vous montre.

[1] Ordinairement, quelquefois.

CHAPITRE V

DES CONSIDÉRATIONS, SECONDE PARTIE DE LA MÉDITATION.

Après l'action de l'imagination, s'ensuit [1] l'action de l'entendement, que nous appelons méditation, qui n'est autre chose qu'une ou plusieurs considérations faites afin d'émouvoir nos affections en Dieu et aux choses divines; en quoi la méditation est différente de l'étude et des autres pensées et considérations, lesquelles ne se font pas pour acquérir la vertu ou l'amour de Dieu, mais pour quelques autres fins et intentions, comme pour devenir savant, pour en écrire ou disputer. Ayant donc enfermé votre esprit, comme j'ai dit, dans l'enclos du sujet que vous voulez méditer, par l'imagination, si le sujet est sensible [2], ou par la simple proposition, s'il est insensible, vous commencerez à faire sur icelui des considérations dont vous verrez des exemples tout formés ès [3] méditations que je vous ai données. Que si votre esprit trouve assez de goût, de lumière et de fruit sur l'une des considérations, vous vous y

[1] Vient après, suit. — [2] Tombe sous les sens. — [3] Dans les.

arrêterez, sans passer plus outre [1]; faisant comme les abeilles, qui ne quittent point la fleur tandis qu'elles y trouvent du miel à recueillir. Mais, si vous ne rencontrez pas selon votre souhait en l'une des considérations, après avoir un peu marchandé et essayé, vous passerez à une autre; mais allez tout bellement et simplement en cette besogne, sans vous y empresser.

CHAPITRE VI

DES AFFECTIONS ET RÉSOLUTIONS, TROISIÈME PARTIE DE LA MÉDITATION.

La méditation répand de bons mouvements en la volonté ou partie affective de notre âme : comme sont l'amour de Dieu et du prochain, le désir du paradis et de la gloire, le zèle du salut des âmes, l'imitation de la vie de Notre-Seigneur, la compassion, l'admiration, la réjouissance, la crainte de la disgrâce de Dieu, du jugement et de l'enfer, la haine du péché, la confiance en la bonté et miséricorde de Dieu, la confusion pour notre mauvaise vie passée; et en ces affections, notre esprit se doit épancher et

[1] *Plus outre*, forme vieillie, pour : sans passer outre.

étendre le plus qu'il lui sera possible. Que si vous voulez être aidée pour cela, prenez en main le premier tome des Méditations de dom André Capilia, et voyez sa préface; car, en celle-ci, il montre la façon avec laquelle il faut dilater ses affections; et, plus amplement, le père Arrias en son traité de l'Oraison.

Il ne faut pas pourtant, Philothée, s'arrêter tant à ces affections générales, que vous ne les convertissiez en des résolutions spéciales et particulières pour votre correction et amendement. Par exemple, la première parole que Notre-Seigneur dit sur la croix répandra sans doute une bonne affection d'imitation en votre âme, à savoir, le désir de pardonner à vos ennemis et de les aimer; or je dis maintenant que cela est peu de chose, si vous n'y ajoutez une résolution spéciale en cette sorte : Or sus, donc, je ne me piquerai plus de telles paroles fâcheuses qu'un tel et une telle, mon voisin ou ma voisine, mon domestique ou ma domestique, disent de moi, ni de tel et de tel mépris, qui m'est fait par cettui-ci ou cettui-là; au contraire, je dirai et ferai telle et telle chose pour le gagner et adoucir, et ainsi des autres. Par ce moyen, Philothée, vous corrigerez vos fautes en peu de temps, là où, par les seules affections, vous le ferez tard et malaisément.

CHAPITRE VII

DE LA CONCLUSION ET BOUQUET SPIRITUEL.

Enfin, il faut conclure la méditation par trois actions qu'il faut faire avec le plus d'humilité que l'on peut; la première, c'est l'action de grâces, remerciant Dieu des affections et résolutions qu'il nous a données, et de sa bonté et miséricorde que nous avons découvertes au mystère de la méditation. La seconde, c'est l'action d'offrande, par laquelle nous offrons à Dieu sa même bonté et miséricorde, la mort, le sang, les vertus de son Fils, et, conjointement avec icelles, nos affections et résolutions.

La troisième action est celle de la supplication, par laquelle nous demandons à Dieu et le conjurons de nous communiquer les grâces et vertus de son Fils, et donner la bénédiction à nos affections et résolutions, afin que nous les puissions fidèlement exécuter; puis nous prions de même pour l'Église, pour nos pasteurs, parents, amis et autres, employant en cela l'intercession de Notre-Dame, des anges et des saints; enfin, j'ai marqué qu'il fallait dire le *Pater noster* et *Ave Maria*, qui est la générale et nécessaire prière de tous les fidèles.

A tout cela j'ai ajouté qu'il fallait cueillir un petit bouquet de dévotion; et voici ce que je veux dire. Ceux qui se sont promenés en un beau jardin n'en sortent pas volontiers sans prendre en leur main quatre ou cinq fleurs pour les odorer[1] et tenir le long de la journée; ainsi notre esprit ayant discouru sur quelque mystère par la méditation, nous devons choisir un ou deux ou trois points que nous aurons trouvés plus à notre goût et plus propres à notre entendement, pour nous en ressouvenir le reste de la journée et les odorer spirituellement. Or cela se fait sur le lieu même auquel nous avons fait la méditation, en nous y entretenant ou promenant solitairement quelque temps après.

CHAPITRE VIII

QUELQUES AVIS TRÈS-UTILES SUR LE SUJET DE LA MÉDITATION.

Il faut surtout, Philothée, qu'au sortir de votre méditation vous reteniez les résolutions et délibérations que vous aurez prises, pour les pratiquer soigneusement ce jour-là. C'est le grand fruit de la méditation, sans lequel elle est bien sou-

[1] Mot vieilli, pour : sentir, respirer le parfum.

vent, non-seulement inutile, mais nuisible, parce que les vertus méditées et non pratiquées enflent quelquefois l'esprit et le courage, nous étant bien avis que nous sommes tels que nous avons résolu et délibéré d'être; ce qui est sans doute véritable, si les résolutions sont vives et solides; mais elles ne sont pas telles, ains vaines et dangereuses, si elles ne sont pratiquées; il faut donc, par tous moyens, s'essayer de les pratiquer et en chercher les occasions petites ou grandes. Par exemple, si j'ai résolu de gagner par douceur l'esprit de ceux qui m'offensent, je chercherai ce jour-là de les rencontrer pour les saluer amiablement, et, si je ne les puis rencontrer, au moins de dire bien d'eux et prier Dieu en leur faveur.

Au sortir de cette oraison cordiale, il vous faut prendre garde de ne point donner de secousse à votre cœur; car vous épancheriez le baume que vous avez reçu par le moyen de l'oraison. Je veux dire qu'il faut garder, s'il est possible, un peu de silence, et remuer [1] tout doucement votre cœur de l'oraison aux affaires, retenant, le plus longtemps qu'il vous sera possible, le sentiment et les affections que vous aurez conçues. Un homme qui aurait reçu dans un vaisseau de belle porcelaine quelque liqueur de grand prix, pour l'apporter dans sa maison, irait doucement, ne regardant

[1] Conduire, faire passer.

point à côté, mais tantôt devant soi, de peur de heurter à quelque pierre ou faire quelque mauvais pas, tantôt à son vase, pour voir s'il ne penche point. Vous en devez faire de même au sortir de la méditation; ne vous distrayez pas tout à coup, mais regardez simplement devant vous; comme serait à dire[1], s'il vous faut rencontrer quelqu'un que vous soyez obligé d'entretenir ou ouïr, il n'y a remède[2], il faut s'accommoder à cela, mais en telle sorte que vous regardiez aussi à votre cœur, afin que la liqueur de la sainte oraison ne s'épanche que le moins qu'il sera possible.

Il faut même que vous vous accoutumiez à savoir passer de l'oraison à toutes sortes d'actions que votre vacation et profession requiert justement et légitimement de vous, quoiqu'elles semblent bien éloignées des affections que nous avons reçues en l'oraison. Je veux dire, un avocat doit savoir passer de l'oraison à la plaidoirie, le marchand au trafic, avec tant de douceur et de tranquillité, que pour cela son esprit n'en soit point troublé; car, puisque l'un et l'autre sont selon la volonté de Dieu, il faut faire le passage de l'un à l'autre en esprit d'humilité et dévotion.

Il vous arrivera quelquefois qu'incontinent après

---

[1] Par exemple. — [2] C'est-à-dire c'est un inconvénient qu'on ne peut éviter.

la préparation votre affection se trouvera toute émue en Dieu[1]; alors, Philothée, il lui faut lâcher la bride, sans vouloir suivre la méthode que je vous ai donnée; car, bien que, pour l'ordinaire, la considération doit précéder des affections et résolutions, si est-ce que l'esprit vous donnant les affections avant la considération, vous ne devez pas rechercher la considération, puisqu'elle ne se fait que pour émouvoir l'affection. Bref, toujours quand les affections se présenteront à vous, il les faut recevoir et leur faire place, soit qu'elles arrivent avant ou après toutes les considérations. Et, quoique j'aie mis les affections après toutes les considérations, je ne l'ai fait que pour mieux distinguer les parties de l'oraison; car, au demeurant, c'est une règle générale qu'il ne faut jamais retenir les affections, mais les laisser toujours sortir quand elles se présentent. Ce que je dis, non-seulement pour les autres affections, mais aussi pour l'action de grâces, l'offrande et la prière, qui se peuvent faire parmi les considérations, et ne les faut non plus retenir que les autres affections; bien que par après, pour la conclusion de la méditation, il faille les répéter et reprendre. Mais, quant aux résolutions, il les faut faire après les affections, et sur la fin de toute la méditation, avant la conclusion, d'autant

[1] Portée à Dieu.

qu'ayant à nous représenter des objets particuliers et familiers, elles nous mettraient en danger, si nous les faisions parmi les affections, d'entrer en des distractions.

Emmi les affections et résolutions, il est bon d'user de colloque, et parler tantôt à Notre-Seigneur, tantôt aux anges et aux personnes représentées aux mystères, aux saints et à soi-même, à son cœur, aux pécheurs, et même aux créatures insensibles, comme l'on voit que David fait en ses psaumes, et les autres saints en leurs méditations et oraisons.

CHAPITRE IX

POUR LES SÉCHERESSES QUI ARRIVENT EN LA MÉDITATION.

S'il vous arrive, Philothée, de n'avoir point de goût ni de consolation en la méditation, je vous conjure de ne vous point troubler, mais quelquefois ouvrez la porte aux paroles vocales[1], lamentez-vous de vous-même à Notre-Seigneur, confessez votre indignité, priez-le qu'il vous soit en aide, baisez son image, si vous l'avez; dites-lui ces paroles de Jacob : Si ne vous laisserai-je point, Seigneur, que vous ne m'ayez donné votre bénédic-

[1] C'est-à-dire prononcez vos prières, élevez la voix.

tion [1]; ou celles de la Cananéenne : Oui, Seigneur, je suis une chienne, mais les chiens mangent des miettes de la table de leur maître [2].

Autres fois, prenez un livre en main et le lisez avec attention, jusqu'à ce que votre esprit soit réveillé et remis en vous; piquez [3] quelquefois votre cœur par quelque contenance et mouvement de dévotion extérieure, vous prosternant en terre, croisant les mains sur l'estomac, embrassant un crucifix : cela s'entend si vous êtes en quelque lieu retiré. Que si par après [4] tout cela vous n'êtes point consolée, pour grande que soit votre sécheresse, ne vous troublez point, mais continuez à vous tenir en une contenance dévote devant votre Dieu. Combien de courtisans y a-t-il qui vont cent fois l'année en la chambre du prince, sans espérance de lui parler, mais seulement pour être vus de lui et lui rendre leur devoir ! Ainsi devons-nous venir, ma chère Philothée, à la sainte oraison, purement et simplement pour rendre notre devoir et témoigner notre fidélité. Que s'il plaît à la divine Majesté de nous parler et s'entretenir avec nous par ses saintes inspirations et consolations intérieures, ce nous sera sans doute un grand honneur et un plaisir très-délicieux; mais, s'il ne lui plaît pas de nous faire cette grâce, nous laiss-

[1] *Gen.*, xxxii, 26. — [2] *Matth.*, xv, 27. — [3] *Excitez*. — [4] *Par après*, pour : *après* seulement.

sant là sans nous parler, non plus que s'il ne nous voyait pas et que nous ne fussions pas en sa présence, nous ne devons pourtant pas sortir; mais, au contraire, nous devons demeurer là devant cette souveraine bonté, avec un maintien dévotieux et paisible, et lors, infailliblement, il agréera notre patience et remarquera notre assiduité et persévérance; si bien qu'une autre fois, quand nous reviendrons devant lui, il nous favorisera et s'entretiendra avec nous par ses consolations, nous faisant voir l'aménité de la sainte oraison. Mais, quand il ne le ferait pas, contentons-nous, Philothée, que ce nous est un honneur trop plus[1] grand d'être auprès de lui et à sa vue.

CHAPITRE X

EXERCICES POUR LE MATIN.

Outre cette oraison mentale entière et formée et les autres oraisons vocales que vous devez faire une fois le jour, il y a cinq autres sortes d'oraisons plus courtes, et qui sont comme agencements et surgeons de l'autre grande oraison, entre lesquelles la première est celle qui se fait le

---

[1] L'emploi d'un double comparatif donne à la pensée plus d'énergie; mais cette tournure est incorrecte; aujourd'hui il faut lire seulement : trop grand.

matin, comme une préparation générale à toutes les œuvres de la journée; or vous la ferez en cette sorte.

Remerciez et adorez Dieu profondément pour la grâce qu'il vous a faite de vous avoir conservée la nuit précédente; et, si vous aviez commis en celle-ci quelque péché, vous lui en demanderez pardon.

Voyez que le jour présent vous est donné, afin qu'en icelui vous puissiez gagner le jour à venir de l'éternité; et faites un ferme propos de bien employer la journée à cette intention.

Prévoyez quelles affaires, quels commerces[1] et quelles occasions vous pouvez rencontrer cette journée-là pour servir Dieu, et quelles tentations vous pourront survenir de l'offenser, ou par colère, ou par vanité, ou par quelque autre dérèglement; et, par une sainte résolution, préparez-vous à bien employer les moyens qui se doivent offrir à vous de servir Dieu et avancer votre dévotion : comme, au contraire, disposez-vous à bien éviter, combattre et vaincre ce qui peut se présenter contre votre salut et la gloire de Dieu.

Et il ne suffit pas de faire cette résolution, mais il faut préparer les moyens pour la bien exécuter. Par exemple, si je prévois devoir traiter de quelque affaire avec une personne passionnée et prompte à la colère, non-seulement je me résou-

[1] Quelle société.

drai de ne point me relâcher [1] à l'offenser, mais je préparerai des paroles de douceur pour la prévenir, ou l'assistance de quelque personne qui la puisse contenir. Si je prévois de pouvoir visiter un malade, je disposerai l'heure, les consolations et secours que j'ai à lui faire; et ainsi des autres.

Cela fait, humiliez-vous devant Dieu, reconnaissant que de vous-même vous ne sauriez rien faire de ce que vous avez délibéré, soit pour fuir le mal, soit pour exécuter le bien. Et, comme si vous teniez votre cœur en vos mains, offrez-le avec tous vos bons desseins à la divine Majesté, la suppliant de le prendre en sa protection et le fortifier pour bien réussir en son service, et ce par telles ou semblables paroles intérieures : ô Seigneur ! voilà ce pauvre et misérable cœur qui, par votre bonté, a conçu plusieurs bonnes affections; mais, hélas! il est trop faible et chétif pour effectuer le bien qu'il désire, si vous ne lui départez votre céleste bénédiction, laquelle, à cette intention, je vous requiers, ô Père débonnaire ! par le mérite de la passion de votre Fils, à l'honneur duquel je consacre cette journée et le reste de ma vie. Invoquez Notre-Dame, votre bon ange et les saints, afin qu'ils vous assistent à cet effet.

---

[1] Me laisser aller à l'offenser.

Mais toutes ces actions spirituelles se doivent faire brièvement et vivement devant[1] que l'on sorte de la chambre, s'il est possible, afin que, par le moyen de cet exercice, tout ce que vous ferez le long de la journée soit arrosé de la bénédiction de Dieu; mais je vous prie, Philothée, de n'y manquer jamais.

CHAPITRE XI

DE L'EXERCICE DU SOIR ET DE L'EXAMEN DE CONSCIENCE.

Comme devant votre dîner temporel[2], vous ferez le dîner spirituel par le moyen de la méditation; ainsi, avant votre souper, il vous faut faire un petit souper, au moins une collation dévote et spirituelle. Gagnez donc quelque loisir un peu avant l'heure du souper, et, prosternée devant Dieu, ramassant votre esprit auprès de Jésus-Christ crucifié, que vous vous représentez par une simple considération et œillade intérieure, rallumez le feu de votre méditation du matin en votre cœur, par une douzaine de vives aspirations, humiliations et élancements amoureux, que vous ferez sur ce divin Sauveur de votre âme; ou bien en répé-

---

[1] *Devant*, pour *avant*, se retrouve encore dans la Fontaine. — [2] Matériel.

tant les points que vous aurez plus savourés en la méditation du matin ; ou bien vous excitant par quelque autre nouveau sujet, selon que vous aimerez mieux.

Quant à l'examen de conscience, qui se doit toujours faire avant qu'aller coucher[1], chacun sait comme il le faut pratiquer.

On remercie Dieu de la conservation qu'il a faite de nous en la journée passée.

On examine comme on s'est comporté en toutes les heures du jour, et, pour faire cela plus aisément, on considère où, avec qui et en quelle occupation on a été.

Si l'on trouve d'avoir fait quelque bien, on en fait action de grâces à Dieu; si, au contraire, l'on a fait quelque mal, en pensées, en paroles, ou en œuvres, on en demande pardon à sa divine Majesté, avec résolution de s'en confesser à la première occasion et de s'en amender soigneusement.

Après cela, on recommande à la Providence divine son corps, son âme, l'Église, les parents, les amis; on prie Notre-Dame, le bon ange et les saints de veiller sur nous et pour nous; et, avec la bénédiction de Dieu, on va prendre le repos qu'il a voulu nous être requis.

Cet exercice-ci ne doit jamais être oublié, non

---

[1] *Coucher*, pour : *se coucher*.

plus que celui du matin ; car par celui du matin vous ouvrez les fenêtres de votre âme au soleil de justice, et par celui du soir vous les fermez aux ténèbres de l'enfer.

CHAPITRE XII

DE LA RETRAITE SPIRITUELLE.

C'est ici, chère Philothée, où je vous souhaite fort affectionnée à suivre mon conseil; car, en cet article, consiste l'un des plus assurés moyens de votre avancement spirituel.

Rappelez le plus souvent que vous pourrez, parmi la journée, votre esprit en la présence de Dieu, par l'une des quatre façons que je vous ai marquées; regardez ce que Dieu fait et ce que vous faites : vous verrez ses yeux tournés de votre côté, et perpétuellement fixés sur vous par un amour incomparable. O Dieu ! ce direz-vous, pourquoi ne vous regardé-je toujours comme toujours vous me regardez? Pourquoi pensez-vous à moi si souvent, mon Seigneur? et pourquoi pensé-je si peu souvent à vous? Où sommes-nous, ô mon âme? Notre vraie place, c'est Dieu; et où est-ce que nous nous trouvons?

Comme les oiseaux ont des nids sur les arbres pour faire leur retraite quand ils en ont besoin, et les cerfs ont leurs buissons et leurs forêts dans lesquels ils se resserrent[1] et mettent à couvert, prenant la fraîcheur de l'ombre en été, ainsi, Philothée, nos cœurs doivent prendre et choisir quelque autre place chaque jour, ou sur le mont de Calvaire, ou ès plaies de Notre-Seigneur, ou en quelque lieu proche de lui, pour y faire leur retraite à toutes sortes d'occasions, et là s'alléger et récréer entre les affaires extérieures[2], et pour y être comme dans un fort, afin de se défendre des tentations. Bienheureuse sera l'âme qui pourra dire en vérité à Notre-Seigneur : Vous êtes ma maison de refuge, mon rempart assuré, mon toit contre la pluie et mon ombre contre la chaleur.

Ressouvenez-vous donc, Philothée, de faire toujours plusieurs retraites en la solitude de votre cœur, pendant que corporellement vous êtes parmi les conversations et affaires; et cette solitude mentale ne peut nullement être empêchée par la multitude de ceux qui vous sont autour, car ils ne sont pas autour de votre cœur, mais autour de votre corps, et votre cœur demeure lui tout seul en

---

[1] Renferment. — [2] Se décharger et récréer dans l'intervalle que laissent les affaires extérieures.

la présence de Dieu seul. C'est l'exercice que faisait le roi David parmi tant d'occupations qu'il avait, comme il le témoigne par mille traits de ses Psaumes, comme quand il dit : *O Seigneur ! et moi je suis toujours avec vous; je vois mon Dieu toujours devant moi; j'ai élevé mes yeux à vous, ô mon Dieu qui habitez au ciel ! mes yeux sont toujours à Dieu* [1].

Et aussi les conversations ne sont pas ordinairement si sérieuses, qu'on ne puisse, de temps en temps, en retirer le cœur pour le remettre en cette divine solitude.

Les père et mère de sainte Catherine de Sienne lui ayant ôté toute commodité de lieu et de loisir pour prier et méditer, Notre-Seigneur l'inspira de faire un petit oratoire intérieur en son esprit, dans lequel, se retirant mentalement, elle pût, parmi les affaires extérieures, vaquer en cette sainte solitude cordiale. Et depuis, quand le monde l'attaquait, elle n'en recevait nulle incommodité; par ce, disait-elle, qu'elle s'enfermait dans son cabinet intérieur, où elle se consolait avec son céleste époux. Aussi, dès lors, elle conseillait à ses enfants spirituels de se faire une chambre dans le cœur et d'y demeurer.

Retirez donc quelquefois votre esprit dans votre

---

[1] Ps. LXII, 23; — CXXII, 1; — XXIV, 15.

cœur, où, séparée de tous les hommes, vous puissiez traiter cœur à cœur de votre âme avec son Dieu, pour dire avec David : *J'ai veillé et j'ai été semblable au pélican de la solitude; j'ai été fait comme le chat-huant ou le hibou dans les masures et comme le passereau solitaire au toit*[1]. Lesquelles paroles, outre leur sens littéral, qui témoigne que ce grand roi prenait quelques heures pour se tenir solitaire en la contemplation des choses spirituelles, nous montrent en leur sens mystique trois excellentes retraites, et comme trois ermitages, dans lesquels nous pouvons exercer notre solitude, à l'imitation de notre Sauveur, lequel, sur le mont de Calvaire, fut comme le pélican de la solitude, qui de son sang ravive ses poussins morts; en sa nativité, dans son étable déserte, il fut comme le hibou dans la masure, plaignant et pleurant nos fautes et péchés. Et au jour de son ascension, il fut comme le passereau se retirant et volant au ciel, qui est comme le toit du monde; et, en tous ces trois lieux, nous pouvons faire nos retraites emmi[2] le tracas des affaires. Le bienheureux Elzéar, comte d'Arian, en Provence, ayant été longuement absent de sa dévote et chaste Delphine, elle lui envoya un homme exprès pour savoir de sa santé,

---

[1] Ps. ci, 8. — [2] Au milieu du tracas.

et il lui fit réponse : « Je me porte fort bien, ma chère femme; que si vous me voulez voir, cherchez-moi en la plaie du côté de notre doux Jésus, car c'est là que j'habite, et que vous me trouverez; ailleurs, vous me chercherez pour néant. » C'était un chevalier chrétien, celui-là.

CHAPITRE XIII

DES ASPIRATIONS, ORAISONS JACULATOIRES ET BONNES PENSÉES.

On se retire en Dieu, parce qu'on aspire à lui, et on y aspire pour s'y retirer; ainsi l'aspiration en Dieu et la retraite spirituelle s'entretiennent l'une et l'autre, et toutes deux proviennent et naissent des bonnes pensées.

Aspirez donc bien souvent en Dieu, Philothée, par de courts, mais ardents élancements de votre cœur; admirez sa beauté, invoquez son aide, jetez-vous en esprit au pied de la croix, adorez sa bonté, interrogez-le souvent de votre salut, donnez-lui mille fois le jour votre âme, fixez vos yeux intérieurs sur sa douceur, tendez-lui la main comme un petit enfant à son père, afin qu'il vous conduise; mettez-le sur votre poitrine comme un bouquet délicieux; plantez-le en votre âme comme un étendard, et faites mille sortes de divers mouvements de votre cœur pour vous donner de l'amour de Dieu et vous exciter à une passionnée et tendre dilection[1] de ce divin époux.

On fait ainsi les oraisons jaculatoires, que le grand saint Augustin conseille si soigneusement à la dévote dame Proba. Philothée, notre esprit s'adonnant à la hantise[2] et familiarité de son Dieu, se parfumera tout de ses perfections; et cet exercice n'est point mal aisé : car il se peut entrelacer en toutes nos affaires et occupations, sans aucunement les incommoder; d'autant que, soit en la retraite spirituelle, soit en ces élancements intérieurs, on ne fait que de petits courts divertissements, qui n'empêchent nullement, mais servent de beaucoup à la poursuite de ce que nous faisons. Le pèlerin qui prend un peu de vin pour réjouir son cœur et rafraîchir sa bouche, bien qu'il s'arrête un peu pour cela, ne rompt pourtant pas son voyage, mais prend de la force pour plus vitement et aisément le parachever, ne s'arrêtant que pour mieux aller.

Plusieurs ont ramassé beaucoup d'aspirations vocales, qui vraiment sont fort utiles; mais, par mon avis, vous ne vous astreindrez point à aucune

---

[1] Amour. — [2] Fréquentation.

sorte de paroles, ains prononcerez, ou de cœur ou de bouche, celles que l'amour vous suggérera sur-le-champ; car il vous en fournira tant que vous voudrez. Il est vrai qu'il y a certains mots qui ont une force particulière pour contenter le cœur en cet endroit, comme sont les élancements semés si dru dedans les Psaumes de David, les invocations diverses du nom de Jésus, et les traits d'amour qui sont imprimés au Cantique des Cantiques. Les chansons spirituelles servent encore à même intention, pourvu qu'elles soient chantées avec attention.

Enfin, ceux qui aiment Dieu ne peuvent cesser de penser à lui, respirer pour lui, aspirer à lui et parler de lui, et voudraient, s'il était possible, graver sur la poitrine de toutes les personnes du monde le saint et sacré nom de Jésus.

A quoi même toutes choses les invitent, et n'y a créature qui ne leur annonce la gloire de leur bien-aimé; et, comme dit saint Augustin, après saint Antoine, tout ce qui est au monde leur parle d'un langage muet, mais fort intelligible, en faveur de leur amour; toutes choses les provoquent à des bonnes pensées, desquelles par après naissent force saillies et aspirations à Dieu. En voici quelques exemples. Saint Grégoire, évêque de Nazianze, ainsi que lui-même racontait à son peuple, se promenant sur le rivage de la mer, considérait comme les ondes, s'avançant sur la grève, laissaient des coquilles et petits cornets, tiges d'herbes, petites huîtres et semblables brouilleries[1] que la mer rejetait, et, par manière de dire, crachait dessus le bord; puis, revenant par d'autres vagues, elle reprenait et engloutissait derechef une partie de cela, tandis que les rochers des environs demeuraient fermes et immobiles, quoique les eaux vinssent rudement battre contre ceux-ci. Or, sur cela, il fit cette belle pensée, que les faibles, comme coquilles, cornets et tiges d'herbes, se laissent emporter tantôt à l'affliction, tantôt à la consolation, à la merci des ondes et vagues de la fortune; mais que les grands courages demeurent fermes et immobiles à toute sorte d'orage; et de cette pensée il fit naître ces élancements de David : *O Seigneur! sauvez-moi, car les eaux ont pénétré jusqu'à mon âme; ô Seigneur! délivrez-moi du profond des eaux! je suis porté au profond de la mer, et la tempête m'a submergé*[2]. Car alors il était en affliction pour la malheureuse usurpation que Maximus avait entreprise sur son évêché. Saint Fulgence, évêque de Ruspe, se trouvant en une assemblée générale de la noblesse romaine que Théodoric, roi des Goths, haranguait, et

---

[1] Objets confondus pêle-mêle. — [2] Ps. LXVIII, 2, 15, 3.

voyant la splendeur de tant de seigneurs qui étaient en rang, chacun selon sa qualité: O Dieu! dit-il, combien doit être belle Jérusalem la céleste, puisqu'ici-bas on voit si pompeuse Rome la terrestre! et si en ce monde tant de splendeur est concédée aux amateurs de la vanité, quelle gloire doit être réservée en l'autre monde aux contemplateurs de la vérité! On dit que saint Anselme, archevêque de Cantorbéry, duquel la naissance a grandement honoré nos montagnes [1], était admirable en cette pratique de bonnes pensées. Un levreau, pressé des chiens, accourut sous le cheval de ce saint prélat qui pour lors voyageait, comme à un refuge que le péril éminent [2] de la mort lui suggérait : et les chiens clabaudant, tout autour, n'osaient entreprendre de violer l'immunité à laquelle leur proie avait eu recours; spectacle, certes, extraordinaire, qui faisait rire tout le train, tandis que le grand Anselme pleurait et gémissait. Oh! vous riez, disait-il, mais la pauvre bête ne rit pas; les ennemis de l'âme, poursuivie et malmenée par divers détours en toutes sortes de péchés, l'attendent au détroit de la mort pour la ravir et dévorer, et elle, tout effrayée, cherche partout secours et refuge; que si elle n'en trouve

---

[1] Né à Aoste, en Piémont, 1033. — [2] Éminent pour imminent.

point, ses ennemis s'en moquent et s'en rient. Ce qu'ayant dit, il s'en alla soupirant. Constantin-le-Grand écrivit honorablement à saint Antoine; de quoi les religieux qui étaient autour de lui furent fort étonnés. Et il leur dit : Comment admirez-vous[1] qu'un roi écrive à un homme? Ains admirez que Dieu éternel ait écrit sa loi aux mortels, et même leur ait parlé bouche à bouche en la personne de son Fils. Saint François, voyant une brebis toute seule parmi un troupeau de boucs : Regardez, dit-il à son compagnon, comme cette pauvre petite brebis est douce parmi ces chèvres : Notre-Seigneur allait ainsi doux et humble entre les Pharisiens. Et, voyant une autre fois un petit agnelet mangé par un pourceau : Hé! petit agnelet, dit-il tout en pleurant, que tu représentes vivement la mort de mon Sauveur!

Ce grand personnage de notre âge, François de Borgia, pour lors encore duc de Gandie, allant à la chasse, faisait mille dévotes conceptions. J'admirais, disait-il lui-même par après[2], comme les faucons reviennent sur le poing, se laissent couvrir les yeux et attacher à la perche, et que les hommes se rendent si revêches à la voix de Dieu. Le grand saint Basile dit que la rose parmi les épines fait cette remontrance aux hommes: *Ce qui*

---

[1] Vous étonnez-vous? — [2] Plus tard.

est de plus agréable en ce monde, ô mortels! est mêlé de tristesse; rien n'y est pur, le regret est toujours collé à l'allégresse, le soin à la fertilité, l'ignominie à la gloire, la dépense aux honneurs, le dégoût aux délices et la maladie à la santé. *C'est une belle fleur*, dit ce saint personnage, *que la rose; mais elle me donne une grande tristesse, m'avertissant de mon péché, pour lequel la terre a été condamnée de porter les épines.* Une âme dévote regardant un ruisseau et y voyant le ciel représenté avec les étoiles en une nuit bien sereine, ô mon Dieu, dit-elle, ces mêmes étoiles seront sous mes pieds quand vous m'aurez logé dans vos saints tabernacles. Et comme les étoiles du ciel sont représentées en la terre, ainsi les hommes de la terre sont représentés au ciel en la vive fontaine de la charité divine. L'autre, voyant un fleuve flotter[1], s'écriait ainsi : Mon âme n'aura jamais le repos qu'elle ne soit abîmée dans la mer de la divinité qui est son origine. Et sainte Françoise considérant un agréable ruisseau, sur le rivage duquel elle s'était agenouillée pour prier, fut ravie en extase, répétant plusieurs fois ces paroles tout bellement : La grâce de mon Dieu coule ainsi doucement et soyeusement comme ce petit ruisseau. Un autre, voyant

---

[1] C'est-à-dire, rouler ses flots.

les arbres fleuris, soupirait : Pourquoi suis-je défleuri au jardin de l'Église ? Un autre voyant de petits poussins ramassés sous leur mère : O Seigneur ! dit-il, conservez-nous sous l'ombre de vos ailes. L'autre, voyant le tourne-soleil[1], dit : Quand sera-ce, mon Dieu, que mon âme suivra les attraits de votre bonté ? et, voyant des pensées de jardin belles à la vue, mais sans odeur : Hé ! dit-il, telles sont mes cogitations, belles à dire, mais sans effet ni production.

Voilà, ma Philothée, comme l'on tire les bonnes pensées et saintes aspirations de ce qui se présente en la variété de cette vie mortelle. Malheureux sont ceux qui détournent les créatures de leur Créateur pour les contourner[2] au péché ; bienheureux sont ceux qui contournent les créatures à la gloire du Créateur, et emploient leur vanité à l'honneur de la vérité. Certes, dit saint Grégoire Nazianzène[3], j'ai accoutumé de rapporter toutes choses à mon profit spirituel. Lisez le dévot épitaphe[4] que saint Jérôme a fait de sa sainte Paule : car c'est belle chose à voir comme il est tout parsemé des aspirations et conceptions sacrées qu'elle faisait à toutes sortes de rencontres.

[1] Tournesol. — [2] Tourner vers le péché. — [3] De Nazianze. — [4] Le mot épitaphe (aujourd'hui du genre féminin) est pris ici pour oraison funèbre.

Or, en cet exercice de la retraite spirituelle et des oraisons jaculatoires, gît la grande œuvre de la dévotion; il peut suppléer au défaut de toutes les autres oraisons; mais le manquement d'icelui ne peut presque point être réparé par aucun autre moyen. Sans icelui, on ne peut pas bien faire la vie contemplative, et ne saurait-on[1] que mal faire la vie active; sans icelui, le repos n'est qu'oisiveté et le travail qu'embarras. C'est pourquoi je vous conjure de l'embrasser de tout votre cœur, sans jamais vous en départir.

CHAPITRE XIV

DE LA TRÈS-SAINTE MESSE, ET COMME IL LA FAUT OUÏR.

Je ne vous ai encore point parlé du soleil des exercices spirituels, qui est le très-saint, sacré et très-souverain sacrifice et sacrement de la messe, centre de la religion chrétienne, cœur de la dévotion, âme de la piété, mystère ineffable qui comprend l'abîme de la charité divine, et par lequel, s'appliquant réellement à nous, Dieu nous communique magnifiquement ses grâces et faveurs.

[1] Et on ne saurait.

L'oraison, faite en l'union de ce divin sacrifice, a une force indicible; de sorte, Philothée, que par icelui l'âme abonde en célestes faveurs, comme appuyée sur son bien-aimé, qui la rend si pleine d'odeurs et suavités spirituelles, qu'elle ressemble à une colonne de fumée de bois aromatique, de la myrrhe, de l'encens et de toutes les poudres du parfumeur, comme il est dit ès cantiques.

Faites donc toutes sortes d'efforts pour assister tous les jours à la sainte messe, afin d'offrir avec le prêtre le sacrifice de votre Rédempteur à Dieu son Père, pour vous et pour toute l'Église; toujours les anges en grand nombre s'y trouvent présents, comme dit saint Jean Chrysostome, pour honorer ce saint mystère; et nous y trouvant avec eux et avec une même intention, nous ne pouvons que recevoir beaucoup d'influences propices par une telle société; les cœurs de l'Église triomphante et de l'Église militante se viennent attacher et joindre à Notre-Seigneur en cette divine action, pour avec lui, en lui et par lui, ravir le cœur de Dieu le Père, et rendre sa miséricorde toute nôtre. Quel bonheur à une âme de contribuer[1] dévotement ses affections pour un bien si précieux et si désirable.

Si par quelque force forcée[2] vous ne pouvez pas vous rendre présente à la célébration de ce sou-

---

[1] De fournir. — [2] Par un empêchement absolu.

verain sacrifice, d'une présence réelle, au moins faut-il que vous y portiez votre cœur pour y assister d'une présence spirituelle. A quelque heure donc du matin, allez en esprit, si vous ne pouvez autrement, en l'église, unissez votre intention à celle de tous les chrétiens, et faites les mêmes actions intérieures au lieu où vous êtes, que vous feriez si vous étiez réellement présente à l'office de la sainte messe en quelque église.

Or, pour ouïr ou réellement ou mentalement la sainte messe comme il est convenable : 1° Dès le commencement jusqu'à ce que le prêtre se soit mis à l'autel, faites avec lui la préparation, laquelle consiste à se mettre en la présence de Dieu, reconnaître votre indignité et demander pardon de vos fautes. 2° Depuis que le prêtre est à l'autel jusqu'à l'Évangile, considérez la venue et la vie de Notre-Seigneur en ce monde par une simple et générale considération. 3° Depuis l'Évangile jusqu'après le *Credo*, considérez la prédication de notre Sauveur; protestez de vouloir vivre et mourir en la foi et obéissance de sa sainte parole et en l'union de la sainte Église catholique. 4° Depuis le *Credo* jusqu'au *Pater noster*, appliquez votre cœur aux mystères de la mort et passion de notre Rédempteur, qui sont actuellement et essentiellement représentés en ce saint sacrifice, lequel, avec le prêtre et avec le reste du peuple, vous offrirez à Dieu le Père, pour son honneur et pour votre salut. 5° Depuis le *Pater noster* jusqu'à la communion, efforcez-vous de faire mille désirs de votre cœur, souhaitant ardemment d'être à jamais jointe et unie à votre Sauveur par amour éternel. 6° Depuis la communion jusqu'à la fin, remerciez sa divine Majesté de son incarnation, de sa vie, de sa mort, de sa passion et de l'amour qu'il nous témoigne en ce saint sacrifice, le conjurant par icelui de vous être à jamais propice, à vos parents, à vos amis et à toute l'Église; et, vous humiliant de tout votre cœur, recevez dévotement la bénédiction divine que Notre Seigneur vous donne par l'entremise de son officier [1].

Mais si vous voulez pendant la messe faire votre méditation sur les mystères que vous allez suivant de jour en jour, il ne sera pas requis que vous vous divertissiez [2] à faire ces particulières actions, mais suffira qu'au commencement vous dressiez votre intention à vouloir adorer et offrir ce saint sacrifice par l'exercice de votre méditation et oraison, puisqu'en toute méditation se trouvent les actions susdites, ou expressément, ou tacitement, et universellement.

---

[1] Ministre. — [2] C'est-à-dire, que vous vous détourniez, occupiez.

CHAPITRE XV

DES AUTRES EXERCICES PUBLICS ET COMMUNS.

Outre cela, Philothée, les fêtes et dimanches, il faut assister à l'office des Heures et des Vêpres, tant que votre commodité le permettra; car ces jours-là sont dédiés à Dieu, et faut bien faire plus d'actions à son honneur et gloire en iceux, que non pas en les autres jours; vous sentirez mille douceurs de dévotion par ce moyen, comme faisait saint Augustin, qui témoigne en ses Confessions qu'oyant les divins offices au commencement de sa conversion, son cœur se fondait en suavité et ses yeux en larmes de piété. Et puis (afin que je le dise une fois pour toutes), il y a toujours plus de bien et de consolation aux offices publics de l'Église que non pas aux actions particulières, Dieu ayant ainsi ordonné que la communion soit préférée à toute sorte de particularité.

Entrez volontiers aux confréries du lieu où vous êtes, et particulièrement en celles desquelles les exercices apportent plus de fruits et d'édification; car en cela vous ferez une sorte d'obéissance fort agréable à Dieu, d'autant qu'encore que les confréries ne sont pas commandées, elles sont néanmoins recommandées par l'Église, laquelle, pour témoigner qu'elle désire que plusieurs s'y enrôlent, donne des indulgences et autres priviléges aux confréries. Et puis c'est toujours une chose fort charitable de concourir avec plusieurs et coopérer aux autres pour leurs bons desseins. Et bien qu'il puisse arriver que l'on fît d'aussi bons exercices à part soi, comme l'on fait aux confréries en commun, et que peut-être l'on goûtât plus de les faire en particulier, si est-ce que[1] Dieu est plus glorifié de l'union et contribution[2] que nous faisons de nos bienfaits avec nos frères et prochain.

J'en dis de même de toutes sortes de prières et dévotions publiques, auxquelles, tant qu'il nous est possible, nous devons porter notre bon exemple pour l'édification du prochain, et notre affection pour la gloire de Dieu et l'intention commune.

CHAPITRE XVI

QU'IL FAUT HONORER ET INVOQUER LES SAINTS.

Puisque Dieu nous envoie bien souvent les inspirations par ses anges, nous devons aussi lui

---

[1] Toujours est-il que. — [2] Partage.

renvoyer fréquemment nos aspirations par la même entremise. Les saintes âmes des trépassés qui sont en paradis avec les anges, et, comme dit Notre-Seigneur, égales et pareilles aux anges, font aussi le même office d'inspirer[1] pour nous par leurs saintes oraisons.

Ma Philothée, joignons nos cœurs à ces célestes esprits et âmes bienheureuses; car, comme les petits rossignols apprennent à chanter avec les grands, ainsi, par le saint commerce que nous ferons avec les saints, nous saurons bien mieux prier et chanter les louanges divines : *Je psalmodierai*, disait David, *à la vue des anges*[2].

Honorez, révérez et respectez d'un amour spécial la sacrée et glorieuse Vierge Marie; elle est mère de notre souverain Père, et par conséquent notre grand'mère. Recourons donc à elle, et, comme ses petits-enfants, jetons-nous à son giron[3] avec une confiance parfaite, à tous moments, à toutes occurrences; réclamons cette douce mère, invoquons son amour maternel, et tâchons d'imiter ses vertus; ayons en son endroit un vrai cœur filial.

Rendez-vous fort familier avec les anges, voyez-les souvent invisiblement présents à votre

---

[1] D'aspirer vers Dieu. — [2] *Ps.* cxxxvii, 1. — [3] Dans son sein.

vie : et surtout aimez et révérez celui du diocèse auquel vous êtes, ceux des personnes avec lesquelles vous vivez, et spécialement le vôtre; suppliez-les souvent, louez-les ordinairement, et employez leur aide et secours en toutes vos affaires, soit spirituelles, soit corporelles, afin qu'ils coopèrent à vos intentions.

Le grand Pierre Lefèvre, premier prêtre, premier prédicateur, premier lecteur de théologie de la sainte Compagnie du nom de Jésus, et premier compagnon du B. Ignace, fondateur d'icelle, venant un jour d'Allemagne, où il avait fait de grands services à la gloire de Notre-Seigneur, et passant en ce diocèse, lieu de sa naissance, racontait qu'ayant traversé plusieurs lieux hérétiques, il avait reçu mille consolations d'avoir salué, en abordant chaque paroisse, les anges protecteurs de celles-ci, lesquels il avait connu sensiblement lui avoir été propices, soit pour le garantir des embûches des hérétiques, soit pour lui rendre plusieurs âmes douces et dociles à recevoir la doctrine de salut. Et disait cela avec tant de recommandation, qu'une demoiselle lors jeune, l'ayant ouï de sa bouche, le récitait il n'y a que quatre ans, c'est-à-dire plus de soixante ans après, avec un extrême sentiment. Je fus consolé cette année passée de consacrer un autel sur la place, en laquelle Dieu fit naître ce bienheureux homme, au petit village de Villaret, entre nos plus âpres montagnes.

Choisissez quelques saints particuliers, la vie desquels[1] vous puissiez mieux savourer et imiter, et en l'intercession desquels vous ayez une particulière confiance. Celui de votre nom vous est déjà tout assigné dès votre baptême.

CHAPITRE XVII

COMME IL FAUT OUÏR ET LIRE LA PAROLE DE DIEU.

Soyez dévote à la parole de Dieu, soit que vous l'écoutiez en devis[2] familiers avec vos amis spirituels, soit que vous l'écoutiez au sermon. Oyez-la toujours avec attention et révérence; faites-en bien votre profit, et ne permettez pas qu'elle tombe à terre, mais recevez-la comme un précieux baume dans votre cœur, à l'imitation de la très-sainte Vierge, qui conservait soigneusement dans le sien toutes les paroles que l'on disait à la louange de son Enfant. Et ressouvenez-vous que Notre-Seigneur recueille les paroles que nous lui disons en

---

[1] Dont vous puissiez mieux savourer et imiter la vie.
— [2] Conversations.

nos prières, à mesure que nous recueillons celles qu'il nous dit par la prédication.

Ayez toujours auprès de vous quelque beau livre de dévotion, comme sont ceux de saint Bonaventure, de Gerson, de Denis le Chartreux, de Louis Blosius[1], de Grenade, de Stella, d'Arias, de Pinelli, de Du Pont, d'Avila, le Combat spirituel, les Confessions de saint Augustin, les Épîtres de saint Jérôme, et semblables, et lisez-en tous les jours un peu avec grande dévotion, comme si vous lisiez des lettres missives que les saints vous eussent envoyées du ciel, pour vous montrer le chemin et vous donner le courage d'y aller. Lisez aussi les histoires et vies des saints, èsquelles, comme dans un miroir, vous verrez le portrait de la vie chrétienne; et accommodez leurs actions à votre profit, selon votre vocation. Car, bien que beaucoup des actions des saints ne soient pas absolument imitables par ceux qui vivent emmi le monde, si est-ce que toutes peuvent être suivies ou de près ou de loin. La solitude de saint Paul, premier ermite, est imitée en vos retraites spirituelles et réelles, desquelles nous parlerons et avons parlé ci-dessus; l'extrême pauvreté de saint François, par les pratiques de la pauvreté, telles que nous les marquerons, et ainsi des autres. Il

---

[1] Louis de Blois.

est vrai qu'il y a certaines histoires qui donnent plus de lumière pour la conduite de notre vie que d'autres, comme la vie de la bienheureuse mère Térèse, laquelle est admirable pour cela, les vies des premiers jésuites, celle du bienheureux cardinal Borromée, de saint Louis, de saint Bernard, les Chroniques de saint François et autres pareilles. Il y en a d'autres où il y a plus de sujet d'admiration que d'imitation, comme celle de sainte Marie Égyptienne, de saint Siméon Stylite, des deux saintes Catherine de Sienne et de Gênes, de sainte Angèle et autres telles, lesquelles ne laissent pas néanmoins de donner un grand goût général du saint amour de Dieu.

CHAPITRE XVIII

COMME IL FAUT RECEVOIR LES INSPIRATIONS.

Nous appelons inspirations tous les attraits, mouvements, reproches et remords intérieurs, lumières et connaissances que Dieu fait en nous, prévenant notre cœur en ses bénédictions par son soin et amour paternel, afin de nous réveiller, exciter, pousser et attirer aux saintes vertus, à l'amour céleste, aux bonnes résolutions, bref, à tout ce qui nous achemine à notre bien éternel.

C'est ce que l'époux appelle heurter à la porte et parler au cœur de son épouse, la réveiller quand elle dort, la crier et réclamer quand elle est absente, l'inviter à son miel et à cueillir des pommes et des fleurs en son jardin, et à chanter et faire résonner sa douce voix à ses oreilles [1].

Dieu voulant faire en nous, par nous et avec nous quelque action de grande charité, premièrement il nous la propose par son inspiration, secondement nous l'agréons, troisièmement nous y consentons; car, comme pour descendre au péché il y a trois degrés, la tentation, la délectation et le consentement, aussi y en a-t-il trois pour monter à la vertu : l'inspiration, qui est contraire à la tentation; la délectation en l'inspiration, qui est contraire à la délectation de la tentation, et le consentement à l'inspiration, qui est contraire au consentement à la tentation.

Quand l'inspiration durerait tout le temps de notre vie, nous ne serions pourtant nullement agréables à Dieu, si nous n'y prenons plaisir; au contraire, sa divine Majesté en serait offensée, comme elle le fut contre les Israélites, auprès desquels il fut quarante ans, comme il dit, les sollicitant à se convertir, sans que jamais ils y voulussent entendre; dont il jura contre eux, en son ire[2], que jamais ils n'entreraient en son repos [3].

[1] *Cant. cant., passim.* — [2] Colère. — [3] *Ps.* xciv.

Le plaisir qu'on prend aux inspirations est un grand acheminement à la gloire de Dieu, et déjà on commence à plaire par celui-ci à sa divine Majesté; car, si bien cette délectation n'est pas encore un entier consentement, c'est une certaine disposition à celui-ci; et si c'est un bon signe et chose fort utile de se plaire à ouïr la parole de Dieu, qui est comme une aspiration extérieure, c'est chose bonne et aussi agréable à Dieu de se plaire en l'inspiration intérieure. C'est ce plaisir, duquel parlant l'épouse sacrée, elle dit : *Mon âme s'est fondue d'aise quand mon bien-aimé a parlé*[1].

Enfin, c'est le consentement qui parfait l'acte vertueux; car, si étant inspirés et nous étant plus en l'inspiration, nous refusions néanmoins par après le consentement à Dieu, nous sommes extrêmement méconnaissants et offensons grandement sa divine Majesté; car il semble bien qu'il y ait plus de mépris. Ce fut ce qui arriva à l'épouse; car, quoique la douce voix de son bien-aimé lui eût touché le cœur d'un saint aise, si est-ce néanmoins qu'elle ne lui ouvrit pas la porte, mais s'en excusa d'une excuse frivole; de quoi l'époux, justement indigné, passa outre et la quitta. Résolvez-vous, Philothée, d'accepter

---

[1] *Cant. cant.*, v 6.

de bon cœur toutes les inspirations qu'il plaira à Dieu de vous faire; et, quand elles arriveront, recevez-les comme les ambassadeurs du Roi céleste. Oyez paisiblement leurs propositions, considérez l'amour avec lequel vous êtes inspirée, et caressez la sainte inspiration.

Consentez, mais d'un consentement plein, amoureux et constant, à la sainte inspiration; car, en cette sorte, Dieu, que vous ne pouvez obliger, se tiendra pour fort obligé à votre affection; mais, avant que de consentir aux inspirations des choses importantes ou extraordinaires, afin de n'être point trompée, conseillez-vous toujours à votre guide, à ce qu'il examine si l'inspiration est vraie ou fausse, d'autant que l'ennemi, voyant une âme prompte à consentir aux inspirations, lui en propose bien souvent de fausses pour la tromper; ce qu'il ne peut jamais faire, tant qu'avec humilité elle obéira à son conducteur.

Le consentement étant donné, il faut, avec un grand soin, procurer les effets et venir à l'exécution de l'inspiration, qui est le comble de la vraie vertu; car d'avoir le consentement dans le cœur, sans venir à l'effet de celui-ci, ce serait comme de planter une vigne sans vouloir qu'elle fructifiât.

Or à tout ceci sert merveilleusement de bien pratiquer l'exercice du matin et les retraites spirituelles que j'ai marquées ci-dessus; car, par ce moyen, nous nous préparons à faire le bien d'une préparation, non-seulement générale, mais aussi particulière.

CHAPITRE XIX

DE LA SAINTE CONFESSION.

Notre Sauveur a laissé à son Église le sacrement de pénitence et de confession, afin qu'en celui-ci nous nous lavions de toutes nos iniquités, toutes fois et quantes[1] nous en serons souillés. Ne permettez donc jamais, Philothée, que votre cœur soit longtemps infecté du péché, puisque vous avez un remède si présent et facile. L'âme qui a consenti au péché doit avoir horreur de soi-même et se nettoyer au plus tôt pour le respect qu'elle doit porter aux yeux de sa divine Majesté qui la regarde. Mais pourquoi mourrons-nous de la mort spirituelle, puisque nous avons un remède si souverain ?

Confessez-vous humblement et dévotement tous les huit jours, et toujours s'il se peut quand vous communierez, encore que vous ne sentiez point en votre conscience aucun reproche de péché

[1] Toutes les fois que...

mortel; car, par la confession, vous ne recevrez pas seulement l'absolution des péchés véniels que vous confesserez, mais aussi une grande force pour les éviter à l'avenir, une grande lumière pour bien discerner, et une grâce abondante pour effacer toute la perte qu'ils vous avaient apportée. Vous pratiquerez la vertu d'humilité, d'obéissance, de simplicité et de charité, et en cette seule action de la confession vous exercerez plus de vertu qu'en nulle autre.

Ayez toujours un vrai déplaisir des péchés que vous confesserez, pour petits qu'ils soient, avec une ferme résolution de vous en corriger à l'avenir. Plusieurs, se confessant par coutume des péchés véniels et comme par manière d'engeancement[1], sans penser nullement à s'en corriger, en demeurent toute leur vie chargés, et par ce moyen perdent beaucoup de biens et profits spirituels. Si donc vous vous confessez d'avoir menti, quoique sans nuisance[2], ou d'avoir dit quelque parole déréglée, ou d'avoir trop joué, repentez-vous-en, et ayez ferme propos de vous en amender; car c'est un abus de se confesser de quelque sorte de péché, soit mortel, soit véniel, sans vouloir vous en purger, puisque la confession n'est instituée que pour cela.

---

[1] Habitude. — [2] Sans dommage pour le prochain.

Ne faites pas seulement ces accusations superflues que plusieurs font par routine : Je n'ai pas tant aimé Dieu que je devais, je n'ai pas prié avec tant de dévotion que je devais, je n'ai pas chéri le prochain comme je devais, je n'ai pas reçu les sacrements avec la révérence que je devais, et telles semblables; la raison est, parce qu'en disant cela vous ne dites rien de particulier qui puisse faire entendre au confesseur l'état de votre conscience, d'autant que tous les saints du paradis et tous les hommes de la terre pourraient dire les mêmes choses s'ils se confessaient. Regardez donc quel sujet particulier vous aurez de faire ces accusations-là, et, lorsque vous l'aurez découvert, accusez-vous du manquement que vous aurez commis, tout simplement et naïvement. Par exemple, vous vous accusez de n'avoir pas chéri le prochain comme vous deviez, c'est peut-être parce qu'ayant vu quelque pauvre fort nécessiteux, lequel vous pouviez aisément secourir et consoler, vous n'en avez eu nul soin. Eh bien, accusez-vous de cette particularité, et dites : Ayant vu un pauvre nécessiteux, je ne l'ai pas secouru comme je pouvais, par négligence ou par dureté de cœur, ou par mépris, selon que vous connaîtrez l'occasion de cette faute. De même, ne vous accusez pas de n'avoir pas prié Dieu avec telle dévotion comme vous le devez; mais, si vous avez eu des distractions volontaires, ou que vous ayez négligé de prendre le lieu, le temps et la contenance requise pour avoir attention en la prière, accusez-vous-en tout simplement, selon que vous trouverez y avoir manqué, sans alléguer cette généralité, qui ne fait ni froid ni chaud en la confession.

Ne vous contentez pas de dire vos péchés véniels quant au fait, mais acusez-vous du motif qui vous a induit à les commettre. Par exemple, ne vous contentez pas de dire que vous avez menti, sans intéresser personne [1] ; mais dites si ç'a été ou par vaine gloire, afin de vous louer et excuser, ou par vaine joie, ou par opiniâtreté. Si vous avez péché à jouer, expliquez si ç'a été pour le désir du gain ou pour le plaisir de la conversation; et ainsi des autres. Dites si vous vous êtes longuement arrêtée en votre mal, d'autant que la longueur du temps accroît pour l'ordinaire de beaucoup le péché, y ayant bien de la différence entre une vanité passagère, qui se sera écoulée en notre esprit l'espace d'un quart d'heure, et celle en laquelle notre cœur aura trempé un jour, deux jours, trois jours; il faut donc dire le fait, le motif et la durée de nos péchés. Car encore que communément on ne soit pas obligé d'être si pointilleux en la déclaration des

---

[1] Nuire à personne.

péchés véniels, et que même on ne soit pas tenu absolument de les confesser, si est-ce que ceux qui veulent bien épurer leurs âmes pour mieux atteindre à la sainte dévotion doivent être soigneux de bien faire connaître au médecin spirituel le mal pour petit qu'il soit, duquel ils veulent être guéris.

N'épargnez point de dire ce qui est requis pour bien faire entendre la qualité de votre offense, comme le sujet que vous avez eu de vous mettre en colère, ou de supporter quelqu'un en son vice. Par exemple, un homme qui me déplaît me dira quelque légère parole pour rire, je la prendrai en mauvaise part et me mettrai en colère. Que si un autre qui m'eût été agréable en eût dit une plus âpre, je l'eusse prise en bonne part. Je n'épargnerai donc point de dire : Je me suis relâchée à dire des paroles de courroux contre une personne, ayant pris de lui en mauvaise part quelque chose qu'il m'a dit, non point pour la qualité des paroles, mais parce que celui-là m'était désagréable; et, s'il est encore besoin de particulariser les paroles pour vous bien déclarer, je pense qu'il serait bon de les dire, car, s'accusant ainsi naïvement, on ne découvre pas seulement les péchés qu'on a faits, mais aussi les mauvaises inclinations, coutumes, habitudes et autres racines du péché, au moyen de quoi le père spirituel prend une plus entière connaissance du cœur qu'il traite et des remèdes qni lui sont propres. Il faut néanmoins toujours tenir couvert le tiers qui aura coopéré à votre péché, tant qu'il sera possible.

Prenez garde à une quantité de péchés qui vivent et règnent bien souvent insensiblement dans la conscience, afin que vous les confessiez et que vous puissiez vous en purger; et, à cet effet, lisez diligemment les chapitres VI, XXV, XXVI XXVII, XXXIII et XXXIV de la troisième partie, et le chapitre VII de la quatrième partie. Ne changez pas aisément de confesseur; mais, en ayant choisi un, continuez à lui rendre compte de votre conscience, aux jours qui sont destinés pour cela, lui disant naïvement et franchement les péchés que vous aurez commis, et de temps en temps, comme serait de mois en mois, ou de deux en deux mois, dites-lui encore l'état de vos inclinations, quoique par celles-ci vous n'ayez pas péché, comme si vous êtes tourmentée de la tristesse, du chagrin, ou si vous êtes portée à la joie, aux désirs d'acquérir des biens et semblables inclinations.

CHAPITRE XX

DE LA FRÉQUENTE COMMUNION.

On dit que Mithridate, roi de Pont, ayant inventé le mithridate [1], renforça tellement son corps par icelui, que, s'essayant après de s'empoisonner pour éviter la servitude des Romains, jamais il ne lui fut possible. Le Sauveur a institué ce sacrement très-auguste de l'Eucharistie, qui contient réellement sa chair et son sang, afin que qui le mange vive éternellement. C'est pourquoi quiconque en use souvent avec dévotion affermit tellement la santé et la vie de son âme, qu'il est presque impossible qu'il soit empoisonné d'aucune sorte de mauvaise affection. On ne peut être nourri de cette chair de vie et vivre des affections de mort; et comme les hommes demeurant au paradis terrestre pouvaient ne mourir point selon le corps, par la force de ce fruit vital que Dieu y avait mis, ainsi peuvent-ils ne point mourir spirituellement par la vertu de ce sacrement de vie. Que si les fruits les plus tendres et sujets à corruption, comme sont les cerises, les abricots

---

[1] Poison dont ce roi faisait usage et auquel il aurait donné son nom.

et les fraises, se conservent aisément toute l'année, étant confits au sucre et au miel, ce n'est pas merveille si nos cœurs, quoique frêles et imbéciles[1], sont préservés de la corruption du péché, lorsqu'ils sont sucrés et emmiellés de la chair et du sang incorruptibles du Fils de Dieu.

O Philothée, les Chrétiens qui seront damnés demeureront sans réplique lorsque le juste juge leur fera voir le tort qu'ils ont eu de mourir spirituellement, puisqu'il leur était si aisé de se maintenir en vie et en santé par la manducation de son corps, qu'il leur avait laissé à cette intention. Misérables, dira-t-il, pourquoi êtes-vous morts, ayant à commandement le fruit et la viande de vie?

De recevoir la communion de l'Eucharistie tous les jours, ni je ne le loue, ni je ne le vitupère[2], mais de communier tous les jours de dimanche, je le suade[3] et en exhorte un chacun, pourvu que l'esprit soit sans aucune affection de pécher. Ce sont les propres paroles de saint Augustin[4], avec lequel je ne vitupère, ni ne loue absolument que l'on communie tous les jours; mais je laisse cela à la discrétion du père spirituel de celui qui se voudra résoudre[5] sur ce point; car la disposi-

---

[1] Faibles. — [2] Je ne le blâme. — [3] Conseille. — [4] Voir la note à la fin du chapitre. — [5] Qui voudra se décider.

tion requise pour une si fréquente communion devant être fort exquise, il n'est pas bon de la conseiller généralement. Et parce que cette disposition-là, quoique exquise, se peut trouver en plusieurs bonnes âmes, il n'est pas bon non plus d'en divertir[1] et dissuader généralement un chacun. Ainsi cela se doit traiter par la considération de l'état intérieur d'un chacun en particulier. Ce serait imprudence de conseiller indistinctement à un chacun cet usage si fréquent; mais ce serait aussi imprudence de blâmer aucun[2] pour icelui, et surtout quand il suivrait l'avis de quelque digne directeur. La réponse de sainte Catherine de Sienne fut gracieuse quand lui étant opposé, à raison de sa fréquente communion, que saint Augustin ne louait ni ne vitupérait de communier tous les jours : — Eh bien, dit-elle, puisque saint Augustin ne le vitupère pas, je vous prie que vous ne le vitupériez pas non plus; et je me contenterai[3].

Mais, Philothée, vous voyez que saint Augustin exhorte et conseille bien fort que l'on communie tous les dimanches; faites-le donc tant qu'il vous sera possible, puisque, comme je présuppose, vous n'avez nulle sorte d'affection au péché mortel, ni aucune affection au péché véniel. Vous

---

[1] Détourner. — [2] Quelqu'un. — [3] Et je serai satisfaite.

êtes en la vraie disposition que saint Augustin requiert, et encore plus excellente, parce que non-seulement vous n'avez pas l'affection de pécher, mais vous n'avez pas même l'affection du péché. Si bien que, quand votre père spirituel le trouverait bon, vous pourriez utilement communier encore plus souvent que tous les dimanches.

Plusieurs légitimes empêchements peuvent néanmoins vous arriver, non point de votre côté, mais de la part de ceux avec lesquels vous vivez, qui donneraient occasion au sage conducteur de vous dire que vous ne communiiez pas si souvent. Par exemple, si vous êtes en quelque sorte de sujétion, et que ceux à qui vous devez de l'obéissance ou de la révérence soient si mal instruits ou si bigearres[1], qu'ils s'inquiètent et troublent de vous voir si souvent communier, à l'aventure, toutes choses considérées, sera-t-il bon de condescendre en quelque sorte à leur infirmité, et ne communier que de quinze jours en quinze jours; mais cela s'entend en cas qu'on ne puisse aucunement vaincre la difficulté. On ne peut pas bien arrêter ceci en général; il faut faire ce que le père spirituel dira, bien que je puisse dire assurément que la plus grande distance des communions est celle de mois à mois, entre ceux qui veulent servir Dieu dévotement.

[1] Bizarres.

Si vous êtes bien prudente, il n'y a ni père ni mère qui vous empêche de communier souvent. Car, puisque le jour de votre communion vous ne laisserez pas d'avoir le soin qui est convenable à votre condition, que vous en serez plus douce et plus gracieuse en leur endroit, et que vous ne leur refuserez nulle sorte de devoirs, il n'y a pas d'apparence qu'ils veuillent vous détourner de cet exercice, qui ne leur apportera aucune incommodité, sinon qu'ils fussent d'un esprit extrêmement coquilleux[1] et déraisonnable. En ce cas, comme j'ai dit, à l'aventure que votre directeur voudra que vous usiez de condescendance.

Quant aux maladies corporelles, il n'y en a point qui soit empêchement légitime à cette sainte participation, si ce n'est celle qui provoquerait fréquemment au vomissement.

Pour communier tous les huit jours, il est requis de n'avoir ni péché mortel ni aucune affection au péché véniel, et d'avoir un grand désir de communier ; mais, pour communier tous les jours, il faut, outre cela, avoir surmonté la plupart des mauvaises inclinations, et que ce soit par l'avis du père spirituel[2].

---

[1] Facile à s'irriter.
[2] « Saint Alphonse de Liguori se montre plus favorable à la fréquente communion que saint François de Sales : il soutient et établit que l'on peut donner la communion

CHAPITRE XXI

COMME IL FAUT COMMUNIER.

Commencez le soir précédent à vous préparer à la sainte communion par plusieurs aspirations et élancements d'amour, vous retirant un peu de meilleure heure, afin de vous pouvoir aussi lever plus matin ; que si la nuit vous vous réveillez, remplissez soudain votre cœur et votre bouche de quelques paroles odorantes, par le moyen desquelles votre âme soit parfumée pour recevoir l'époux, lequel, veillant pendant que vous dormez,

tous les huit jours aux personnes qui, étant en état de grâce, commettent des péchés véniels d'habitude ou avec préméditation ; qu'il n'existe aucune loi qui défende de communier lorsqu'on conserve de l'affection, du penchant pour le péché véniel ; que cette affection, ainsi que l'enseigne saint Thomas, n'empêche point le sacrement de produire l'accroissement de la grâce ou de la charité habituelle, quoiqu'il ne produise pas réellement tous ses effets. Puis il montre que saint François de Sales s'est trompé en citant saint Augustin ; que le texte qu'il attribue à ce célèbre docteur n'est point de lui ; qu'il est tiré du traité *de Ecclesiasticis Dogmatibus* de Gennade ; et que ces paroles sur lesquelles s'appuie le saint évêque de Genève, *Omnibus dominicis diebus communicandum suadeo et hortor, si tamen mens sine affectu peccandi sit*, signifient que, pour pouvoir communier tous les dimanches, il faut

se prépare à vous apporter mille grâces et faveurs, si de votre part vous êtes disposée à les recevoir. Le matin, levez-vous avec grande joie pour le bonheur que vous espérez; et, vous étant confessée, allez avec grande confiance, mais aussi avec grande humilité, prendre cette viande céleste qui vous nourrit à l'immortalité [1]. Et, après que vous aurez dit les paroles sacrées : *Seigneur, je ne suis pas digne,* ne remuez plus votre tête ni vos lèvres, soit pour prier, soit pour soupirer; mais, ouvrant doucement et médiocrement votre bouche, et élevant votre tête autant qu'il faut pour donner commodité au prêtre de voir ce qu'il fait, recevez,

---

être exempt, non de toute affection au péché véniel, mais de toute affection au péché mortel, *sine affectu peccandi mortaliter,* comme l'explique saint Thomas. Du reste, ajoute saint Alphonse, c'est une règle universellement reçue et approuvée par le saint-siége, que les fidèles, mariés ou non, doivent s'en rapporter, pour la communion plus ou moins fréquente, au jugement de leurs confesseurs, qui auront égard aux fruits que leurs pénitents retirent du sacrement de l'Eucharistie. La véritable marque d'une bonne communion est le profit qui en revient aux fidèles. Si on voit qu'elle leur est réellement profitable, on peut, on doit même leur permettre de communier fréquemment; ils doivent, au contraire, communier moins souvent lorsqu'ils n'en retirent aucun profit.

« Fénelon ne paraît pas non plus aussi exigeant que saint François de Sales. » (*Lettres sur la communion.*)

Mgr GOUSSET, *Théologie morale*, t. II, n° 254.

[1] Pour l'immortalité.

pleine de foi, d'espérance et de charité, celui lequel[1], auquel, par lequel et pour lequel vous croyez, espérez et aimez. O Philothée, imaginez-vous que, comme l'abeille, ayant recueilli sur les fleurs la rosée du ciel et le suc plus exquis de la terre, et l'ayant réduit en miel, le porte dans sa ruche; ainsi le prêtre, ayant pris sur l'autel le Sauveur du monde, vrai fils de Dieu, qui comme une rosée est descendu du ciel, et vrai fils de la Vierge, qui, comme une fleur, est sorti de la terre de notre humanité, il le met en viande de suavité dans votre bouche et dans votre corps. L'ayant reçu, excitez votre cœur à venir faire hommage à ce roi de salut; traitez avec lui de vos affaires intérieures, considérez-le dans vous, où il s'est mis pour votre bonheur. Enfin, faites-lui tout l'accueil qu'il vous sera possible, et comportez-vous en sorte que l'on connaisse en toutes vos actions que Dieu est avec vous.

Mais, quand vous ne pourrez pas avoir ce bien de communier réellement à la sainte messe, communiez au moins de cœur et d'esprit, vous unissant par un ardent désir à cette chair vivifiante du Sauveur.

Votre grande intention en la communion doit être de vous avancer, fortifier et consoler en l'amour de Dieu; car vous devez recevoir pour l'a-

---

[1] Celui en qui, par qui et pour qui.

mour ce que le seul amour vous fait donner. Non, le Sauveur ne peut être considéré en une action ni plus amoureuse ni plus tendre que celle-ci, en laquelle il s'anéantit par manière de dire et se réduit en viande, afin de pénétrer nos âmes et s'unir intimement au cœur et au corps de ses fidèles.

Si les mondains vous demandent pourquoi vous communiez si souvent, dites-leur que c'est pour apprendre à aimer Dieu, pour vous purifier de vos imperfections, pour vous délivrer de vos misères, pour vous consoler en vos afflictions, pour vous appuyer en vos faiblesses. Dites-leur que deux sortes de gens doivent souvent communier : les parfaits, parce qu'étant bien disposés ils auraient grand tort de ne point s'approcher de la source et fontaine de perfection, et les imparfaits, afin de pouvoir justement prétendre à la perfection; les forts, afin[1] qu'ils ne deviennent faibles, et les faibles, afin qu'ils deviennent forts; les malades, afin d'être guéris; les sains, afin qu'ils ne tombent en maladie; et que pour vous, comme imparfaite, faible et malade, vous avez besoin de souvent communiquer avec votre perfection, votre force et votre médecin. Dites-leur que ceux qui n'ont pas beaucoup d'affaires mondaines doivent

---

[1] De peur...

souvent communier, parce qu'ils en ont la commodité, et ceux qui ont beaucoup d'affaires mondaines, parce qu'ils en ont nécessité, et que celui qui travaille beaucoup et qui est chargé de peines doit aussi manger des viandes solides et très-souvent. Dites-leur que vous recevez le saint sacrement pour apprendre à le bien recevoir, parce que l'on ne fait guère bien une action à laquelle on ne s'exerce pas souvent.

Communiez souvent, Philothée, et le plus souvent que vous pourrez, avec l'avis de votre père spirituel, et, croyez-moi, les lièvres deviennent blancs parmi nos montagnes en hiver[1], parce qu'ils ne voient ni ne mangent que la neige; et, à force d'adorer et manger la beauté, la bonté et la pureté même en ce divin sacrement, vous deviendrez toute belle, toute bonne et toute pure.

[1] Croyance des naturalistes de l'époque.

FIN DE LA SECONDE PARTIE.

TROISIÈME PARTIE

CONTENANT PLUSIEURS AVIS TOUCHANT L'EXERCICE DES VERTUS.

CHAPITRE PREMIER

DU CHOIX QUE L'ON DOIT FAIRE, QUANT A L'EXERCICE DES VERTUS.

Le roi des abeilles ne se met point aux champs qu'il ne soit environné de tout son petit peuple; et la charité n'entre jamais dans un cœur qu'elle n'y loge avec soi tout le train des autres vertus, les exerçant et mettant en besogne[1], ainsi qu'un capitaine fait de ses soldats; mais elle ne les met pas en œuvre, ni tout à coup, ni également, ni en tout temps, ni en tous lieux. Le juste est comme l'arbre qui est planté sur le cours des eaux, qui porte son fruit en son temps[2], parce que la charité, arrosant une âme, produit en elle les œuvres vertueuses, chacun en sa saison. La mu-

[1] En exercice. — [2] *Ps.* 1, 3.

sique, tant agréable de soi-même, est importune en un deuil[1], dit le proverbe. C'est un grand défaut en plusieurs, qui, entreprenant l'exercice de quelque vertu particulière, s'opiniâtrent d'en produire des actions en toutes sortes de rencontres, veulent, comme ces anciens philosophes, ou toujours pleurer ou toujours rire, et font encore pis quand ils blâment et censurent ceux qui, comme eux, n'exercent pas toujours ces mêmes vertus. Il se faut réjouir avec les joyeux et pleurer avec les pleureurs, dit l'Apôtre; et la charité est patiente, bénigne, libérale, prudente, condescendante[2].

Il y a néanmoins des vertus, lesquelles ont leur usage presque universel, et qui ne doivent pas seulement faire leurs actions à part, mais doivent encore répandre leurs qualités et actions en toutes les autres vertus. Il ne se présente pas souvent des occasions de pratiquer la force, la magnanimité, la magnificence; mais la douceur, la tempérance, l'honnêteté et l'humilité sont de certaines vertus desquelles toutes les actions de notre vie doivent être teintes. Il y a des vertus plus excellentes qu'elles; l'usage néanmoins de celles-ci est plus requis. Le sucre est plus excellent que le sel, mais le sel a un usage plus fréquent et plus

---

[1] *Eccli.*, XXII, 6. — [2] *Rom.*, XII, 15. — I *Cor.*, XIII, 4.

général. C'est pourquoi il faut toujours avoir bonne et prompte provision de ces vertus générales, puisqu'il s'en faut servir presque ordinairement.

Entre les exercices des vertus, nous devons préférer celui qui est plus conforme à notre devoir, et non pas celui qui est plus conforme à notre goût. C'était le goût de sainte Paule d'exercer[1] l'âpreté des mortifications corporelles, pour jouir plus aisément des douceurs spirituelles; mais elle devait plus de devoir à l'obéissance de ses supérieurs[2]. C'est pourquoi saint Jérôme avoue qu'elle était répréhensible, en ce que, contre l'avis de son évêque, elle faisait des abstinences immodérées. Les apôtres, au contraire, commis pour prêcher l'Évangile et distribuer le pain céleste aux âmes, jugèrent extrêmement bien qu'ils eussent eu tort de s'incommoder en ce saint exercice, pour pratiquer la vertu du soin des pauvres, quoique très-excellente[3]. Chaque vocation a besoin de pratiquer quelque spéciale vertu; autres sont les vertus d'un prélat, autres celles d'un prince, autres celles d'un soldat, autres celles d'une femme mariée, autres celles d'une veuve; et, bien que tous doivent avoir toutes les vertus, tous néanmoins ne les doivent pas également pratiquer;

[1] Subir. — [2] Elle était plus obligée d'obéir à ses supérieurs. — [3] *Act.*, vi, 2.

mais un chacun se doit particulièrement adonner à celles qui sont requises au genre de vie auquel il est appelé.

Entre les vertus qui ne regardent pas notre devoir particulier, il faut préférer les plus excellentes et non pas les plus apparentes. Les comètes paraissent pour l'ordinaire plus grandes que les étoiles et tiennent beaucoup plus de place à nos yeux; elles ne sont néanmoins pas comparables, ni en grandeur, ni en qualité, aux étoiles, et ne semblent grandes sinon parce qu'elles sont proches de nous et en un sujet plus grossier[1], au prix des étoiles. Il y a de même certaines vertus, lesquelles, pour être proches de nous, sensibles, et, s'il faut ainsi dire matérielles, sont grandement estimées et toujours préférées par le vulgaire; ainsi préfère-t-il communément l'aumône temporelle à la spirituelle; la haine, le jeûne, la nudité, la discipline et les mortifications du corps, à la douceur, à la débonnaireté, à la modestie et autres mortifications du cœur, qui, néanmoins, sont bien plus excellentes. Choisissez donc, Philothée, les meilleures vertus et non pas les plus estimées, les plus excellentes et non pas les plus apparentes, les meilleures et non pas les plus braves.

Il est utile qu'un chacun choisisse un exercice

[1] D'une nature plus grossière.

particulier de quelque vertu, non point pour abandonner les autres, mais pour tenir plus justement son esprit rangé et occupé. Une belle jeune fille plus reluisante que le soleil, ornée et parée royalement, et couronnée d'une couronne d'olives, apparut à saint Jean, évêque d'Alexandrie, et lui dit : — Je suis la fille aînée du roi; si tu me peux avoir pour amie, je te conduirai devant sa face. Il connut que c'était la miséricorde envers les pauvres que Dieu lui recommandait; aussi par après il s'adonna tellement à l'exercice de celle-ci, que pour cela il est appelé partout saint Jean l'Aumônier. Euloge Alexandrin, désirant faire quelque service particulier à Dieu, et n'ayant pas assez de force ni pour embrasser la vie solitaire ni pour se ranger sous l'obéissance d'un autre, retira chez soi un misérable tout perdu et gâté de ladrerie[1] pour exercer en icelui la charité et mortification; ce que, pour faire plus dignement, il fit vœu de l'honorer, traiter et servir, comme un valet ferait son maître et seigneur. Or, sur quelque tentation survenue, tant au ladre qu'à Euloge, de se quitter l'un l'autre, ils s'adressèrent au grand saint Antoine, qui leur dit : Gardez bien, mes enfants, de vous séparer l'un l'autre, car, étant tous deux proches de votre fin, si l'ange ne vous trouve

---

[1] Rongé de lèpre.

pas ensemble, vous courez grand péril de perdre vos couronnes.

Le roi saint Louis visitait comme par un prix fait [1] les hôpitaux, et servait les malades de ses propres mains. Saint François aimait surtout la pauvreté qu'il appelait sa dame. Saint Dominique, la prédication, de laquelle son ordre a pris le nom [2]. Saint Grégoire le Grand se plaisait à caresser les pèlerins, à l'exemple du grand Abraham, et comme icelui reçut le Roi de gloire sous la forme d'un pèlerin. Tobie s'exerçait en la charité d'ensevelir les défunts. Sainte Élisabeth, toute grande princesse qu'elle était, aimait surtout l'abjection de soi-même. Sainte Catherine de Gênes, étant devenue veuve, se dédia au service de l'hôpital. Cassien raconte qu'une dévote demoiselle, désireuse d'être exercée en la vertu de la patience, recourut à saint Athanase, lequel, à sa requête, mit avec elle une pauvre veuve, chagrine, colère, fâcheuse et insupportable, laquelle, gourmandant perpétuellement cette dévote fille, lui donna bon sujet de pratiquer dignement la douceur et condescendance. Ainsi, entre les serviteurs de Dieu, les uns s'adonnent à secourir les malades, les autres à secourir les pauvres, les autres à procurer l'avancement de la doctrine chrétienne entre les petits

---

[1] Comme s'il s'y était engagé pour de l'argent. —
[2] L'ordre des Frères Prêcheurs.

enfants, les autres à ramasser les âmes perdues et égarées, les autres à parer les églises et orner les autels, et les autres à moyenner[1] la paix et concorde entre les hommes. En quoi ils imitent les brodeurs, qui, sur divers fonds, couchent en belle variété les soies, l'or et l'argent, pour en faire toutes sortes de fleurs; car ainsi ces âmes pieuses qui entreprennent quelque particulier exercice de dévotion se servent d'icelui comme d'un fond pour leur broderie spirituelle, sur lequel elles pratiquent la variété de toutes les autres vertus, tenant en cette sorte leurs actions et affections mieux unies et rangées par le rapport qu'elles en font à leur exercice principal, et font ainsi paraître leur esprit,

> En son beau vêtement de drap d'or recamé[2],
> Et d'ouvrages divers à l'aiguille semé.

Quand nous sommes combattus de quelque vice, il faut, tant qu'il nous est possible, embrasser la pratique de la vertu contraire, rapportant les autres à celle-ci ; car, par ce moyen, nous vaincrons notre ennemi et ne laisserons pas de nous avancer en toutes les vertus. Si je suis combattu par l'orgueil ou par la colère, il faut qu'en toute chose je me penche et plie du côté de l'humilité et de la douceur, et qu'à cela je fasse servir les

---

[1] Amener. — [2] Brodé.

autres exercices de l'oraison, des sacrements, de la prudence, de la contenance et de la sobriété. Car, comme les sangliers, pour aiguiser leurs défenses, les frottent et fourbissent avec leurs autres dents, lesquelles, réciproquement, en demeurent toutes fort affilées et tranchantes, ainsi l'homme vertueux ayant entrepris de se perfectionner en la vertu de laquelle il a plus de soin pour sa défense, il la doit limer et affiler ² par l'exercice des autres vertus; lesquelles, en affilant celle-là, en deviennent toutes plus excellentes et mieux polies. Comme il advint à Job, qui, s'exerçant particulièrement en la patience contre tant de tentations desquelles il fut agité, devint parfaitement saint et vertueux en toutes sortes de vertus. Ainsi il est arrivé, comme dit saint Grégoire de Nazianze, que, par une seule action de quelque vertu bien et parfaitement exercée, une personne a atteint au comble des vertus, alléguant Rahab, laquelle ayant exactement pratiqué l'office d'hospitalité, parvint à une gloire suprême; mais cela s'entend quand telle action se fait excellemment, avec grande ferveur et charité.

¹ Effiler

CHAPITRE II

SUITE DU MÊME DISCOURS DU CHOIX DES VERTUS.

Saint Augustin dit excellemment que ceux qui commencent en la dévotion commettent certaines fautes, lesquelles sont blâmables selon la rigueur des lois de la perfection, et sont néanmoins louables pour le bon présage qu'elles donnent d'une future excellence de piété, à laquelle même elles servent de disposition. Cette basse et grossière crainte, qui engendre les scrupules excessifs ès âmes de ceux qui sortent nouvellement du train [1] des péchés, est une vertu recommandable en ce commencement, et présage certain d'une future pureté de conscience. Mais cette même crainte serait blâmable en ceux qui sont fort avancés, dans le cœur desquels doit régner l'amour, qui, petit à petit, chasse cette sorte de crainte servile. Saint Bernard, en ses commencements, était plein de rigueurs et d'âpreté envers ceux qui se rangeaient sous sa conduite, auxquels il annonçait d'abord qu'il fallait quitter le corps et venir à lui avec le seul esprit. Oyant leurs confessions, il détestait

---

[1] De la voie.

avec une sévérité extraordinaire toutes sortes de défauts, pour petits qu'ils fussent, et sollicitait tellement ces pauvres apprentis [1] à la perfection, qu'à force de les y pousser il les en retirait, car ils perdaient cœur et haleine de se voir si instamment pressés en une montée si droite et relevée. Voyez-vous, Philothée, c'était le zèle très-ardent d'une parfaite pureté qui provoquait ce grand saint à cette sorte de méthode, et ce zèle était une grande vertu, mais vertu néanmoins qui ne laissait pas d'être répréhensible. Aussi Dieu même, par une sacrée apparition, l'en corrigea, répandant en son âme un esprit doux, suave, aimable et tendre, par le moyen duquel s'étant rendu tout autre, il s'accusa grandement d'avoir été si exact et sévère, et devint tellement gracieux et condescendant avec un chacun [2], qu'il se fit tout à tous pour les gagner tous. Saint Jérôme ayant raconté que sainte Paule, sa chère fille, était non-seulement excessive, mais opiniâtre en l'exercice des mortifications corporelles, jusqu'à ne vouloir point céder à l'avis contraire que saint Épiphane, son évêque, lui avait donné pour ce regard [3], et qu'outre cela elle se laissait tellement emporter au regret de la mort des siens, que toujours elle en était

---

[1] Apprentis est pris ici pour novices. — [2] Un chacun, tournure vieillie, pour : chacun. — [3] A cet égard.

en danger de mourir, enfin il conclut en cette sorte : On dira qu'au lieu d'écrire des louanges pour cette sainte, j'en écris des blâmes et vitupères [1] ; j'atteste Jésus, auquel elle a servi et auquel je désire servir, que je ne mens ni d'un côté ni de l'autre, mais produis naïvement ce qui est d'elle, comme chrétien d'une chrétienne, c'est-à-dire j'en écris l'histoire, non pas un panégyrique, et que ses vices sont les vertus des autres. Il faut dire que les déchets [2] et défauts de sainte Paule eussent tenu lieu de vertu en une âme moins parfaite, comme à la vérité il y a des actions qui sont estimées perfection en ceux qui sont imparfaits. C'est bon signe à un malade quand, au sortir de sa maladie, les jambes lui enflent, car cela dénote que la nature, déjà renforcée, rejette les humeurs superflues; mais ce même signe serait mauvais en celui qui ne serait pas malade, car il ferait connaître que la nature n'a pas assez de force pour dissiper et résoudre les humeurs. Mais, Philothée, il faut avoir bonne opinion de ceux auxquels nous voyons la pratique des vertus, quoique avec imperfections, puisque les saints mêmes les ont souvent pratiquées en cette sorte. Et quant à nous, il nous faut avoir soin de nous y exercer, non-seulement fidèlement, mais prudemment; à cet ef-

---

[1] Censuré.— [2] Manquements.

fet, observez étroitement l'avis du sage, de ne point nous appuyer sur notre propre prudence, mais sur celle de ceux que Dieu nous a donnés pour conducteurs.

Il y a certaines choses que plusieurs estiment vertus et qui ne le sont aucunement, desquelles il faut que je vous dise un mot : ce sont les extases ou ravissements, les insensibilités, impassibilités, unions déifiques [1] élévations, transformations, et autres telles perfections, desquelles certains livres traitent, qui promettent d'élever l'âme jusqu'à la contemplation purement intellectuelle, à l'application essentielle de l'esprit et vie super-éminente. Voyez-vous, Philothée, ces perfections ne sont pas vertus, ce sont plutôt des récompenses que Dieu donne pour les vertus, ou bien encore plutôt des échantillons des félicités de la vie future, qui quelquefois sont présentés aux hommes pour leur faire désirer les pièces tout entières qui sont là-haut en paradis. Mais pour tout cela il ne faut pas prétendre à telles grâces, puisqu'elles ne sont nullement nécessaires pour bien servir et aimer Dieu, qui doit être notre unique prétention : aussi, bien souvent ne sont-ce pas des grâces qui puissent être acquises par le travail et industrie, puisque ce sont plutôt des passions que des actions, lesquelles

---

[1] Unions avec la divinité.

nous pouvons recevoir, mais non pas faire en nous; j'ajoute que nous n'avons pas entrepris de nous rendre sinon gens de bien, gens de dévotion, hommes pieux, femmes pieuses. C'est pourquoi il nous faut bien employer à cela; que s'il plaît à Dieu de nous élever jusqu'à ces perfections angéliques, nous serons aussi des bons anges; mais, en attendant, exerçons-nous simplement, humblement et dévotement aux petites vertus, la conquête desquelles Notre-Seigneur a exposée à notre soin et travail, comme la patience, la débonnaireté, la mortification du cœur, l'humilité, l'obéissance, la pauvreté, la chasteté, la tendreté [1] envers le prochain, le support de ses imperfections, la diligence et sainte ferveur. Laissons volontiers les sur-éminences aux âmes sur-élevées; nous ne méritons pas un rang si haut au service de Dieu; trop heureux serons-nous de le servir en sa cuisine, en sa paneterie, d'être ses laquais, portefaix, garçons de chambre; c'est à lui par après, si bon lui semble, de nous retirer en son cabinet et conseil privé. Oui, Philothée, car ce roi de gloire ne récompense pas ses serviteurs selon la dignité des offices qu'ils exercent, mais selon l'amour et l'humilité avec laquelle ils les exercent. Saül, cherchant les ânes de son père, trouva le royaume

[1] Charité, compassion.

d'Israël; Rébecca, abreuvant les chameaux d'Abraham, devint épouse de son fils. Certes, les prétentions si hautes et élevées des choses extraordinaires sont grandement sujettes aux illusions, tromperies et faussetés; et il arrive quelquefois que ceux qui pensent être des anges ne sont pas seulement bons hommes, et qu'en leur fait il y a plus de grandeur ès paroles et termes dont ils usent qu'au sentiment et en l'œuvre. Il ne faut pourtant rien mépriser ni censurer témérairement; mais, en bénissant Dieu de la sur-éminence[1] des autres, arrêtons-nous humblement en notre voie plus basse, mais plus assurée, moins excellente, mais plus sortable[2] à notre insuffisance et petitesse, en laquelle, si nous conversons humblement et fidèlement, Dieu nous élèvera à des grandeurs bien grandes.

CHAPITRE III

DE LA PATIENCE.

Vous avez besoin de patience, afin que, faisant la volonté de Dieu, vous en rapportiez la pro-

---

[1] Supériorité. — [2] Plus assortie.

messe[1], dit l'Apôtre; ou, car comme avait prononce le Sauveur, en votre patience, vous posséderez vos âmes[2]. C'est le grand bonheur de l'homme, Philothée, que de posséder son âme; et, à mesure que la patience est plus parfaite, nous possédons plus parfaitement nos âmes. Ressouvenez-vous que Notre-Seigneur nous a sauvés en souffrant et endurant, et que de même nous devons faire notre salut par les souffrances et afflictions, endurant les injures, contradictions et déplaisirs avec le plus de douceur qu'il nous sera possible.

Ne bornez point votre patience à telle ou telle sorte d'injures et d'afflictions, mais étendez-la universellement à toutes celles que Dieu vous enverra et permettra vous arriver.

Il y en a qui ne veulent souffrir sinon les tribulations qui sont honorables, comme, par exemple, d'être blessés à la guerre, d'être prisonniers de guerre, d'être maltraités pour la religion, de s'être appauvris par quelque querelle en laquelle ils soient demeurés maîtres, et ceux-ci n'aiment pas la tribulation, mais l'honneur qu'elle apporte. Le vrai patient et serviteur de Dieu supporte également les tribulations conjointes à l'ignominie et celles qui sont honorables. D'être méprisé, repris

---

[1] *Heb.*, x, 13. — [2] *Luc.*, xxi, 19.

et accusé par les méchants, ce n'est que douceur à un homme de courage; mais d'être repris et accusé et maltraité par les gens de bien, par les amis, par les parents, c'est là qu'il y va du bon [1]. J'estime plus la douceur avec laquelle le bienheureux cardinal Borromée souffrit longuement les répréhensions [2] publiques qu'un grand prédicateur d'un ordre extrêmement réformé faisait contre lui en chaire, que toutes les attaques qu'il reçut des autres. Car tout ainsi que les piqûres des abeilles sont plus cuisantes que celles des mouches, ainsi le mal que l'on reçoit des gens de bien et les contradictions qu'ils font sont bien plus insupportables que les autres; et cela néanmoins arrive fort souvent que deux hommes de bien, ayant tous deux bonne intention sur la diversité de leurs opinions, se font de grandes persécutions et contradictions l'un à l'autre.

Soyez patiente, non-seulement pour le gros et principal des afflictions qui vous surviendront, mais encore pour les accessoires et accidents qui en dépendront. Plusieurs voudraient bien avoir du mal, pourvu qu'ils n'en fussent point incommodés. Je ne me fâche point, dit l'un, d'être devenu pauvre, si ce n'était que cela m'empêchera de servir mes amis, élever mes enfants et vivre honorablement comme je désirerais. Et l'autre

[1] C'est ce qui est avantageux. — [2] Reproches.

dira : Je ne m'en soucierais point, si ce n'était que le monde pensera que cela me soit arrivé par ma faute. L'autre serait tout aise que l'on médît de lui, et le souffrirait fort patiemment, pourvu que personne ne crût le médisant. Il y en a d'autres qui veulent bien avoir quelque incommodité de mal, ce leur semble, mais non pas toute. Ils ne s'impatientent pas, disent-ils, d'être malades, mais de ce qu'ils n'ont pas d'argent pour se faire panser, ou bien de ce que ceux qui sont autour d'eux en sont importunés. Or je dis, Philothée, qu'il faut avoir patience, non-seulement d'être malade, mais de l'être de la maladie que Dieu veut, au lieu où il veut, et entre les personnes qu'il veut et avec les incommodités qu'il veut ; et ainsi des autres tribulations. Quand il vous arrivera du mal, opposez à celui-ci les remèdes qui seront possibles, et selon Dieu ; car de faire autrement, ce serait tenter sa divine Majesté. Mais aussi, cela étant fait, attendez avec une entière résignation l'effet que Dieu agréera ; s'il lui plaît que les remèdes vainquent le mal, vous le remercierez avec humilité ; mais, s'il lui plaît que le mal surmonte les remèdes, bénissez-le avec patience.

Je suis de l'avis de saint Grégoire : quand vous serez accusé justement pour quelque faute que vous aurez commise, humiliez-vous bien fort, confessez que vous méritez plus que l'accusation qui est faite contre vous. Que si l'accusation est fausse, excusez-vous doucement, niant d'être coupable ; car vous devez cette révérence [1] à la vérité et à l'édification du prochain ; mais aussi, si après votre véritable et légitime excuse, on continue à vous accuser, ne vous troublez nullement et ne tâchez point à faire recevoir votre excuse, car, après avoir rendu votre devoir à la vérité, vous devez le rendre aussi à l'humilité. Et en cette sorte vous n'offenserez ni le soin que vous devez avoir de votre renommée, ni l'affection que vous devez à la tranquillité, douceur de cœur et humilité.

Plaignez-vous le moins que vous pourrez des torts qui vous seront faits; car c'est chose certaine que pour l'ordinaire qui se plaint pèche, d'autant que l'amour-propre nous fait toujours ressentir les injures plus grandes qu'elles ne sont. Mais surtout ne faites point vos plaintes à des personnes aisées à s'indigner et mal penser. Que s'il est expédient de vous plaindre à quelqu'un, ou pour remédier à l'offense, ou pour remettre votre esprit, il faut que ce soit à des âmes tranquilles et qui aiment bien Dieu; car autrement, au lieu d'alléger votre cœur, elles le provoqueraient à de plus grandes inquiétudes ; au lieu d'ôter l'épine qui vous pique, elles la ficheront plus avant [2] en votre pied.

[1] Ce respect. — [2] L'enfonceront davantage.

Plusieurs étant malades, affligés et offensés de quelqu'un, s'empêchent bien de se plaindre et montrer de la délicatesse. Car cela, à leur avis, et il est vrai, témoignerait évidemment une grande défaillance de force et de générosité; mais ils désirent extrêmement et par plusieurs artifices recherchent que chacun les plaigne, qu'on ait grande compassion sur eux et qu'on les estime, non-seulement affligés, mais patients et courageux. Or cela est vraiment une patience, mais une patience fausse, qui en effet n'est autre chose qu'une très-délicate et très-fine ambition et vanité. Ils ont de la gloire, dit l'Apôtre, mais non pas envers Dieu[1]. Le vrai patient ne se plaint point de son mal, ni ne désire qu'on le plaigne; il en parle naïvement, véritablement et simplement, sans se lamenter, sans se plaindre, sans l'agrandir; que, si on le plaint, il souffre patiemment qu'on le plaigne, sinon qu'on le plaigne de quelque mal qu'il n'a pas. Car alors il déclare modestement qu'il n'a point ce mal-là, et demeure en cette sorte paisible entre la vérité et la patience, confessant son mal et ne s'en plaignant point.

Ès contradictions qui vous arriveront en l'exercice de la dévotion (car cela ne manquera pas), ressouvenez-vous de la parole de Notre-Seigneur :

---

[1] Rom., IV, 2.

La femme tandis qu'elle enfante a de grandes angoisses, mais voyant son enfant né, elle les oublie, d'autant qu'un homme lui est né au monde [1]. Car vous avez conçu en votre âme le plus digne enfant du monde, qui est Jésus-Christ : avant qu'il soit produit et enfanté du tout, il ne se peut que vous ne vous ressentiez du travail; mais ayez bon courage, car, ces douleurs passées, la joie éternelle vous demeurera d'avoir enfanté un tel homme au monde. Or il sera entièrement enfanté pour vous, lorsque vous l'aurez entièrement formé en votre cœur et en vos œuvres par imitation de sa vie.

Quand vous serez malade, offrez toutes vos douleurs, peines et langueurs au service de Notre-Seigneur, et le suppliez de les joindre aux tourments qu'il a reçus pour vous. Obéissez au médecin, prenez les médecines, viandes et autres remèdes pour l'amour de Dieu, vous ressouvenant du fiel qu'il prit pour l'amour de nous; désirez de guérir pour lui rendre service; ne refusez point de languir pour lui obéir, et disposez-vous à mourir, si ainsi lui plaît, pour le louer et jouir de lui. Ressouvenez-vous que les abeilles, au temps qu'elles font le miel, vivent et mangent d'une munition [2] fort amère, et qu'ainsi nous ne pouvons

---

[1] Joann., XVI, 21. — [2] Nourriture.

jamais faire des actes de plus grande douceur et patience, ni mieux composer le miel des excellentes vertus, que tandis que nous mangeons le pain d'amertume et vivons parmi les angoisses. Et comme le miel, qui est fait des fleurs du thym, herbe petite et amère, est le meilleur de tous, ainsi la vertu qui s'exerce en l'amertume des plus viles, basses et abjectes tribulations, est la plus excellente de toutes.

Voyez souvent de vos yeux intérieurs Jésus-Christ crucifié, nu, blasphémé, calomnié, abandonné, et enfin accablé de toutes sortes d'ennuis, de tristesses et de travaux. Et considérez que toutes vos souffrances, ni en qualité, ni en quantité, ne sont aucunement comparables aux siennes, et que jamais vous ne souffrirez rien pour lui, au prix de ce qu'il a souffert pour vous.

Considérez les peines que les martyrs souffrirent jadis, et celles que tant de personnes endurent, plus grièves[1] sans aucune proportion que celles auxquelles vous êtes, et dites : Hélas ! mes travaux sont des consolations, et mes épines des roses, en comparaison de ceux qui, sans secours, sans assistance, sans allégement, vivent en une mort continuelle, accablés d'afflictions infiniment plus grandes.

---

[1] Graves, fortes.

CHAPITRE IV

DE L'HUMILITÉ POUR L'EXTÉRIEUR.

Empruntez, dit Élisée à une pauvre veuve, et prenez force vaisseaux vides, et versez l'huile en ceux-ci[1]. Pour recevoir la grâce de Dieu en nos cœurs, il les faut avoir vides de notre propre gloire. La cresserelle[2], criant et regardant les oiseaux de proie, les épouvante par une propriété et vertu secrète; c'est pourquoi les colombes l'aiment sur tous autres oiseaux et vivent en assurance auprès d'elle; ainsi l'humilité repousse Satan, et conserve en nous les grâces et dons du Saint-Esprit; et pour cela tous les saints, mais particulièrement le roi des saints et sa mère, ont toujours honoré et chéri cette digne vertu plus qu'aucune autre entre toutes les morales.

Nous appelons vaine la gloire qu'on se donne, ou pour ce qui n'est pas en nous, ou pour ce qui est en nous, mais non pas à nous, ou pour ce qui est en nous et à nous, mais qui ne mérite pas qu'on s'en glorifie. La noblesse de la race, la faveur des grands, l'honneur populaire, ce sont

---

[1] III *Reg.*, x. — [2] Pour crécerelle, espèce de faucon.

choses qui ne sont pas en nous, mais ou en nos prédécesseurs, ou en l'estime d'autres. Il y en a qui se rendent fiers et morguants [1], pour être sur un bon cheval, pour avoir un panache à leur chapeau, pour être habillés somptueusement; mais qui ne voit cette folie ? Car, s'il y a de la gloire pour cela, elle est pour le cheval, pour l'oiseau, pour le tailleur, et quelle lâcheté de courage est-ce d'emprunter son estime d'un cheval, d'une plume, d'un goderon [2] ? Les autres se prisent et regardent pour des moustaches relevées, pour une barbe bien peignée, pour des cheveux crêpés, pour des mains douillettes, pour savoir danser, jouer, chanter; mais ne sont-ils pas lâches du courage, de vouloir enchérir leur valeur, et donner du surcroît à leur réputation par des choses si frivoles et folâtres ? Les autres, pour un peu de science veulent être honorés et respectés du monde, comme si chacun devait aller à l'école chez eux et les tenir pour maîtres; c'est pourquoi on les appelle pédants. Les autres se pavanent sur la considération de leur beauté et croient que tout le monde les muguette [3] : tout cela est extrêmement vain, sot et impertinent; et la gloire qu'on prend de si faibles sujets s'appelle vaine, sotte ou frivole.

---

[1] Pleins de morgue. — [2] Godron, col plissé. — [3] Courtise.

On connaît le vrai bien comme le vrai baume; on fait l'essai du baume en le distillant dans l'eau, car, s'il va au fond et qu'il prenne le dessous, il est jugé pour être de plus fin et précieux; ainsi, pour connaître si un homme est vraiment sage, savant, généreux, noble, il faut voir si ces biens tendent à l'humilité, modestie et soumission; car alors ce seront de vrais biens; mais, s'ils surnagent et qu'ils veuillent paraître, ce seront des biens d'autant moins véritables qu'ils seront plus apparents. Les perles qui sont conçues ou nourries au vent et au bruit des tonnerres n'ont que l'écorce de perle et sont vides de substances; et ainsi les vertus et belles qualités des hommes qui sont reçues et nourries en l'orgueil, en la ventance[1] et en la vanité, n'ont qu'une simple apparence du bien, sans suc, sans moelle et sans solidité.

Les honneurs, les rangs, les dignités, sont comme le safran, qui se porte mieux et vient plus abondamment d'être foulé aux pieds. Ce n'est plus honneur d'être beau, quand on s'en regarde : la beauté, pour avoir bonne grâce, doit être négligée, la science nous déshonore quand elle nous enfle et qu'elle dégénère en pédanterie.

Si nous sommes pointilleux pour les rangs, pour les séances[2], pour les titres, outre que nous

---

[1] Jactance. — [2] Préséances.

exposons nos qualités à l'examen, à l'enquête et à la contradiction, nous les rendons viles et abjectes; car l'honneur, qui est beau étant reçu en don, devient vilain quand il est exigé, recherché et demandé. Les fleurs, qui sont belles, plantées en terre, flétrissent étant maniées. Et comme ceux qui odorent [1] la mandragore de loin en reçoivent beaucoup de suavité, mais ceux qui la sentent de près et longuement en deviennent assoupis et malades; ainsi les honneurs rendent une douce consolation à celui qui les odore de loin et légèrement, sans s'y amuser et s'en empêtrer; mais à qui s'y affectionne et s'en repaît, ils sont extrêmement blâmables et vitupérables [2].

La poursuite et amour de la vertu commence à nous rendre vertueux; mais la poursuite et amour des honneurs commence à nous rendre méprisables et vitupérables. Les esprits bien nés ne s'amusent pas à ces menus fatras de rang, d'honneur, de salutations; ils ont d'autres choses à faire; c'est le propre des esprits fainéants. Qui peut avoir des perles ne se charge pas de coquilles; et ceux qui prétendent à la vertu ne s'empressent point pour les honneurs. Certes, chacun peut entrer en son rang, s'y tenir sans violer l'humilité, pourvu que cela se fasse négligemment et sans con-

[1] Sentent. Ce qui suit est une allusion à une croyance populaire. — [2] Condamnables.

tention. Car, comme ceux qui viennent du Pérou, outre l'or et l'argent qu'ils en tirent, apportent encore des singes et perroquets, parce qu'ils ne leur coûtent guère et ne chargent pas aussi beaucoup leur navire; ainsi ceux qui prétendent à la vertu ne laissent pas de prendre leurs rangs et les honneurs qui leur sont dus, pourvu toutefois que cela ne leur coûte pas beaucoup de soin et d'attention, et que ce soit sans être chargés de trouble, d'inquiétude, de disputes et contentions. Je ne parle néanmoins pas de ceux desquels la dignité regarde le public, ni de certaines occasions particulières qui tirent[1] une grande conséquence; car en cela il faut que chacun conserve ce qui lui appartient, avec une prudence et discrétion qui soit accompagnée de charité et de courtoisie.

CHAPITRE V

DE L'HUMILITÉ PLUS EXTÉRIEURE.

Mais vous désirez, Philothée, que je vous conduise plus avant en l'humilité, car à faire comme j'ai dit, c'est quasi plutôt sagesse qu'humilité; maintenant, donc, je passe outre. Plusieurs ne veulent ni n'osent penser et considérer les grâces

[1] A grande conséquence.

que Dieu leur a faites en particulier, de peur de prendre de la vaine gloire et complaisance; en quoi certes ils se trompent. Car puisque, comme dit le grand Docteur angélique, le vrai moyen d'atteindre à l'amour de Dieu, c'est la considération de ses bienfaits, plus nous les connaîtrons, plus nous l'aimerons, et comme les bénéfices particuliers émeuvent plus puissamment que les communs, aussi doivent-ils être considérés plus attentivement. Certes, rien ne nous peut tant humilier devant la miséricorde de Dieu que la multitude de ses bienfaits, ni rien tant humilier devant sa justice que la multitude de nos méfaits. Considérons ce qu'il a fait pour nous et ce que nous avons fait contre lui, et comme nous considérons par le menu[1] nos péchés, considérons aussi par le menu ses grâces. Il ne faut pas craindre que la connaissance de ce qu'il a mis en nous nous enfle, pourvu que nous soyons attentifs à cette vérité, que ce qui est bon en nous n'est pas de nous. Hélas! les mulets laissent-ils d'être lourdes et puantes bêtes, pour être chargés des meubles précieux et parfumés du prince? *Qu'avons-nous de bon que nous n'ayons reçu? et si nous l'avons reçu, pourquoi nous en voulons-nous enorgueillir*[2]? Au contraire, la vive considération des grâces

---

[1] En détail. — [2] *Cor.*, IV, 7.

reçues nous rend humbles; car la connaissance engendre la reconnaissance. Mais si, voyant les grâces que Dieu nous a faites, quelque sorte de vanité nous venait chatouiller, le remède infaillible sera de recourir à la considération de nos ingratitudes, de nos imperfections, de nos misères. Si nous considérons ce que nous avons fait, quand Dieu n'a pas été avec nous, nous connaîtrons bien que ce que nous faisons, quand il est avec nous, n'est pas de notre façon ni de notre cru; nous en jouirons voirement[1] et nous en réjouirons, parce que nous l'avons; mais nous en glorifierons Dieu seul, parce qu'il en est l'auteur.

Aussi, la sainte Vierge confesse que Dieu lui a fait choses très-grandes; mais ce n'est que pour s'en humilier et magnifier[2] Dieu : *Mon âme, dit-elle, magnifie le Seigneur, parce qu'il m'a fait choses grandes*[3].

Nous disons maintes fois que nous ne sommes rien, que nous sommes la misère même et l'ordure du monde; mais nous serions bien marris qu'on nous prît au mot et que l'on nous publiât tels que nous disons. Au contraire, nous faisons semblant de fuir et de nous cacher, afin qu'on coure après nous et qu'on nous cherche; nous faisons contenance[4] de vouloir être les derniers et assis au bas

---

[1] Toutefois. — [2] Glorifier. — [3] Luc, I, 46. — [4] Semblant.

bout de la table, mais c'est afin de passer plus avantageusement au haut bout. La vraie humilité ne fait pas semblant de l'être, et ne dit guère de paroles d'humilité; car elle ne désire pas seulement de cacher les autres vertus, mais encore et principalement elle souhaite de se cacher soi-même. Et s'il lui était loisible de mentir, de feindre ou de scandaliser le prochain, elle produirait des actions d'arrogance et de fierté, afin de se recéler sous icelles et y vivre du tout inconnue [1] et à couvert. Voici donc mon avis, Philothée; ou ne disons point de paroles d'humilité, ou disons-les avec un vrai ressentiment intérieur, conforme à ce que nous prononçons extérieurement; n'abaissons jamais les yeux qu'en humiliant nos cœurs; ne faisons pas semblant de vouloir être les derniers, que de bon cœur nous ne voulussions l'être. Or je tiens cette règle si générale, que je n'y apporte nulle exception; seulement, j'ajoute que la civilité requiert que nous présentions quelquefois l'avantage à ceux qui, manifestement, ne le prendront pas, et ce n'est pourtant pas ni duplicité ni fausse humilité; car alors le seul offre de l'avantage est un commencement d'honneur, et, puisqu'on ne peut le leur donner entier, on ne fait

---

[1] De se cacher dans celles-ci et d'y vivre tout à fait inconnue.

pas mal de leur en donner le commencement. J'en dis de même de quelques paroles d'honneur ou de respect, qui, à la rigueur, ne semblent pas véritables; car elles le sont néanmoins assez, pourvu que le cœur de celui qui les prononce ait une vraie intention d'honorer et respecter celui pour lequel il les dit : car, encore que les mots signifient avec quelque excès ce que nous disons, nous ne faisons pas mal de les employer, quand l'usage commun le requiert. Il est vrai qu'encore voudrais-je que les paroles fussent ajustées à nos affections, au plus près qu'il nous serait possible, pour suivre en tout et partout la simplicité et candeur cordiales. L'homme vraiment humble aimerait mieux qu'un autre dît de lui qu'il est misérable, qu'il n'est rien, qu'il ne vaut rien, que non pas de le dire lui-même; au moins, s'il sait qu'on le dit, il ne contredit point, mais acquiesce de bon cœur; car, croyant fermement cela, il est bien aise qu'on suive son opinion. Plusieurs disent qu'ils laissent l'oraison mentale pour les parfaits, et qu'eux ne sont pas dignes de la faire; les autres protestent qu'ils n'osent pas souvent communier, parce qu'ils ne se sentent pas assez purs; les autres, qu'ils craignent de faire honte à la dévotion s'ils s'en mêlent, à cause de leur grande misère et fragilité; et les autres refusent d'employer leur talent au service de Dieu et du prochain, parce, disent-ils, qu'ils connaissent leur faiblesse, et qu'ils ont peur de s'enorgueillir s'ils sont instruments de quelque bien, et qu'en éclairant les autres ils se consument. Tout cela n'est qu'artifice, et une sorte d'humilité, non-seulement fausse, mais maligne, par laquelle on veut tacitement et subtilement blâmer les choses de Dieu, ou au moins couvrir d'un prétexte d'humilité l'amour de son opinion, de son humeur et de sa paresse.

Demande à Dieu un signe au ciel d'en haut, ou au profond de la mer en bas, dit le prophète au malheureux Achab, et il répondit : *Non, je ne le demanderai point et je ne tenterai point le Seigneur*[1]. O le méchant! il fait semblant de porter grand révérence à Dieu, et sous couleur d'humilité s'excuse d'aspirer à la grâce, de laquelle sa divine bonté lui fait semonce[2]. Mais ne voit-il pas que, quand Dieu nous veut gratifier, c'est orgueil de refuser, que les dons de Dieu nous obligent à les recevoir, et que c'est d'humilité d'obéir et suivre au plus près que nous pouvons ses désirs. Or le désir de Dieu est que nous soyons parfaits, nous unissant à lui et l'imitant au plus près que nous pouvons. Le superbe qui se fie en soi-même a bien occasion de n'oser rien entreprendre; mais l'humble est d'autant plus courageux qu'il se re-

[1] Isaï., vii, 17. — [2] Que sa divine bonté lui montre

connaît plus impuissant, et, à mesure qu'il s'estime chétif[1], il devient plus hardi, parce qu'il a toute sa confiance en Dieu, qui se plaît à magnifier sa toute-puissance en notre infirmité et élever sa miséricorde sur notre misère. Il faut donc humblement et saintement oser tout ce qui est jugé propre à notre avancement par ceux qui conduisent nos âmes.

Penser savoir ce qu'on ne sait pas, c'est une sottise expresse; vouloir faire le savant de ce qu'on connaît bien que l'on ne sait pas, c'est une vanité insupportable. Pour moi, je ne voudrais pas même faire le savant de ce que je saurais, comme au contraire je n'en voudrais non plus faire l'ignorant. Quand la charité le requiert, il faut communiquer rondement et doucement avec le prochain, non-seulement ce qui lui est nécessaire pour son instruction, mais aussi ce qui lui est utile pour sa consolation. Car l'humilité qui cache et couvre les vertus pour les conserver les fait néanmoins paraître quand la charité le commande, pour les accroître, agrandir et perfectionner. En quoi elle ressemble à cet arbre des îles de Tylos[2], lequel, de nuit, resserre et tient closes ses belles fleurs incarnates, et ne les ouvre qu'au soleil levant, de sorte que les habitants du pays disent que ces

[1] Faible. — [2] Iles dans le golfe Persique.

fleurs dorment de nuit; car ainsi l'humilité couvre et cache toutes nos vertus et perfections humaines, et ne les fait jamais paraître que pour la charité, qui, étant une vertu non plus humaine, mais céleste, non point morale, mais divine, est le vrai soleil des vertus, sur lesquelles elle doit toujours dominer. Aussi les humilités qui préjudicient à la charité sont indubitablement fausses.

Je ne voudrais ni faire du fou ni faire du sage [1]; car, si l'humilité m'empêche de faire le sage, la simplicité et rondeur m'empêcheront aussi de faire le fou; et si la vanité est contraire à l'humilité, l'artifice, l'afféterie et feintise [2] sont contraires à la rondeur et simplicité. Que si quelques grands serviteurs de Dieu ont fait semblant d'être fous pour se rendre plus abjects devant le monde, il les faut admirer et non pas imiter; car ils ont eu des motifs pour passer à cet excès, qui leur ont été si particuliers et extraordinaires, que personne n'en doit tirer aucune conséquence pour soi. Quant à David, s'il dansa et sauta un peu plus que l'ordinaire bienséance ne requérait devant l'arche de l'alliance, ce n'était pas qu'il voulût faire le fou, mais tout simplement et sans artifice il faisait ces mouvements extérieurs, conformes à l'extraordinaire et démesurée allégresse qu'il sentait en son

---

[1] Faire le fou, etc. — [2] L'affectation et la feinte.

cœur. Il est vrai que quand Michol, sa femme, lui en fit reproche comme d'une folie, il ne fut pas marri de se voir avili : ainsi persévérant en sa naïve et véritable représentation de sa joie, il témoigna de recevoir un peu d'opprobre pour son Dieu. Ensuite de quoi je vous dirai que, si pour les actions d'une vraie et naïve dévotion on vous estime vile, abjecte ou folle, l'humilité vous fera réjouir de ce bienheureux opprobre, duquel la cause n'est pas en vous, mais en ceux qui le font.

CHAPITRE VI

QUE L'HUMILITÉ NOUS FAIT AIMER NOTRE PROPRE ABJECTION.

Je passe plus avant et vous dis, Philothée, qu'en tout et par tout vous aimiez votre propre abjection. Mais, me direz-vous, que veut dire cela : Aimez votre propre abjection ? En latin, abjection veut dire humilité, et humilité veut dire abjection ; ainsi, quand Notre-Dame, en son sacré cantique, dit que, parce que Notre-Seigneur a vu l'humilité de sa servante, toutes les générations la diront bienheureuse, elle veut dire que Notre-Seigneur a regardé de bon cœur son abjection, vileté ¹ et bassesse, pour la combler de grâces et faveurs. Il y a néanmoins différence entre la vertu d'humilité et l'abjection; car l'abjection, c'est la petitesse, bassesse et vileté qui est en nous, sans que nous y pensions; mais, quant à la vertu d'humilité, c'est la véritable connaissance et volontaire reconnaissance de notre abjection. Or le haut point de cette humilité gît à non-seulement reconnaître volontairement notre abjection, mais à l'aimer et s'y complaire, et non point par manquement de courage et générosité, mais pour exalter tant plus la divine Majesté et estimer beaucoup plus le prochain en comparaison de nous-mêmes. Et c'est cela à quoi je vous exhorte; pour mieux entendre, sachez qu'entre les maux que nous souffrons, les uns sont abjects et les autres honorables; plusieurs s'accommodent aux honorables, mais presque nul ne veut s'accommoder aux abjects. Voyez un dévotieux ² ermite, tout déchiré et plein de froid; chacun honore son habit gâté avec compassion de souffrance; mais si un pauvre artisan, un pauvre gentilhomme en est de même, ou l'en méprise, on s'en moque; et voilà comme sa pauvreté est abjecte. Un religieux reçoit dévotement une âpre censure de son supérieur, ou un enfant

---

¹ Condition vile. — ² Dévot.

de son père : chacun appellera cela mortification, obédience [1] et sagesse; un chevalier en souffrira de même de quelqu'un, et quoique ce soit pour l'amour de Dieu, chacun l'appellera couardise [2] et lâcheté. Voilà donc encore un autre mal abject. Une personne a un chancre au bras et l'autre l'a au visage : celui-là n'a que le mal, mais celui-ci, avec le mal, a le mépris, le dédain et l'abjection. Or je dis maintenant qu'il ne faut pas seulement aimer le mal, ce qui se fait par la vertu de la patience, mais il faut aussi chérir l'abjection, ce qui se fait par la vertu de l'humilité.

De plus, il y a des vertus abjectes et des vertus honorables; la patience, la douceur, la simplicité et l'humilité même, sont des vertus que les mondains tiennent pour viles et abjectes; au contraire, ils estiment beaucoup la prudence, la vaillance et la libéralité. Il y a encore des actions d'une même vertu, dont les unes sont méprisées et les autres honorées : donner l'aumône et pardonner les offenses, sont deux actions de charité; la première est honorée d'un chacun, et l'autre méprisée aux yeux du monde. Un jeune gentilhomme qui ne s'abandonnera pas au déréglement, à parler, jouer, danser, boire, vêtir, sera brocardé et censuré par les autres, et sa modestie sera nommée ou bigoterie

---

[1] Obéissance. — [2] Bassesse.

ou afféterie; aimer cela, c'est aimer son abjection. En voici d'une autre sorte : nous allons visiter les malades; si on m'envoie au plus misérable, ce me sera une abjection selon le monde; c'est pourquoi je l'aimerai; si on m'envoie à ceux de qualité, c'est une abjection selon l'esprit; car il n'y a pas tant de vertu ni de mérite, et j'aimerai donc cette abjection. Tombant emmi [1] la rue, outre le mal, l'on en reçoit de la honte; il faut aimer cette abjection. Il y a même des fautes auxquelles il n'y a aucun mal que la seule abjection, et l'humilité ne requiert pas qu'on les fasse expressément; mais elle requiert bien qu'on ne s'inquiète point quand on les aura commises; telles sont certaines sottises, incivilités et inadvertances, lesquelles, comme il faut éviter autant qu'elles soient faites, pour obéir à la civilité et prudence, aussi faut-il, quand elles sont faites, acquiescer à l'abjection qui nous en revient et l'accepter de bon cœur pour suivre la sainte humilité. Je dis bien davantage : si je me suis déréglé par colère ou par dissolution à dire des paroles indécentes, et desquelles Dieu et le prochain est offensé, je me repentirai vivement et serai extrêmement marri de l'offense, laquelle je m'essayerai de réparer le mieux qu'il me sera possible; mais je ne laisserai pas d'agréer l'abjection et le mépris qui m'en ar-

[1] Dans, au milieu de.

rivent; et, si l'un se pouvait séparer d'avec l'autre, je rejetterais ardemment le péché et garderais humblement l'abjection.

Mais, quoique nous aimions l'abjection qui s'ensuit du mal, si ne faut-il pourtant pas[1] laisser de remédier au mal qui l'a causée par des moyens propres et légitimes, surtout quand le mal est de conséquence. Si j'ai quelque mal abject au visage, j'en procurerai la guérison; mais non pas que l'on oublie[2] l'abjection laquelle j'en ai reçue. Si j'ai fait une sottise qui n'offense personne, je ne m'en excuserai pas, parce qu'encore que ce soit un défaut, puisqu'il n'est pas permanent, je ne pourrais donc m'en excuser que pour l'abjection qui m'en revient; or c'est cela que l'humilité ne peut permettre. Mais, si, par mégarde ou par sottise, j'ai offensé ou scandalisé quelqu'un, je réparerai l'offense par quelque véritable excuse, d'autant que le mal est permanent et que la charité m'oblige de l'effacer. Au demeurant, il arrive quelquefois que la charité requiert que nous remédiions à l'abjection pour le bien du prochain, auquel notre réputation est nécessaire; mais, en ce cas-là, ôtant notre abjection de devant les yeux du prochain pour empêcher son scandale, il la faut serrer et

---

[1] Il ne faut pourtant pas. — [2] C'est comme s'il y avait : mais je ne procurerai pas que l'on oublie, c'est-à-dire, je ne chercherai pas à faire oublier.

cacher devant notre cœur, afin qu'il s'en édifie.

Mais vous voulez savoir, Philothée, quelles sont les meilleures abjections, et je vous dis clairement que les plus profitables à l'âme et agréables à Dieu sont celles que nous avons par accident ou par la condition de notre vie, parce que nous ne les avons pas choisies; mais les avons reçues telles que Dieu nous les a envoyées, duquel l'élection est toujours meilleure que la nôtre. Que s'il en fallait choisir, les plus grandes sont les meilleures, et celles-là sont estimées les plus grandes, qui sont plus contraires à nos inclinations, pourvu qu'elles soient conformes à notre vocation; car, pour le dire une fois pour toutes, notre choix et élection gâte et amoindrit presque toutes nos vertus. Ah! qui nous fera la grâce de pouvoir dire avec le grand roi : *J'ai choisi d'être abject en la maison de Dieu, plutôt que d'habiter les tabernacles des pécheurs*[1]. Nul ne le peut, chère Philothée, que celui qui, pour nous exalter, vécut et mourut pour nous, en sorte qu'il fut l'opprobre des hommes et l'abjection du peuple. — Je vous ai dit beaucoup de choses qui vous sembleront dures quand vous les considérerez; mais, croyez-moi, elles seront plus douces que le sucre et le miel, quand vous les pratiquerez.

[1] Ps. LXXXIII, 11.

CHAPITRE VII

COMME IL FAUT CONSERVER LA BONNE RENOMMÉE, PRATIQUANT L'HUMILITÉ.

La louange, l'honneur et la gloire ne se donnent pas aux hommes pour une simple vertu excellente; car par la louange nous voulons persuader aux autres d'estimer l'excellence de quelques-uns; par l'honneur, nous protestons que nous l'estimons nous-mêmes; et la gloire n'est autre chose, à mon avis, qu'un certain éclat de réputation qui rejaillit de l'assemblage de plusieurs louanges et honneurs. Les honneurs et louanges sont donc comme des pierres précieuses de l'amas desquelles réussit [1] la gloire comme un émail. Or l'humilité, ne pouvant souffrir que nous ayons aucune opinion d'exceller ou devoir être préféré aux autres, ne peut aussi permettre que nous recherchions la louange, l'honneur, ni la gloire qui sont dus à la seule excellence. Elle consent bien néanmoins à l'avertissement du sage, qui nous admoneste [2] d'avoir soin de notre renommée, parce que la bonne renommée est une estime, non

---

[1] Ressort, en italien : *riuscire*. — [2] Avertit.

d'aucune excellence, mais seulement d'une simple et commune prud'homie [1] et intégrité de vie, laquelle l'humilité n'empêche pas que nous ne reconnaissions en nous-même, ni par conséquent que nous en désirions la réputation. Il est vrai que l'humilité mépriserait la renommée, si la charité n'en avait besoin; mais, parce qu'elle est l'un des fondements de la société humaine, et que sans elle nous sommes non-seulement inutiles, mais dommageables au public, à cause du scandale qu'il en reçoit, la charité requiert et l'humilité agrée que nous la désirions et conservions précieusement.

Outre cela, comme les feuilles des arbres, qui d'elles-mêmes ne sont pas beaucoup prisables [2], servent néanmoins de beaucoup, non-seulement pour les embellir, mais aussi pour conserver les fruits tandis qu'ils sont encore tendres; ainsi la bonne renommée, qui de soi-même n'est pas une chose fort désirable, ne laisse pas d'être très-utile, non-seulement pour l'ornement de notre vie, mais aussi pour la conservation de nos vertus, et principalement des vertus encore tendres et faibles. L'obligation de maintenir notre réputation et d'être tels que l'on nous estime, force un courage généreux d'une puissante et douce violence. Con-

---

[1] Honnêteté. — [2] Précieuses.

servons nos vertus, ma chère Philothée, parce qu'elles sont agréables à Dieu, grand et souverain objet de toutes nos actions. Or, comme ceux qui veulent garder les fruits ne se contentent pas de les confire, ains les mettent dans des vases propres à la conservation d'iceux, de même, bien que l'amour divin soit le principal conservateur de nos vertus, si est-ce que [1] nous pouvons encore employer la bonne renommée, comme fort propre et utile à cela.

Il ne faut pas pourtant que nous soyons trop ardents, exacts et pointilleux à cette conservation, car ceux qui sont si douillets et sensibles pour leur réputation ressemblent à ceux qui, pour toutes sortes de petites incommodités, prennent des médecines; car ceux-ci, pensant conserver leur santé, la gâtent tout à fait; et ceux-là, voulant maintenir si délicatement leur réputation, la perdent entièrement; car, par cette tendreté [2], ils se rendent bizarres, mutins, insupportables, et provoquent la malice des médisants.

La dissimulation et mépris de l'injure et calomnie est pour l'ordinaire un remède beaucoup plus salutaire que le ressentiment, la conteste [3] et la vengeance; le mépris les fait évanouir; si on s'en courrouce, il semble qu'on les avoue. Les croco-

---

[1] Néanmoins. — [2] Susceptibilité. — [3] Contestation.

diles n'endommagent que ceux qui les craignent;
ni certes la médisance, sinon ceux qui s'en mettent en peine.

La crainte excessive de perdre la renommée témoigne une grande défiance du fondement d'icelle, qui est la vérité d'une bonne vie. Les villes qui ont des ponts de bois sur de grands fleuves craignent qu'ils ne soient emportés à toutes sortes de débordements; mais celles qui les ont de pierre n'en sont en peine que pour les inondations extraordinaires; ainsi, ceux qui ont une âme solidement chrétienne méprisent ordinairement les débordements des langues injurieuses; mais ceux qui se sentent faibles s'inquiètent à tout propos. Certes, Philothée, qui veut avoir réputation envers tous [1] la perd envers tous, et celui-là mérite de perdre l'honneur qui le veut prendre de ceux que les vices rendent vraiment infâmes et déshonorés.

La réputation n'est que comme une enseigne, qui fait connaître où la vertu loge; la vertu doit donc être en tout et par tout préférée. C'est pourquoi si l'on dit : Vous êtes un hypocrite, parce que vous vous rangez à la dévotion; si l'on vous tient pour homme de bas courage, parce que vous avez pardonné l'injure, moquez-vous de tout cela. Car, outre que tels jugements se font par de niaises et sottes gens, quand on devrait perdre la

[1] Auprès de tous.

renommée, il ne faudrait pas quitter la vertu, ni se détourner du chemin d'icelle, d'autant qu'il faut préférer le fruit aux feuilles, c'est-à-dire le bien intérieur et spirituel à tous les biens extérieurs. Il faut être jaloux, mais non pas idolâtre de notre renommée, et comme il ne faut offenser l'œil des bons, aussi ne faut-il pas vouloir contenter celui des malins. La barbe est un ornement au visage de l'homme, et les cheveux à celui de la femme : si on arrache du tout [1] le poil du menton et les cheveux de la tête, malaisément pourra-t-il jamais revenir; mais si on le coupe seulement, voire qu'on le rase, il recroîtra bientôt après et reviendra plus fort et plus touffu; ainsi, bien que la renommée soit coupée, ou même tout à fait rasée par la langue des médisants, *qui est*, dit David, *comme un rasoir affilé* [2], il ne se faut point inquiéter, car bientôt elle renaîtra, non-seulement aussi belle qu'elle était, mais encore plus solide. Que si toutefois nos vices, nos lâchetés, notre mauvaise vie, nous ôtent la réputation, il sera malaisé qu'elle revienne, parce que la racine en est arrachée. Or la racine de la renommée, c'est la bonté et la probité, laquelle, tandis qu'elle est en nous, peut toujours reproduire l'honneur qui lui est dû.

[1] Entièrement. — [2] *Ps.* LI, 4.

Il faut quitter cette vaine conversation, cette inutile pratique, cette hantise folâtre [1], si cela nuit à la renommée; car la renommée vaut mieux que toutes sortes de vains contentements. Mais si, pour l'exercice de piété, pour l'avancement en la dévotion et acheminement au bien éternel, on murmure, on gronde, on calomnie, laissons aboyer les mâtins contre la lune. Car, s'ils peuvent exciter quelque mauvaise opinion contre notre réputation, et par ainsi [2] couper et raser les cheveux et la barbe de notre renommée, bientôt elle renaîtra, et le rasoir de la médisance servira à notre honneur, comme la serpe à la vigne, qu'elle fait abonder et multiplier en fruits.

Ayons toujours les yeux sur Jésus-Christ crucifié; marchons en son service avec confiance et simplicité; mais sagement et discrètement; il sera le protecteur de notre renommée, et, s'il permet qu'elle nous soit ôtée, ce sera pour nous en rendre une meilleure, ou pour nous faire profiter en la sainte humilité, de laquelle une seule once vaut mieux que mille livres d'honneurs. Si on nous blâme injustement, opposons paisiblement la vérité à la calomnie; si elle persévère, persévérons à nous humilier, remettant ainsi notre réputation avec notre âme dans les mains de Dieu : nous ne

---

[1] Fréquentation frivole. — [2] En quelque sorte.

saurions la mieux assurer. Servons Dieu par la bonne et mauvaise renommée, à l'exemple de saint Paul [1], afin que nous puissions dire avec David : *O mon Dieu c'est par vous que j'ai supporté l'opprobre et que la confusion a couvert mon visage* [2].

J'excepte néanmoins certains crimes, si atroces et infâmes, que nul n'en doit souffrir la calomnie, quand il s'en peut justement décharger; et certaines personnes, de la bonne réputation desquelles dépend l'édification de plusieurs; car, en ce cas, il faut tranquillement poursuivre la réparation du tort reçu, suivant l'avis des théologiens.

CHAPITRE VIII

DE LA DOUCEUR ENVERS LE PROCHAIN, ET REMÈDE CONTRE L'IRE [3].

Le saint chrême, duquel, par tradition apostolique, on use en l'Église de Dieu, pour les confirmations et bénédictions, est composé d'huile d'olive mêlée avec baume, qui représente, entre autres choses, les deux chères et bien-aimées vertus qui reluisaient en la sacrée personne de Notre-Seigneur; lesquelles il nous a singulièrement re-

---

[1] II Cor., XI, 8. — [2] Ps. LXVIII, 8. — [3] La colère.

commandées, comme si par icelles notre cœur devait être spécialement consacré à son service et appliqué à son imitation. *Apprenez de moi*, dit-il, *que je suis doux et humble de cœur*[1]. L'humilité nous perfectionne envers Dieu, et la douceur envers le prochain. Le baume, qui, comme j'ai dit ci-dessus, prend toujours le dessous parmi toutes les liqueurs, représente l'humilité; l'huile d'olive, qui prend toujours le dessus, représente la douceur et débonnaireté, laquelle surmonte toutes choses et excelle entre les vertus, comme étant la fleur de la charité; laquelle, selon saint Bernard, est en sa perfection, quand non-seulement elle est patiente, mais quand outre cela elle est douce et débonnaire. Mais prenez garde, Philothée, que ce chrême mystique, composé de douceur et d'humilité, soit dans votre cœur; car c'est un des plus grands artifices de l'ennemi de faire que plusieurs s'amusent aux paroles et contenances extérieures de ces deux vertus, et, n'examinant pas bien leurs affections intérieures, pensant être humbles et doux, ne le sont néanmoins nullement en effet; ce que l'on reconnaît parce que, nonobstant leur cérémonieuse douceur et humilité, à la moindre parole qu'on leur dit de travers, à la moindre petite injure qu'ils reçoivent,

[1] Matth., xi, 29.

ils s'élèvent avec une arrogance non-pareille. On dit que ceux qui ont pris le préservatif que l'on appelle communément la graisse de saint Paul [1] n'enflent point étant mordus et piqués de la vipère, pourvu que la graisse soit de la fine; de même, quand l'humilité et la douceur sont bonnes et vraies, elles nous garantissent de l'enflure et ardeur que les injures ont accoutumé [2] de provoquer en nos cœurs. Que si, étant piqués et mordus par les médisants et ennemis, nous devenons fiers, enflés et dépités, c'est signe que nos humilités et douceurs ne sont pas véritables et franches, mais artificieuses et apparentes.

Ce saint et illustre patriarche Joseph, renvoyant ses frères d'Égypte en la maison de son père, leur donna ce seul avis : « *Ne vous courroucez point en chemin* [3]. » Je vous en dis de même, Philothée; cette misérable vie n'est qu'un acheminement à la bienheureuse; ne nous courrouçons donc pas en chemin les uns avec les autres; marchons avec la troupe de nos frères et compagnons, doucement, paisiblement et amiablement; mais je vous dis nettement et sans exception : Ne vous courroucez point du tout, s'il est possible; et

---

[1] Prétendu remède dont le nom rappelle une circonstance de la vie du grand apôtre. *Act.*, XXVIII. Quelques éditions portent : la grace de saint Paul. — [2] Ont coutume. — [3] *Gen.*, XLV, 24.

ne recevez aucun prétexte, quel qu'il soit, pour ouvrir la porte de votre cœur au courroux; car saint Jacques dit tout court et sans réserve que *l'ire de l'homme n'opère point la justice de Dieu*[1]. Il faut voirement résister au mal et réprimer les vices de ceux que nous avons en charge, constamment et vaillamment, mais doucement et paisiblement. Rien ne mate tant l'éléphant courroucé que la vue d'un agneau, et rien ne rompt si aisément la force des canonnades que la laine. On ne prise pas tant la correction qui sort de la passion, quoique accompagnée de raison, que celle qui n'a aucune autre origine que la raison seule; car l'âme raisonnable étant naturellement sujette à la raison, elle n'est sujette à la passion que par tyrannie; et partant, quand la raison est accompagnée de passion, elle se rend odieuse; sa juste domination étant avilie par la société de la tyrannie. Les princes honorent et consolent infiniment les peuples, quand ils les visitent avec un train de paix; mais, quand ils conduisent des armées, quoique ce soit pour le bien public, leurs venues sont toujours désagréables et dommageables, parce qu'encore qu'ils fassent exactement observer la discipline militaire entre les soldats, ils ne peuvent jamais tant faire qu'il n'arrive toujours quel-

---

[1] Jac., I, 20.

que désordre, par lequel le bonhomme [1] est foulé. Ainsi, tandis que la raison règne et exerce paisiblement les châtiments, corrections et répréhensions, quoique ce soit rigoureusement et exactement, chacun l'aime et l'approuve; mais, quand elle conduit avec soi l'ire [2], la colère et le courroux, qui sont, dit saint Augustin, ses soldats, elle se rend plus effroyable qu'aimable ; son propre cœur en demeure toujours foulé et maltraité. Il est mieux, dit le même saint Augustin écrivant à Profuturus, de refuser l'entrée de l'ire juste et équitable que de la recevoir, pour petite qu'elle soit, parce qu'étant reçue, il est malaisé de la faire sortir; d'autant qu'elle entre comme un petit surgeon [3]; et en moins de rien elle grossit et devient une poutre. Que si une fois elle peut gagner la nuit et que le soleil couche sur notre ire, ce que l'Apôtre défend [4], se convertissant en haine, il n'y a quasi plus moyen de s'en défaire; car elle se nourrit de mille fausses persuasions, puisque jamais nul homme courroucé ne pensa son courroux être injuste [5].

Il est donc mieux d'entreprendre de savoir vivre sans colère que de vouloir user modérément et sagement de la colère; et, quand par im-

[1] L'homme du peuple. — [2] Le ressentiment. — [3] Rejeton. — [4] *Éphes*, I, 26. — [5] Tournure ancienne qui répond à celle qu'on appelle en latin le *que* retranché.

perfection et par faiblesse nous nous trouvons surpris d'icelle, il est mieux de la repousser vitement que de vouloir marchander avec elle; car, pour peu qu'on lui donne de loisir, elle se rend maîtresse de la place et fait comme le serpent qui tire aisément tout son corps où il peut mettre la tête. Mais comment la repousserai-je? me direz-vous. Il faut, ma Philothée, qu'au premier ressentiment que vous en aurez, vous ramassiez promptement vos forces, non point brusquement ni impétueusement, mais doucement, et néanmoins sérieusement; car comme on voit ès audiences de plusieurs Sénats et Parlements que les huissiers criant paix là, font plus de bruit que ceux qu'ils veulent faire taire, aussi il arrive maintes fois que, voulant avec impétuosité réprimer notre colère, nous excitons plus de trouble en notre cœur qu'elle n'avait pas fait, et le cœur étant ainsi troublé ne peut plus être maître de soi-même.

Après ce doux effort, pratiquez l'avis que saint Augustin, déjà vieux, donnait au jeune évêque Auxilius: « Fais, dit-il, ce qu'un homme doit faire. Que s'il t'arrive ce que l'homme de Dieu dit au psaume : *Mon œil est troublé de grande colère*, recours à Dieu, criant: *Ayez miséricorde de moi, Seigneur*, afin qu'il étende sa dextre [1] pour répri-

---

[1] Sa droite.

mer ton courroux. Je veux dire qu'il faut invoquer le secours de Dieu quand nous nous voyons agités de colère, à l'imitation des apôtres tourmentés du vent et de l'orage parmi les eaux ; car il commandera à nos passions qu'elles cessent, et la tranquillité se fera grande. Mais toujours je vous avertis que l'oraison qui se fait contre la colère présente et pressante doit être pratiquée doucement, tranquillement et non point violemment; ce qu'il faut observer en tous les remèdes qu'on use contre ce mal.

Avec cela, soudain que[1] vous vous apercevrez avoir fait quelque acte de colère, réparez la faute par un acte de douceur, exercé promptement à l'endroit de la même personne contre laquelle vous vous serez irritée; car, tout ainsi que c'est un souverain remède contre le mensonge que de s'en dédire sur-le-champ, aussitôt que l'on s'aperçoit de l'avoir dit, ainsi est-ce un bon remède contre la colère de la réparer soudainement par un acte contraire de douceur; car, comme l'on dit, les plaies fraîches sont plus aisément remédiables.

Au surplus, lorsque vous êtes en tranquillité et sans aucun sujet de colère, faites grande provision de douceur et de débonnaireté, disant toutes vos paroles et faisant toutes vos actions, petites et

---

[1] Aussitôt que.

grandes, en la plus douce façon qu'il vous sera possible; vous ressouvenant que l'épouse, au Cantique des cantiques, n'a pas seulement le miel en ses lèvres et au bout de sa langue, mais elle l'a encore sous la langue, c'est-à-dire dans la poitrine [1]; car aussi ne faut-il pas seulement avoir la parole douce à l'endroit du prochain, mais encore toute la poitrine, c'est-à-dire tout l'intérieur de notre âme. Et ne faut pas seulement avoir la douceur du miel, qui est aromatique et odorant, c'est-à-dire la suavité de la conversation civile avec les étrangers, mais aussi entre les domestiques et proches voisins; en quoi manquent grandement ceux qui en la rue semblent des anges et en la maison des diables.

CHAPITRE IX

DE LA DOUCEUR ENVERS NOUS-MÊMES.

L'une des bonnes pratiques que nous saurions faire de la douceur, c'est celle de laquelle le sujet est en nous-mêmes, ne nous dépitant jamais contre nous-mêmes ni contre nos imperfections. Car,

[1] *Cant. cant.,* IV. 11.

encore que la raison veut que quand nous faisons des fautes nous en soyons déplaisants [1] et marris, si faut-il néanmoins que nous nous empêchions d'en avoir une déplaisance aigre et chagrine, dépiteuse et colère. En quoi font une grande faute plusieurs qui, s'étant mis en colère, se courroucent de s'être courroucés, entrent en chagrin de s'être chagrinés, et ont dépit de s'être dépités. Car, par ce moyen, ils tiennent leur cœur confit et détrempé en la colère; et, quoiqu'il semble que la seconde colère ruine la première, il est vrai néanmoins qu'elle sert d'ouverture et de passage pour une nouvelle colère à la première occasion qui s'en présentera; outre ce que ces colères, dépits et aigreurs que l'on a contre soi-même tendent à l'orgueil, et n'ont d'origine que de l'amour-propre, qui se trouble et s'inquiète de nous voir imparfaits. Il faut donc avoir un déplaisir de nos fautes, qui soit paisible, rassis et ferme. Car, tout ainsi qu'un juge châtie bien mieux les méchants, faisant ses sentences par raison, en esprit de tranquillité, que non pas quand il les fait par impétuosité et passion, d'autant que, jugeant avec passion, il ne châtie pas les fautes selon qu'elles sont, mais selon qu'il est lui-même; ainsi nous nous châtions bien mieux nous-mêmes par des repen-

---

[1] Nous en ayons du déplaisir.

tances ¹ tranquilles et constantes que non pas par des repentances aigres, empressées et colères; d'autant que ces repentances, faites avec impétuosité, ne se font pas selon la gravité de nos fautes, mais selon nos inclinations. Par exemple, celui qui affectionne la chasteté se dépitera avec une amertume non-pareille de la moindre faute qu'il commettra contre icelle, et ne se fera que rire d'une grosse médisance qu'il aura commise. Au contraire, celui qui hait la médisance se tourmentera d'avoir fait une légère murmuration ², et ne tiendra nul compte d'une grosse faute commise contre la chasteté; et ainsi des autres. Ce qui n'arrive pour autre cause, sinon qu'ils ne font pas le jugement de leur conscience par raison, mais par passion.

Croyez-moi, Philothée, tout ainsi que les remontrances d'un père faites doucement et cordialement ont bien plus de pouvoir sur un enfant pour le corriger que non pas les colères et courroux; ainsi, quand notre cœur aura fait quelque faute, si nous le reprenons avec des remontrances douces et tranquilles, ayant plus de compassion de lui que de passion contre lui, l'encouragement à l'amendement, la repentance qu'il en conservera entrera plus avant et le pénétrera mieux que ne ferait

---

¹ Repentirs. — ² Un léger murmure.

pas une repentance dépiteuse, injurieuse et tempêtueuse [1].

Pour moi, si j'avais, par exemple, grande affection de ne point tomber au vice de la vanité, et que j'y fusse néanmoins tombé d'une grande chute, je ne voudrais pas reprendre mon cœur en cette sorte : N'es-tu pas misérable et abominable qu'après tant de résolutions tu t'es laissé emporter à la vanité? meurs de honte, ne lève plus les yeux au ciel, aveugle, impudent, traître et déloyal à ton Dieu; et semblables choses. Mais je voudrais le corriger raisonnablement et par voie de compassion : Or sus, mon pauvre cœur, nous voilà tombés dans la fosse, laquelle nous avions tant résolu d'échapper. Ah ! relevons-nous, et quittons-la pour jamais; réclamons la miséricorde de Dieu et espérons en elle qu'elle nous assistera, pour désormais être plus fermes, et remettons-nous au chemin de l'humilité. Courage, soyons toujours sur nos gardes, Dieu nous aidera, nous ferons assez. Et je voudrais, sur cette répréhension [2], bâtir une solide et ferme résolution de ne plus retomber en la faute, prenant les moyens convenables à cela, et mêmement l'avis de mon directeur.

---

[1] Pleine de dépit... d'emportement. On se sert au figuré du mot tempête pour désigner une colère violente. De là encore le mot tempêter. — [2] Sur ce reproche.

Que si néanmoins quelqu'un ne trouve pas que son cœur puisse être assez ému par cette douce correction, il pourra employer le reproche et une répréhension dure et forte pour l'exciter à une profonde confusion, pourvu qu'après avoir rudement gourmandé et courroucé son cœur il finisse par un allégement, terminant tout son regret et courroux en une douce et sainte confiance en Dieu, à l'imitation de ce grand pénitent qui, voyant son âme affligée, la relevait en cette sorte : *Pourquoi es-tu triste, ô mon âme ! et pourquoi me troubles-tu ? Espère en Dieu, car je le bénirai encore comme le salut de ma face et mon vrai Dieu* [1].

Relevez donc tout doucement votre cœur quand il tombera, vous humiliant beaucoup devant Dieu pour la reconnaissance de votre misère, sans nullement vous étonner de votre chute; puisque ce n'est pas chose admirable que l'infirmité soit infirme, la faiblesse faible et la misère chétive [2]. Détestez néanmoins de toutes vos forces l'offense que Dieu a reçue de vous, et avec un grand courage et confiance en la miséricorde d'icelui, remettez-vous au train de la vertu que vous aviez abandonnée.

[1] *Ps.* XLI, 6. — [2] Pauvre.

CHAPITRE X

QU'IL FAUT TRAITER DES AFFAIRES AVEC SOIN ET SANS EMPRESSEMENT NI SOUCI.

Le soin et la diligence que nous devons avoir en nos affaires sont choses bien différentes de la sollicitude, souci et empressement. Les anges ont soin pour notre salut et le procurent avec diligence; mais ils n'en ont point pour cela de sollicitude, de souci ni d'empressement, car le soin et la diligence appartiennent à leur charité; mais aussi la sollicitude, le souci et l'empressement seraient totalement contraires à leur félicité, puisque le soin et la diligence peuvent être accompagnés de la tranquillité et paix d'esprit, mais non pas la sollicitude, ni le souci, et beaucoup moins l'empressement.

Soyez donc soigneuse et diligente en toutes les affaires que vous aurez en charge, ma Philothée, car Dieu vous les ayant confiées veut que vous en ayez un grand soin; mais, s'il est possible, n'en soyez pas en sollicitude et souci, c'est-à-dire ne les entreprenez pas avec inquiétude, anxiété et ardeur, ne vous empressez point en la besogne; car toute sorte d'empressement trouble la raison et le jugement, et nous empêche même de bien faire la chose à laquelle nous nous empressons.

Quant Notre-Seigneur reprend sainte Marthe, il dit : *Marthe, Marthe, tu es en souci et tu te troubles pour beaucoup de choses* [1]. Voyez-vous, si elle eût été simplement soigneuse, elle ne se fût point troublée; mais, parce qu'elle était en souci et inquiétude, elle s'empresse et se trouble; et c'est en quoi Notre-Seigneur la reprend. Les fleuves qui vont doucement coulant en la plaine portent les grands bateaux et riches marchandises, et les pluies qui tombent doucement en la campagne la fécondent d'herbes et de grains; mais les torrents et rivières qui, à grands flots, courent sur la terre, ruinent le voisinage et sont inutiles au trafic, comme les pluies véhémentes et tempétueuses [2] ravagent les champs et les prairies. Jamais besogne faite avec impétuosité et empressement ne fut bien faite. Il faut dépêcher tout bellement [3], comme dit l'ancien proverbe. Celui qui se hâte, dit Salomon, court fortune de chopper [4] et heurter des pieds; nous faisons toujours assez tôt quand nous faisons bien. Les bourdons font bien plus de bruit et sont plus empressés que

---

[1] Luc., x, 41. — [2] Les pluies d'orage. — [3] Paisiblement, doucement. — [4] Butter, broncher.

les abeilles, mais ils ne font sinon [1] la cire, et non point de miel; ainsi ceux qui s'empressent d'un souci cuisant et d'une sollicitude bruyante ne font jamais ni beaucoup ni bien.

Les mouches ne nous inquiètent pas par leur effort, mais par la multitude. Ainsi les grandes affaires ne nous troublent pas tant comme les menues, quand elles sont en grand nombre. Recevez donc les affaires qui vous arriveront en paix, et tâchez de les faire par ordre l'une après l'autre. Car, si vous voulez faire tout à coup ou en désordre, vous ferez des efforts qui vous fouleront et alanguiront votre esprit, et pour l'ordinaire vous demeurerez accablée sous la presse et sans effet.

En toutes vos affaires, appuyez-vous totalement sur la providence de Dieu, par laquelle seule tous vos desseins doivent réussir; travaillez néanmoins de votre côté tout doucement, pour coopérer avec icelle, et puis croyez que, si vous vous êtes bien confiée en Dieu, le succès qui vous arrivera sera toujours le plus profitable pour vous, soit qu'il vous semble bon ou mauvais selon votre jugement particulier.

Faites comme les petits enfants qui, de l'une des mains, se tiennent à leur père, et de l'autre cueillent des fraises ou des mûres le long des haies.

---

[1] Ils ne font que de la cire.

Car de même amassant et maniant les biens de ce monde de l'une de vos mains, tenez toujours de l'autre la main du Père céleste, vous retournant de temps en temps à lui, pour voir s'il a agréable votre ménage ou vos occupations. Et gardez bien sur toutes choses de quitter sa main et sa protection, pensant d'amasser ou recueillir davantage; car s'il vous abandonne, vous ne ferez point de pas sans donner du nez en terre. Je veux dire, ma Philothée, que, quand vous serez parmi les affaires et occupations communes qui ne requièrent pas une attention si forte et si pressante, vous regardiez plus Dieu que les affaires. Et quand les affaires sont de si grande importance, qu'elles requièrent toute votre attention pour être bien faites, de temps en temps vous regarderez à Dieu, comme font ceux qui naviguent en mer, lesquels, pour aller à la terre qu'ils désirent, regardent plus en haut, au ciel, que non pas en bas où ils voguent; ainsi Dieu travaillera avec vous, en vous et pour vous, et votre travail sera suivi de consolation.

CHAPITRE XI

DE L'OBÉISSANCE.

La seule charité nous met en la perfection; mais l'obéissance, la chasteté et la pauvreté sont les trois grands moyens pour l'acquérir : l'obéissance consacre notre cœur, la chasteté notre corps, et la pauvreté nos moyens à l'amour et service de Dieu. Ce sont les trois branches de la croix spirituelle; toutes trois, néanmoins, fondées sur la quatrième, qui est l'humilité. Je ne dirai rien de ces trois vertus, en tant qu'elles sont vouées solennellement, parce que cela ne regarde que les religieux; ni même en tant qu'elles sont vouées simplement, d'autant qu'encore le vœu donne toujours beaucoup de grâces et de mérites à toutes les vertus; toutefois, pour nous rendre parfaits, il n'est pas nécessaire qu'elles soient vouées ou non vouées, pourvu qu'elles soient observées. Car, bien qu'étant vouées, et surtout solennellement, elles mettent l'homme en l'état de perfection; cependant, pour le mettre en la perfection, il suffit qu'elles soient observées, y ayant bien de la différence entre l'état de perfection et la perfection, puisque tous les évêques et religieux sont en l'état de perfection, et tous néanmoins ne sont pas en la perfection [1], comme il ne se voit que trop. Tâchons donc, Philothée, de bien pratiquer ces trois vertus, un chacun selon sa vocation. Car, encore qu'elles ne nous mettent pas en l'état de perfection, elles nous donneront néanmoins la perfection même; aussi nous sommes tous obligés à la pratique de ces trois vertus, quoique non pas tous à la pratiquer de même façon.

Il y a deux sortes d'obéissances, l'une nécessaire et l'autre volontaire. Par la nécessaire, vous devez humblement obéir à vos supérieurs ecclésiastiques, comme au pape et à l'évêque, au curé et à ceux qui sont commis de leur part. Vous devez obéir à vos supérieurs politiques, c'est-à-dire à votre prince et aux magistrats qu'il a établis sur votre pays; vous devez enfin obéir à vos supérieurs domestiques, c'est-à-dire à vos père, mère, maître et maîtresse. Or cette obéissance s'appelle nécessaire, parce que nul ne se peut exempter du devoir d'obéir à ces supérieurs-là, Dieu les ayant mis en autorité de commander et gouverner chacun en ce qu'ils ont charge sur nous. Faites [2] donc leurs commandements, et cela est de nécessité; mais, pour être parfaite, suivez encore leurs conseils, et même leurs désirs et incli-

---

[1] Ne sont pas parfaits. — [2] Accomplissez.

nation, en tant que la charité et prudence vous le permettra; obéissez quand ils vous ordonneront chose agréable, comme de manger, prendre de la récréation; car encore qu'il semble que ce n'est pas grande vertu d'obéir en ce cas, ce serait néanmoins un grand vice de désobéir. Obéissez en [1] les choses indifférentes, comme à porter tel ou tel habit, aller par un chemin ou par un autre, chanter ou se taire, et ce sera obéissance déjà recommandable. Obéissez en les choses malaisées, âpres et dures, et ce sera une obéissance parfaite. Obéissez enfin doucement, sans réplique, promptement, sans retardation [2], gaiement, sans chagrin, et surtout obéissez amoureusement pour l'amour de celui qui, pour l'amour de nous, s'est fait obéissant jusqu'à la mort de la croix, et lequel, comme dit saint Bernard, aima mieux perdre la vie que l'obéissance.

Pour apprendre aisément à obéir à vos supérieurs, condescendez aisément à la volonté de vos semblables, cédant à leurs opinions en ce qui n'est pas mauvais, sans être contentieuse ni revêche; accommodez-vous volontiers aux désirs de vos inférieurs, autant que la raison le permettra, sans exercer aucune autorité impérieuse sur eux, tandis qu'ils sont bons.

[1] Dans. — [2] Retard.

C'est un abus de croire que, si on était religieux ou religieuse, on obéirait aisément, si l'on se trouve difficile et revêche à rendre obéissance à ceux que Dieu a mis sur nous.

Nous appelons obéissance volontaire celle à laquelle nous nous obligeons par notre propre élection, et laquelle ne nous est point imposée par autrui. On ne choisit pas pour l'ordinaire son prince et son évêque, son père et sa mère; mais on choisit bien son confesseur, son directeur. Or, quoiqu'en le choisissant on fasse vœu d'obéir, comme il est dit que la mère Thérèse, outre l'obéissance solennellement vouée au supérieur de son ordre, s'obligea par un vœu simple d'obéir au père Gratian, ou que sans vœu on se décide à l'obéissance de quelqu'un, toujours cette obéissance s'appelle volontaire, à raison de son fondement, qui dépend de notre volonté et élection.

Il faut obéir à tous les supérieurs, à chacun néanmoins en ce de quoi il a charge de nous. Comme en ce qui regarde la police et les choses publiques, il faut obéir aux princes; aux prélats, en ce qui regarde la police ecclésiastique; pour les choses domestiques, au père, au maître; quant à la conduite particulière de l'âme, au directeur et confesseur particulier.

Faites-vous ordonner les actions de piété que

vous devez observer, par votre père spirituel, parce qu'elles en seront meilleures et auront double grâce et bonté; l'une d'elles-mêmes, puisqu'elles sont pieuses, et l'autre de l'obéissance qui les aura ordonnées et en vertu de laquelle elles seront faites. Bienheureux sont les obéissants, car Dieu ne permettra jamais qu'ils s'égarent !

CHAPITRE XII

DE LA PAUVRETÉ D'ESPRIT OBSERVÉE ENTRE LES RICHESSES.

Bienheureux les pauvres d'esprit, car le royaume des cieux est à eux[1]. Malheureux donc sont les riches d'esprit, car la misère d'enfer est pour eux. Celui-là est riche d'esprit, lequel a ses richesses dans son esprit, ou son esprit dans ses richesses. Celui-là est pauvre d'esprit, qui n'a nulles richesses dans son esprit, ni son esprit dans les richesses. Les alcyons font leurs nids comme une pomme, et ne laissent en iceux qu'une petite ouverture du côté d'en haut; ils les mettent sur le bord de la mer, et, au demeurant, les font

---

[1] Matth., v, 3,

si fermes et impénétrables, que, les ondes les surprenant, jamais l'eau n'y peut entrer; mais tenant toujours le dessus ils demeurent dans la mer, sur la mer et maîtres de la mer. Votre cœur, chère Philothée, doit être comme cela, ouvert seulement au ciel et impénétrable aux richesses et choses caduques; si vous en avez, tenez votre cœur exempt de leurs affections; qu'il tienne toujours le dessus, et que parmi les richesses il soit sans richesses et maître des richesses. Non, ne mettez pas cet esprit céleste dans les biens terrestres, faites qu'il soit toujours supérieur sur eux et non pas en eux.

Il y a différence entre avoir du poison et être empoisonné; les apothicaires ont presque tous des poisons pour s'en servir en diverses occurrences, mais ils ne sont pas pour cela empoisonnés, parce qu'ils n'ont pas le poison dans le corps, mais dans leurs boutiques; ainsi pouvez-vous avoir des richesses sans être empoisonnée par icelles; ce sera si vous les avez en votre maison ou en votre bourse, et non pas en votre cœur; être riche en effet et pauvre d'affection, c'est le grand bonheur du chrétien, car il a par ce moyen les commodités des richesses pour ce monde, et le mérite de la pauvreté pour l'autre.

Hélas! Philothée, jamais nul ne confessera d'être avare; chacun désavoue cette bassesse et vileté [1] de cœur; on s'excuse sur la charge des enfants qui pressent, sur la sagesse qui requiert qu'on s'établisse en moyens [2]; jamais on n'en a trop; il se trouve toujours certaines nécessités d'en avoir davantage; et même les plus avares, non-seulement ne confessent pas de l'être, mais ils ne pensent pas en leur conscience de l'être; non, car l'avarice est une fièvre prodigieuse, qui se rend d'autant plus insensible, qu'elle est plus violente et ardente. Moïse vit le feu sacré qui brûlait un buisson et ne le consumait nullement; mais, au contraire, le feu profane de l'avarice consomme [3] et dévore l'avaricieux, et ne le brûle aucunement; au moins, parmi ses ardeurs et chaleurs plus excessives, il se vante de la plus douce fraîcheur du monde, et tient que son altération insatiable est une soif toute naturelle et suave.

Si vous désirez longuement, ardemment et avec inquiétude les biens que vous n'avez pas, vous avez beau dire que vous ne les voulez pas avoir injustement; car pour cela vous ne laisserez pas d'être vraiment avare. Celui qui désire ardemment, longuement et avec inquiétude de boire, quoiqu'il ne veuille boire que de l'eau, témoigne pourtant d'avoir [4] la fièvre.

---

[1] Ce sentiment vil. — [2] Qu'on se réserve des ressources. — [3] Consume. — [4] Témoigne qu'il a...

O Philothée! je ne sais si c'est un désir juste de désirer d'avoir justement ce qu'un autre possède justement; car il semble que par ce désir nous nous voulons accommoder par l'incommodité d'autrui. Celui qui possède un bien justement n'a-t-il pas plus de raison de le garder justement que nous de le vouloir avoir justement! Et pourquoi donc étendons-nous notre désir sur sa commodité pour l'en priver? tout au plus si ce désir est juste; certes il n'est pas pourtant charitable, car nous ne voudrions nullement qu'aucun désirât, quoique justement, ce que nous voulons garder justement. Ce fut le péché d'Achab, qui voulut avoir justement la vigne de Naboth, qui la voulait encore plus justement garder; il la désira ardemment, longuement et avec inquiétude, et partant il offensa Dieu.

Attendez, chère Philothée, de désirer le bien du prochain, quand il commencera à désirer de s'en défaire. Car alors son désir rendra le vôtre non-seulement juste, mais charitable; oui, car je veux bien que vous ayez soin d'accroître vos moyens et facultés [1], pourvu que ce soit non-seulement justement, mais doucement et charitablement.

Si vous affectionnez fort les biens que vous avez, si vous en êtes fort embesognée [2], mettant votre

[1] Et vos biens. — [2] Préoccupée.

cœur en iceux, y attachant vos pensées, et craignant d'une crainte vive et empressée de les perdre, croyez-moi, vous avez encore quelque sorte de fièvre; car les fébricitants [1] boivent l'eau qu'on leur donne avec un certain empressement, avec une sorte d'attention et d'aise, que ceux qui sont sains n'ont point accoutumé d'avoir. Il n'est pas possible de se plaire beaucoup en une chose que l'on n'y mette beaucoup d'affection. S'il vous arrive de perdre des biens, et si vous sentez que votre cœur s'en désole et afflige beaucoup, croyez, Philothée, que vous y avez beaucoup d'affection; car rien ne témoigne tant d'affection à la chose perdue que l'affliction de la perte.

Ne désirez donc point, d'un désir entier et formé, le bien que vous n'avez pas; ne mettez point fort avant votre cœur en celui que vous avez; ne vous désolez point des pertes qui vous arriveront, et vous aurez quelque sujet de croire qu'étant riche en effet vous ne l'êtes point d'affection; mais que vous êtes pauvre d'esprit, et par conséquent bien heureuse, car le royaume des cieux vous appartient.

[1] Les fiévreux.

CHAPITRE XIII

COMME IL FAUT PRATIQUER LA PAUVRETÉ RÉELLE, DEMEURANT NÉANMOINS RÉELLEMENT RICHE.

Le peintre Parrhasius peignit le peuple athénien par une invention fort ingénieuse, le représentant d'un naturel divers et variable, colère, injuste, inconstant, courtois, clément, miséricordieux, hautain, glorieux, humble, bravache et fuyard, et tout cela ensemble; mais moi, chère Philothée, je voudrais mettre en votre cœur la richesse et la pauvreté tout ensemble, un grand soin et un grand mépris des choses temporelles.

Ayez beaucoup plus de soin de rendre vos biens utiles et fructueux que les mondains n'en ont. Dites-moi, les jardiniers des grands princes ne sont-ils pas plus curieux [1] et diligents à cultiver et embellir les jardins qu'ils ont en charge que s'ils leur appartenaient en propriété? Mais pourquoi cela? Parce, sans doute, qu'ils considèrent ces jardins-là comme jardins des princes et des rois, auxquels ils désirent de se rendre agréables par ces services-là. Ma Philothée, les possessions que

---

[1] Soigneux, du latin *curiosus*.

nous avons ne sont pas nôtres; Dieu nous les a données à cultiver et veut que nous les rendions fructueuses et utiles : partant, nous lui faisons service agréable [1] d'en avoir soin.

Mais il faut donc que ce soit un soin plus grand et solide que celui que les mondains ont de leurs biens; car ils ne s'embesognent [2] que pour l'amour d'eux-mêmes, et nous devons travailler pour l'amour de Dieu. Or, comme l'amour de soi-même est un amour violent, turbulent et empressé, aussi le soin qu'on a pour lui est plein de trouble, de chagrin, d'inquiétude; et, comme l'amour de Dieu est doux, paisible et tranquille, aussi le soin qui en procède, quoique ce soit pour les biens du monde, est amiable, doux et gracieux. Ayons donc ce soin gracieux de la conservation, voire de l'accroissement de nos biens temporels, lorsque quelque juste occasion s'en présentera et en tant que notre condition le requiert; car Dieu veut que nous fassions ainsi pour son amour.

Mais prenez garde que l'amour-propre ne vous trompe; car quelquefois il contrefait si bien l'amour de Dieu, qu'on dirait que c'est lui. Or, pour empêcher qu'il ne nous déçoive, et que ce soin des biens temporels ne se convertisse en avarice, outre ce que j'ai dit au chapitre précédent, il nous faut

---

[1] Quand nous en avons soin. — [2] Se donnent aux affaires.

pratiquer bien souvent la pauvreté réelle et effectuelle [1], parmi toutes les facultés et richesses que Dieu nous a données.

Quittez donc toujours quelque partie de vos moyens, en les donnant aux pauvres de bon cœur, car donner ce qu'on a, c'est s'appauvrir d'autant; et plus vous donnerez, plus vous vous appauvrirez. Il est vrai que Dieu vous le rendra, non-seulement en l'autre monde, mais en celui-ci; car il n'y a rien qui fasse tant prospérer temporellement que l'aumône. Mais, en attendant que Dieu vous le rende, vous serez toujours appauvrie de cela. O le saint et riche appauvrissement que celui qui se fait par l'aumône !

Aimez les pauvres et la pauvreté; car par cet amour vous deviendrez vraiment pauvre, puisque, comme dit l'Écriture, *nous sommes faits comme les choses que nous aimons.* L'amour égale les amants. *Qui est infirme avec lequel je ne sois infirme* [2] ? dit saint Paul. Il pouvait dire : Qui est pauvre avec lequel je ne sois pauvre? parce que l'amour le faisait être tel que ceux qu'il aimait; si donc vous aimez les pauvres, vous serez vraiment participante de leur pauvreté et pauvre comme eux.

Or, si vous aimez les pauvres, mettez-vous sou-

---

[1] La pauvreté de fait. — [2] II *Cor.*, XII, 10.

vent parmi eux, prenez plaisir à les voir chez vous et à les visiter chez eux; conversez volontiers avec eux; soyez bien aise qu'ils vous approchent aux églises, aux rues et ailleurs. Soyez pourvue de langue avec eux, leur parlant comme leur compagnie [1]; mais soyez riche des mains, leur départant de vos biens comme plus abondante [2].

Voulez-vous faire encore davantage, ma Philothée? ne vous contentez pas d'être pauvre, comme les pauvres, mais soyez plus pauvre que les pauvres; et comment cela? Le serviteur est moindre que son maître; rendez-vous donc servante des pauvres; allez les servir dans leurs lits, quand ils sont malades, je dis de vos propres mains; soyez leur cuisinière, et à vos propres dépens. Soyez leur lingère et blanchisseuse. O ma Philothée! ce service est plus triomphant qu'une royauté. Je ne puis assez admirer l'ardeur avec laquelle cet avis fut pratiqué par saint Louis, l'un des grands rois que le soleil ait vus : mais je dis grand roi en toute sorte de grandeurs; il servait fort souvent à table à des pauvres qu'il nourrissait, et en faisait venir presque tous les jours trois à la sienne; et souvent il mangeait les restes de leur potage avec un amour non-pareil. Quand il visitait les hôpitaux

[1] Ayez toujours quelque chose à leur dire, leur parlant comme ferait l'un d'entre eux. — [2] Faisant part de vos biens comme en ayant davantage.

des malades, ce qu'il faisait fort souvent, il se mettait ordinairement à servir ceux qui avaient les maux les plus horribles, comme ladres, chancreux et autres semblables; il leur faisait tout ce service à tête nue et les genoux à terre, respectant en leurs personnes le Sauveur du monde, et les chérissant d'un amour aussi tendre qu'une douce mère eût fait pour son enfant. Sainte Élisabeth, fille du roi de Hongrie, se mêlait ordinairement avec les pauvres, et pour se récréer elle s'habillait quelquefois en pauvre femme parmi ses dames, leur disant : Si j'étais pauvre, je m'habillerais ainsi. O mon Dieu ! chère Philothée, que ce prince et cette princesse étaient pauvres en leurs richesses, et qu'ils étaient riches en leur pauvreté !

Bienheureux sont ceux qui sont ainsi pauvres, car à eux appartient le royaume des cieux : *J'ai eu faim, et vous m'avez repu; j'ai eu froid, et vous m'avez revêtu; possédez le royaume qui vous a été préparé dès la constitution du monde*[1], dira le Roi des pauvres et des rois en son grand jugement.

Il n'est celui qui [2], en quelque occasion, n'ait quelque manquement et défaut de commodités. Il arrive quelquefois chez nous un hôte que nous voudrions et devrions bien traiter; il n'y a pas

---

[1] Matth., xxv, 35. — [2] Il n'est personne qui...

moyen pour l'heure. On a ses beaux habits en un lieu, on en aurait besoin en un autre où il serait requis de paraître.

Il arrive que tous les vins de la cave se poussent[1] et tournent, il n'en reste plus que les mauvais et verts. On se trouve aux champs dans quelque bicoque où tout manque, on n'a ni lit, ni chambre, ni table, ni service. Enfin, il est facile d'avoir souvent besoin de quelque chose, pour riche qu'on soit. — Or cela, c'est être pauvre en effet de ce qui nous manque. Philothée, soyez bien aise de ces rencontres, acceptez-les de bon cœur, souffrez-les gaiement.

Quand il vous arrivera des inconvénients qui vous appauvriront, ou de beaucoup ou de peu, comme font les tempêtes, les feux, les inondations, les stérilités, les larcins, les procès, oh! c'est alors la vraie saison de pratiquer la pauvreté, recevant avec douceur ces diminutions de facultés[2], et s'accommodant patiemment et constamment à cet appauvrissement. Ésaü se présenta à son père avec ses mains toutes couvertes de poil, et Jacob en fit de même[3], mais parce que le poil qui était aux mains de Jacob ne tenait pas à sa peau, mais à ses gants, on lui pouvait ôter son poil sans l'offenser ni l'écorcher. Au contraire, parce que le poil des

---

[1] Fermentent. — [2] De biens temporels. — [3] *Gen.*, XXVII.

mains d'Ésaü tenait à sa peau, qu'il avait toute velue de son naturel, qui lui eût voulu arracher son poil lui eût bien donné de la douleur; il eût bien crié, il se fût bien échauffé à la défense. Quand nos moyens nous tiennent au cœur, si la tempête, si le larron, si le chicaneur, nous en arrache quelques parties, quelles plaintes, quels troubles, quelles impatiences en avons-nous ! Mais, quand nos biens ne tiennent qu'au soin que Dieu veut que nous en ayons, et non pas à notre cœur, si on nous les arrache, nous n'en perdrons pourtant pas les sens ni la tranquillité. C'est la différence des bêtes et des hommes, quant à leurs robes; car les robes des bêtes tiennent à leur chair, et celles des hommes y sont seulement appliquées, en sorte qu'ils puissent les mettre et ôter quand ils veulent.

CHAPITRE XIV

POUR PRATIQUER LA RICHESSE D'ESPRIT EMMI LA PAUVRETÉ RÉELLE.

Mais vous êtes réellement pauvre, très-chère Philothée; ô Dieu! soyez-le encore d'esprit, faites de nécessité vertu, et employez cette pierre précieuse de la pauvreté pour ce qu'elle vaut. Son éclat n'est pas découvert en ce monde; mais il est vrai pourtant qu'il est extrêmement beau et riche.

Ayez patience, vous êtes en bonne compagnie : Notre-Seigneur, Notre-Dame, les apôtres, tant de saints et de saintes ont été pauvres, et, pouvant être riches, ils ont méprisé [1] de l'être. Combien y a-t-il de grands mondains qui, avec beaucoup de contradictions, sont allés rechercher avec un soin non-pareil la sainte pauvreté dans les cloîtres et les hôpitaux ! Ils ont pris beaucoup de peine pour la trouver, témoin saint Alexis, sainte Paule, saint Paulin, sainte Angèle et tant d'autres; et voilà, Philothée, que, plus gracieuse en votre endroit, elle se vient présenter chez vous; vous l'avez rencontrée sans la chercher et sans peine; embrassez-la donc comme la chère amie de Jésus-Christ, qui naquit, vécut et mourut avec la pauvreté, qui fut sa nourriture toute sa vie.

Votre pauvreté, Philothée, a deux grands privilèges, par le moyen desquels elle vous peut beaucoup faire mériter. Le premier est qu'elle ne vous est point arrivée par votre choix, mais par la seule volonté de Dieu, qui vous a faite pauvre, sans qu'il y ait eu aucune concurrence de votre volonté

---

[1] Dédaigné.

propre. Or ce que nous recevons purement de la volonté de Dieu lui est toujours très-agréable, pourvu que nous le recevions de bon cœur et pour l'amour de sa sainte volonté. Où il y a moins du nôtre, il y a plus de Dieu; la simple et pure acceptation de la volonté de Dieu rend une souffrance extrêmement pure.

Le second privilége de cette pauvreté, c'est qu'elle est une pauvreté vraiment pauvre. Une pauvreté louée, caressée, estimée, secourue et assistée, tient de la richesse; elle n'est pour le moins pas de tout pauvre [1]. Mais une pauvreté méprisée, rejetée, reprochée et abandonnée, celle-là est vraiment pauvre. Or telle est pour l'ordinaire la pauvreté des séculiers; car, parce qu'ils ne sont pas pauvres par leur élection, mais par nécessité, on n'en tient pas grand compte; et en ce qu'on n'en tient pas grand compte, leur pauvreté est plus pauvre que celle des religieux, bien que celle-ci, d'ailleurs, ait une excellence fort grande et beaucoup plus recommandable, à raison du vœu et de l'intention pour laquelle elle a été choisie.

Ne vous plaignez donc pas, ma chère Philothée, de votre pauvreté, car on ne se plaint que de ce qui déplaît, et si la pauvreté vous déplaît, vous

---

[1] Elle ne l'est pas entièrement.

n'êtes plus pauvre d'esprit, mais riche d'affection.

Ne vous désolez point de n'être pas si bien secourue qu'il serait requis, car en cela consiste l'excellence de la pauvreté. Vouloir être pauvre et n'en recevoir point d'incommodité, c'est une trop grande ambition, car c'est vouloir l'honneur de la pauvreté et la commodité des richesses.

N'ayez point de honte d'être pauvre, ni de demander l'aumône en charité. Recevez celle qui vous sera donnée avec humilité, et acceptez le refus avec douceur. Ressouvenez-vous souvent du voyage que Notre-Dame fit en Égypte pour y porter son cher enfant, et combien de mépris, de pauvretés et de misères il lui convint de supporter. Si vous vivez comme cela, vous serez très-riche en votre pauvreté.

CHAPITRE XV

DES VRAIES AMITIÉS.

O Philothée! aimez un chacun d'un grand amour charitable; mais n'ayez d'amitiés qu'avec ceux qui peuvent communiquer avec vous de choses vertueuses; et plus les vertus que vous mettrez en votre commerce seront exquises, plus votre amitié sera parfaite. Si vous communiquez en les sciences [1], votre amitié est certes fort louable; plus encore si vous communiquez aux vertus, en la prudence, discrétion, force, justice. Mais, si votre mutuelle et réciproque communication se fait de la charité, de la dévotion, de la perfection chrétienne, ô Dieu! que votre amitié sera précieuse : elle sera excellente, parce qu'elle vient de Dieu; excellente, parce qu'elle tend à Dieu; excellente, parce que son lien, c'est Dieu; excellente, parce qu'elle durera éternellement en Dieu. Oh! qu'il fait bon aimer en terre comme l'on aime au ciel, et apprendre à s'entre-chérir en ce monde, comme nous ferons éternellement en l'autre! Je ne parle pas ici de l'amour simple de charité, car il doit être porté à tous les hommes; mais je parle de l'amitié spirituelle, par laquelle deux ou trois ou plusieurs âmes se communiquent leur dévotion, leurs affections spirituelles, et se rendent un bon esprit entre elles. Qu'à bon droit peuvent chanter telles heureuses âmes : *O que voici combien il est bon et agréable que les frères habitent ensemble* [2] *!* Oui, car le baume délicieux de la dévotion distille de l'un des cœurs en l'autre, par une

---

[1] Par les sciences. — [2] Ps. cxxxii. 1.

continuelle participation, tellement qu'on peut dire que Dieu a répandu sur cette amitié sa bénédiction et la vie jusqu'aux siècles des siècles [1].

Il m'est avis que toutes les autres amitiés ne sont que des ombres au prix de celle-ci, et que leurs liens ne sont que des chaînes de verre ou de jayet [2], en comparaison de ce grand lien de la sainte dévotion, qui est tout d'or.

Ne faites point d'amitié d'autre sorte, je veux dire des amitiés que vous faites; car il ne faut pas ni quitter ni mépriser pour cela des amitiés que la nature et les précédents devoirs vous obligent de cultiver, des parents, des alliés, des bienfaiteurs, des voisins et autres; je parle de celles que vous choisissez vous-même.

Plusieurs vous diront, peut-être, qu'il ne faut avoir aucune sorte de particulière affection et amitié; d'autant que cela occupe le cœur, distrait l'esprit, engendre les envies. Mais ils se trompent en leurs conseils : parce qu'ils ont vu, dans les écrits de plusieurs saints et dévots auteurs, que les amitiés particulières et affections extraordinaires nuisent infiniment aux religieux, ils cuident [3] que c'en soit de même du reste du monde; il y a bien à dire. Car, attendu qu'en un monastère bien réglé le dessein commun tend à la vraie dévotion,

---

[1] Ps. cxxxii, v. 4. — [2] Jais. — [3] Ils jugent.

il n'est pas requis d'y faire ces particulières communications, de peur que, cherchant en particulier ce qui est commun, on ne passe des particularités aux partialités. Mais, quant à ceux qui sont entre les mondains et qui embrassent la vraie vertu, il leur est nécessaire de s'allier les uns aux autres par une sainte et sacrée amitié; c'est par le moyen d'icelle qu'ils s'animent, s'aident et s'entreportent au bien. Et comme ceux qui cheminent en la plaine n'ont pas besoin de se prêter la main, mais ceux qui sont dans les chemins scabreux et glissants s'entre-tiennent l'un l'autre pour cheminer plus sûrement, — ainsi ceux qui sont en religion n'ont pas besoin des amitiés particulières; mais ceux qui sont au monde [1] en ont nécessité, pour s'assurer et secourir les uns les autres, parmi tant de mauvais passages qu'il leur faut franchir. Au monde, tous ne conspirent pas à même fin, tous n'ont pas le même esprit; il faut donc sans doute se tirer à part et faire des amitiés selon notre prétention; et cette particularité fait voirement [2] une partialité, mais une partialité sainte, qui ne fait aucune division, sinon celle du bien et du mal, des brebis et des chèvres, des abeilles et des frelons : séparation nécessaire.

Certes, on ne saurait nier que Notre-Seigneur

---

[1] Ceux qui vivent dans le monde. — [2] Sans doute.

n'aimât d'une plus douce et plus spéciale amitié saint Jean, le Lazare, Marthe, Madeleine; car l'Écriture le témoigne. On sait que saint Pierre chérissait tendrement saint Marc et sainte Pétronille, comme saint Paul faisait saint Timothée et sainte Thècle. Saint Grégoire de Nazianze se vante cent fois de l'amitié non-pareille qu'il eut avec le grand saint Basile, et la décrit en cette sorte : « Il semblerait qu'en l'un et l'autre de nous il n'y eût qu'une seule âme portant deux corps. Que s'il ne faut pas croire ceux qui disent que toutes choses sont en toutes choses, nous faut-il pourtant ajouter foi [1] que nous étions tous deux en l'un de nous, et l'un en l'autre; une seule prétention avions-nous tous deux, de cultiver la vertu et accommoder les desseins de notre vie aux espérances futures, sortant ainsi hors de la terre mortelle, avant que d'y mourir. » Saint Augustin témoigne que saint Ambroise aimait uniquement sainte Monique pour les rares vertus qu'il voyait en elle, et qu'elle, réciproquement, le chérissait comme un ange de Dieu.

Mais j'ai tort de vous amuser en chose si claire. Saint Jérôme, saint Augustin, saint Grégoire, saint Bernard et tous les plus grands serviteurs de Dieu ont eu de très-particulières amitiés, sans

---

[1] Il faut pourtant croire que nous étions, etc.

intérêt de la perfection [1]. Saint Paul, reprochant le détraquement [2] des Gentils, les accuse d'avoir été gens sans affection [3], c'est-à-dire, qui n'avaient aucune amitié. Et saint Thomas, comme tous les bons philosophes, confesse que l'amitié est une vertu. Or il parle de l'amitié particulière, puisque, comme il dit, la parfaite amitié ne peut s'étendre à beaucoup de personnes. La perfection donc ne consiste pas à n'avoir point d'amitié; mais à n'en avoir point que de bonne, de sainte et sacrée.

CHAPITRE XVI

DE LA DIFFÉRENCE DES VRAIES ET DES VAINES AMITIÉS.

Voici donc le grand avertissement, ma Philothée; le miel d'Héraclée, qui est si vénéneux, ressemble à l'autre qui est si salutaire; il y a un grand danger de prendre l'un pour l'autre ou de les prendre mêlés, car la bonté de l'un n'empêcherait pas la nuisance de l'autre. Il faut être sur ses gardes pour n'être pas trompé en ses amitiés.

---

[1] Dommage pour la perfection. — [2] Déréglement. — [3] II Tim., III, 3.

Oui, même il y a danger en l'amour spirituel, si on n'est bien sur ses gardes, quoiqu'en icelui il soit plus difficile de prendre le change, parce que sa pureté et blancheur rendent plus reconnaissables les souillures que Satan y veut mêler; c'est pourquoi, quand il l'entreprend, il fait cela plus finement et essaye de glisser les impuretés presque insensiblement.

Vous connaîtrez l'amitié mondaine d'avec la sainte et vertueuse, comme l'on connaît le miel d'Héraclée d'avec l'autre. Le miel d'Héraclée est plus doux à la langue que le miel ordinaire, à raison de l'aconit qui lui donne un surcroît de douceur; et l'amitié mondaine produit ordinairement un grand amas de paroles emmiellées; mais l'amitié sacrée a un langage simple et franc et ne peut louer que la vertu et grâce de Dieu, unique fondement sur lequel elle subsiste. Le miel d'Héraclée, étant avalé, excite un tournoiement de tête; et la fausse amitié provoque un tournoiement d'esprit, qui fait chanceler la personne en la chasteté et dévotion, la portant à des regards affectés et immodérés; présages certains et indubitables d'une prochaine ruine de l'honnêteté; mais l'amitié sainte n'a des yeux que simples et pudiques, des soupirs que pour le Ciel, n'a pas de plaintes, sinon quand Dieu n'est pas aimé, marques infaillibles de l'honnêteté. Le miel d'Héraclée trouble la vue, et cette amitié mondaine trouble le jugement; en sorte que ceux qui en sont atteints pensent bien faire en malfaisant, et cuident [1] que leurs excuses, prétextes et paroles soient de vraies raisons. Ils craignent la lumière et aiment les ténèbres; mais l'amitié sainte a les yeux clairvoyants, ne se cache point et paraît volontiers devant les gens de bien. Enfin, le miel d'Héraclée donne une grande amertume en la bouche; ainsi les fausses amitiés se convertissent et terminent, en cas de refus, à des injures, calomnies, impostures, tristesses, confusions et jalousies. Mais la chaste amitié est toujours également honnête, civile et amiable, et jamais ne se convertit qu'en une plus parfaite et pure union d'esprits, image vive de l'amitié bienheureuse que l'on exerce au Ciel.

Les jeunes gens qui font des contenances ou disent des paroles en lesquelles ils ne voudraient pas être surpris par leurs pères, mères ou confesseurs, témoignent en cela qu'ils traitent d'autre chose que de l'honneur et de la conscience. Notre-Dame se trouble, voyant un ange en forme humaine, parce qu'elle était seule, et qu'il lui donnait des extrêmes quoique célestes louanges. O Sauveur du monde ! la pureté craint un ange en

---

[1] Estiment, jugent.

forme humaine; et pourquoi donc l'impureté ne craindra-t-elle un homme, encore qu'il fût en figure d'ange, quand il la loue des louanges sensuelles et humaines?

CHAPITRE XVII

QUELQUES AVIS SUR LE SUJET DES AMITIÉS.

J'ai encore un avertissement d'importance sur ce sujet. L'amitié requiert une grande communication entre les personnes, autrement elle ne peut ni naître ni subsister. C'est pourquoi il arrive souvent qu'avec la communication de l'amitié, plusieurs autres communications passent et se glissent insensiblement de cœur en cœur, par une mutuelle infusion et réciproque écoulement d'affections, d'inclinations et d'impressions. Mais surtout cela arrive quand nous estimons grandement celui que nous aimons : car alors nous ouvrons tellement le cœur à son amitié, qu'avec celle-ci ses inclinations et impressions entrent aisément tout entières, soit qu'elles soient bonnes ou qu'elles soient mauvaises. Certes, les abeilles qui amassent le miel d'Héraclée ne cherchent que le miel, mais avec le miel elles sucent insensiblement les qualités vénéneuses de l'aconit, sur lequel elles font leur cueillette. Or donc, Philothée, il faut bien pratiquer en ce sujet la parole que le Sauveur de nos âmes voulait dire, ainsi que les anciens nous ont appris. Soyez bons changeurs et monnayeurs; c'est-à-dire, ne recevez pas la fausse monnaie avec la bonne, ni le bas or [1] avec le fin or; séparez le précieux d'avec le chétif [2]; oui, car il n'y a presque celui qui n'ait quelque imperfection. Et quelle raison y a-t-il de recevoir pêle-mêle les tares [3] et les imperfections de l'ami avec son amitié? Il le faut, certes, aimer nonobstant son imperfection; mais il ne faut ni aimer ni recevoir son imperfection; car l'amitié requiert la communication du bien, et non pas du mal. Comme donc ceux qui tirent le gravier du Tage en séparent l'or qu'ils y trouvent pour l'emporter, et laissent le sable sur le rivage, de même ceux qui ont la communication de quelque bonne amitié doivent en séparer le sable des imperfections, et ne le point laisser entrer en leur âme. Certes, saint Grégoire de Nazianze témoigne que plusieurs, aimant et admirant saint Basile, s'étaient laissé porter à l'imiter, même en ses imperfec-

---

[1] L'or de mauvais aloi, ou d'un titre inférieur. — [2] Chétif est pris ici dans le sens de mauvais : c'est le mot italien *cattivo*. — [3] Défauts.

tions extérieures, en son parler [1] lentement et avec un esprit abstrait et pensif, en la forme de sa barbe et en sa démarche. Et nous voyons des enfants, des amis, qui, ayant en grande estime leurs amis, leurs pères, acquièrent, ou par condescendance ou par imitation, mille mauvaises petites humeurs au commerce de l'amitié qu'ils ont ensemble. Or cela ne se doit aucunement faire, car chacun a bien assez de ses mauvaises inclinations, sans se surcharger de celles des autres; et non-seulement l'amitié ne requiert pas cela, mais au contraire elle nous oblige à nous entr'aider, pour nous affranchir réciproquement de toutes sortes d'imperfections. Il faut sans doute supporter doucement l'ami en ses imperfections, mais non pas le porter en celles-ci et beaucoup moins les transporter en nous.

Mais je ne parle que des imperfections; car, quant aux péchés, il ne peut ni les porter, ni les supporter en l'ami. C'est une amitié ou faible ou méchante de voir périr l'ami et ne le point secourir; de le voir mourir d'une apostème [2] et n'oser lui donner le coup de rasoir de correction [3] pour le sauver. La vraie et vivante amitié ne peut durer

---

[1] Sa façon de parler. — [2] Apostème, abcès. — [3] C'est-à-dire appliquer le fer sur la plaie, en faisant la correction fraternelle.

entre les péchés. On dit que la salamandre éteint le feu dans lequel elle se couche [1], et le péché ruine l'amitié en laquelle il se loge. Si c'est un péché passager, l'amitié lui donne soudain la fuite par la correction; mais, s'il séjourne et s'arrête, tout aussitôt l'amitié périt; car elle ne peut subsister que sur la vraie vertu. Combien moins donc doit-on pécher pour l'amitié ! L'ami est ennemi, quand il nous veut conduire au péché, et mérite de perdre l'amitié, quand il veut perdre et damner l'ami. Mais c'est l'une des plus assurées marques d'une fausse amitié, que de la voir pratiquer envers une personne vicieuse, de quelque sorte de péché que ce soit. Si celui que nous aimons est vicieux, sans doute notre amitié est vicieuse : car, puisqu'elle ne peut regarder la vraie vertu, il est forcé [2] qu'elle considère quelque vertu folâtre et quelque qualité sensuelle.

La société, faite pour le profit temporel entre les marchands, n'a que l'image de la vraie amitié; car elle se fait, non pour l'amour des personnes, mais pour l'amour du gain.

Enfin, ces deux divines paroles sont deux grandes colonnes pour bien assurer la vie chrétienne, l'une est du Sage : *Qui craint Dieu aura pareil-*

---

[1] Croyance populaire. — [2] Il faut qu'elle se rapporte à quelque vertu.

lement une bonne amitié. L'autre est de saint Jacques : *L'amitié de ce monde est ennemie de Dieu*[1].

CHAPITRE XVIII

DES EXERCICES DE LA MORTIFICATION EXTÉRIEURE.

Ceux qui traitent des choses rustiques et champêtres assurent que, si on écrit quelque mot sur une amande bien entière et qu'on la remette dans son noyau, la pliant et serrant bien proprement, et la plantant ainsi, tout le fruit de l'arbre qui en viendra se trouvera écrit et gravé du même mot. Pour moi, Philothée, je n'ai jamais pu approuver la méthode de ceux qui, pour réformer l'homme, commencent par l'extérieur, par les contenances [2], par les habits et par les cheveux.

Il me semble, au contraire, qu'il faut commencer par l'intérieur : Convertissez-vous à moi, dit Dieu, de tout votre cœur; mon enfant, donne-moi ton cœur. Car aussi, le cœur étant la source des actions, elles sont telles qu'il est. L'Époux divin, invitant l'âme : *Mets-moi, dit-il, comme un ca-*

---

[1] *Eccli.*, vi, 17. — *Jac.*, iv, 4. — [2] Par la contenance.

chet sur ton cœur, comme un cachet sur ton bras[1]. Oui, vraiment; car quiconque a Jésus-Christ en son cœur, il l'a bientôt après en toutes ses actions extérieures. C'est pourquoi, chère Philothée, j'ai voulu, avant toutes choses, graver et inscrire sur votre cœur ce mot saint et sacré : Vive Jésus! assuré que je suis qu'après cela votre vie, laquelle vient de votre cœur, comme un amandier de son noyau, produira toutes ses actions, qui sont ses fruits, écrites et gravées du même mot de salut. Et que, comme ce doux Jésus vivra dans votre cœur, il vivra aussi en tous vos déportements [2], et paraîtra en vos yeux, en votre bouche, en vos mains, voire même en vos cheveux, et pourrez saintement dire, à l'imitation de saint Paul : *Je vis, mais non plus moi, ains Jésus-Christ vit en moi*[3]. Bref, qui a gagné le cœur de l'homme a gagné tout l'homme. Mais ce cœur même, par lequel nous voulons commencer, requiert qu'on l'instruise comme il doit former son train [4] et maintien extérieur, afin que non-seulement on y voie la sainte dévotion, mais aussi une grande sagesse et discrétion. Pour cela, je vous vais brièvement donner plusieurs avis.

Si vous pouvez supporter le jeûne, vous ferez

---

[1] Joel, II, 12. — Prov., XXIII, 26. — Cant. cant., VIII, 6. — [2] Mouvements. — [3] Gal., II, 20. — [4] Sa conduite.

bien de jeûner quelques jours, outre les jeûnes que l'Église nous commande; car, outre l'effet ordinaire du jeûne, d'élever l'esprit, réprimer la chair, pratiquer la vertu et acquérir plus grande récompense au Ciel, c'est un grand bien de se maintenir en la possession de gourmander la gourmandise même [1], et tenir l'appétit sensuel et le corps sujet à la loi de l'esprit. Et, bien qu'on ne jeûne pas beaucoup, l'ennemi, néanmoins, nous craint davantage quand il connaît que nous savons jeûner. Les mercredi, vendredi et samedi sont les jours auxquels les anciens chrétiens s'exerçaient le plus à l'abstinence. Prenez-en donc de ceux-là pour jeûner autant que votre dévotion et la discrétion de votre directeur vous le conseilleront.

Je dirais volontiers comme saint Jérôme dit à la bonne dame Léta : *Les jeûnes longs et immodérés me déplaisent bien fort, surtout en ceux qui sont en âge encore tendre.* J'ai appris par expérience que le petit ânon, étant las en chemin, cherche de s'écarter, c'est-à-dire, les jeunes gens portés à des infirmités par l'excès des jeûnes se convertissent aisément aux délicatesses. Les cerfs courent mal en deux temps, quand ils sont trop chargés de venaison, et quand ils sont trop mai-

---

[1] Ces oppositions de mots se rencontrent fréquemment dans les auteurs de l'époque.

gres. Nous sommes grandement exposés aux tentations, quand notre corps est trop nourri et quand il est trop abattu; car l'un le rend insolent en son aise, et l'autre le rend désespéré en son malaise. Et, comme nous ne le pouvons porter quand il est trop gras, aussi ne nous peut-il porter quand il est trop maigre. Le défaut de cette modération dans les jeûnes, disciplines, haires et âpretés[1], rend inutiles au service de la charité les meilleures années de plusieurs, comme il fit même à saint Bernard, qui se repentit d'avoir usé de trop d'austérité; et d'autant qu'ils l'ont maltraité au commencement, ils sont contraints de le flatter à la fin. N'eussent-ils pas mieux fait de lui faire un traitement égal et proportionné aux offices et travaux auxquels leurs conditions les obligeaient?

Le jeûne et le travail matent et abattent la chair. Si le travail que vous ferez vous est nécessaire ou fort utile à la gloire de Dieu, j'aime mieux que vous souffriez la peine du travail que celle du jeûne. C'est le sentiment de l'Église, laquelle, pour les travaux utiles au service de Dieu et du prochain, décharge ceux qui les font du jeûne même commandé. L'un a de la peine à jeûner, l'autre en a à servir les malades, visiter

---

[1] Rigueurs exercées contre la chair.

les prisonniers, confesser, prêcher, assister les désolés, prier et semblables exercices; cette peine vaut mieux que celle-là; car, outre qu'elle mate également, elle a des fruits beaucoup plus désirables; et partant, généralement il est mieux de garder plus de forces corporelles qu'il n'est requis, que d'en ruiner plus qu'il ne faut; car on peut toujours les abattre quand on veut, mais on ne les peut pas réparer toujours quand on veut.

Il me semble que nous devons avoir en grande révérence la parole que notre Sauveur dit à ses disciples : *Mangez de ce qui sera mis devant vous*[1]. C'est, comme je crois, une plus grande vertu de manger sans choix de ce qu'on vous présente, et en même ordre qu'on vous le présente, ou qu'il soit à votre goût, ou qu'il ne le soit pas, que de choisir toujours le pire. Car, encore que cette dernière façon de vivre semble plus austère, l'autre, néanmoins, a plus de résignation; car, par icelle, on ne renonce pas seulement à son goût, mais encore à son choix, et ce n'est pas une petite austérité de tourner son goût à toute main et le tenir sujet aux rencontres; joint que cette sorte de mortification ne paraît point, n'incommode personne, et est uniquement propre pour

[1] Luc, x, 8.

la vie civile. Reculer une viande pour en prendre une autre, pincer et racler toutes choses, ne trouver jamais rien de bien apprêté ni de bien net, faire des mystères à chaque morceau, cela ressent un cœur mol et attentif aux plats et aux écuelles. J'estime plus que saint Bernard bût de l'huile pour de l'eau et du vin, que s'il eût bu de l'eau d'absinthe avec intention, car c'était signe qu'il ne pensait pas à ce qu'il buvait. Et en cette nonchalance de ce qu'on doit manger et qu'on boit, gît la perfection de la pratique de ce mot sacré : *Mangez ce qui sera mis devant vous.* J'excepte, néanmoins, les viandes qui nuisent à la santé, ou qui même incommodent l'esprit, comme font à plusieurs les viandes chaudes et épicées, en certaines occasions auxquelles la nature a besoin d'être récréée et aidée pour pouvoir soutenir quelque travail à la gloire de Dieu. Une continuelle et modérée sobriété est meilleure que les abstinences violentes faites à diverses reprises et entremêlées de grands relâchements.

La discipline a une merveilleuse vertu pour réveiller l'appétit de la dévotion, étant prise modérément. La haire mate puissamment le corps; mais son usage n'est pas, pour l'ordinaire, propre ni aux délicates complexions, ni à ceux qui ont à supporter d'autres grandes peines. Il est vrai qu'aux jours plus signalés de la pénitence, on la peut employer avec l'avis du discret confesseur.

Il faut prendre de la nuit, pour dormir, chacun selon sa complexion, autant qu'il est requis pour bien utilement veiller le jour. Et parce que l'Écriture sainte en cent façons, l'exemple des saints et les raisons naturelles nous recommandent grandement les matinées comme les meilleures et plus fructueuses pièces de nos jours, et que Notre-Seigneur même est nommé Soleil levant et Notre-Dame Aube du jour, je pense que c'est un soin vertueux de prendre son sommeil vers le soir à bonne heure, pour pouvoir prendre son réveil et faire bon lever de son matin. Certes, ce temps-là est le plus gracieux, le plus doux et le moins embarrassé; les oiseaux mêmes nous provoquent en icelui au réveil et aux louanges de Dieu; ainsi lever matin sert à la santé et à la sainteté.

Balaam, monté sur son ânesse, allait trouver Balac; mais, parce qu'il n'avait pas droite intention, l'ange l'attendit en chemin avec une épée en main pour le tuer; l'ânesse, qui voyait l'ange, s'arrêta par trois diverses fois, comme rétive : Balaam cependant la frappait cruellement de son bâton, pour la faire avancer, jusqu'à la troisième fois, que celle-ci, étant couchée tout à fait sous Balaam lui parla par un grand miracle, disant : *Que t'ai-je fait? pourquoi m'as-tu battue déjà par trois fois?* Et tôt après les yeux de Balaam furent ouverts, et il vit l'ange qui lui dit : *Pourquoi as-tu battu ton ânesse? si elle ne se fût détournée de devant moi, je t'eusse tué et l'eusse réservée.* Lors Balaam dit à l'ange : *Seigneur, j'ai péché, car je ne savais pas que vous vous missiez contre moi en la voie* [1]. Voyez-vous, Philothée, Balaam est la cause du mal, et il frappe et bat la pauvre ânesse qui n'en peut mais. Il en prend ainsi bien souvent en nos affaires; car cette femme voit son enfant malade, et soudain elle court au jeûne, à la haire, à la discipline comme fit David pour un pareil sujet : hélas! chère amie, vous battez le pauvre âne, vous affligez votre corps, et il ne peut mais de votre mal, ni de quoi Dieu a son épée dégainée sur vous. Corrigez votre cœur qui est idolâtre, et qui permettait mille vices à l'enfant et le destinait à l'orgueil, à la vanité, à l'ambition. Cet homme voit que souvent il tombe lourdement au péché : le reproche intérieur vient contre sa conscience avec l'épée au poing pour l'outre-percer d'une sainte crainte. Et soudain son cœur, revenant à soi : Ah! félonne chair, dit-il, ah! corps déloyal, tu m'as trahi. Et le voilà incontinent à grands coups sur cette chair, à des jeûnes immodérés, à des disciplines démesurées, à des haires insupportables. O pauvre âme!

---

[1] *Num.*, XXII, 12 et suiv.

si ta chair pouvait parler comme l'ânesse de Balaam, elle te dirait : Pourquoi me frappes-tu, misérable? c'est contre toi, ô mon âme, que Dieu arme sa vengeance; c'est toi qui es la criminelle. Pourquoi me conduis-tu aux mauvaises conversations? pourquoi me troubles-tu par de mauvaises imaginations ? Fais de bonnes pensées, et je n'aurai pas de mauvais mouvements. Hante les gens pudiques, et je ne serai point agitée de ma concupiscence. Hélas! c'est toi qui me jettes dans le feu, et tu ne veux pas que je brûle? Tu me jettes la fumée aux yeux, et tu ne veux pas qu'ils s'enflamment? Et Dieu sans doute vous dit en ce cas-là : Battez, rompez, fendez, froissez vos cœurs principalement, car c'est contre eux que mon courroux est animé. Certes, pour guérir la démangeaison, il n'est pas tant besoin de se laver et baigner, comme de purifier le sang et rafraîchir le foie; ainsi, pour nous guérir de nos vices, il est vraiment bon de mortifier la chair; mais il est surtout nécessaire de bien purifier nos affections et rafraîchir nos cœurs. Or, en tout et partout, il ne faut nullement entreprendre des austérités corporelles, qu'avec l'avis de notre guide.

CHAPITRE XIX

DES CONVERSATIONS ET DE LA SOLITUDE.

Rechercher les conversations et les fuir, ce sont deux extrémités blâmables en la dévotion civile [1], qui est celle de laquelle je vous parle. La fuite de celles-ci tient du dédain et mépris du prochain, et la recherche ressent l'oisiveté et l'inutilité. Il faut aimer le prochain comme soi même. Pour montrer qu'on l'aime, il ne faut pas fuir d'être avec lui, et, pour témoigner qu'on s'aime soi-même, il se faut plaire avec soi-même quand on y est. Or on y est quand on est seul. *Pense à toi-même*, dit saint Bernard, *et puis aux autres*. Si donc rien ne vous presse d'aller en conversation ou d'en recevoir chez vous, demeurez en vous-mêmes et vous entretenez avec votre cœur. Mais, si la conversation vous arrive, ou si quelque juste sujet vous invite à vous y rendre, allez de par Dieu, Philothée, et voyez votre prochain de bon cœur et de bon œil.

On appelle mauvaises conversations celles qui se font pour quelques mauvaises intentions, ou

[1] Des gens du monde.

bien quand ceux qui interviennent en icelles sont vicieux, indiscrets et dissolus; et pour celles-là il s'en faut détourner, comme les abeilles se détournent de l'amas des taons et frelons. Car, comme ceux qui ont été mordus des chiens enragés ont la sueur, l'haleine et la salive dangereuses, et principalement pour les enfants et gens de délicate complexion, ainsi ces vicieux et débordés [1] ne peuvent être fréquentés qu'avec hasard [2] et péril, surtout par ceux qui sont de dévotion encore tendre et délicate.

Il y a des conversations inutiles à toute autre chose qu'à la seule récréation, lesquelles se font par un divertissement des occupations sérieuses. Et quant à celles-là, comme il ne faut s'y adonner, aussi peut-on leur donner le loisir destiné à la récréation.

Les autres conversations ont pour leur fin l'honnêteté, comme sont les visites mutuelles et certaines assemblées qui se font pour honorer le prochain. Et quant à celles-là, comme il ne faut pas être superstitieuse à les pratiquer, aussi ne faut-il pas être du tout incivile à les mépriser, mais satisfaire avec modestie au devoir que l'on y a, afin d'éviter également la rusticité et la légèreté.

Restent les conversations utiles, comme sont

[1] Débordés, ceux chez lesquels le vice déborde. —
[2] Risque.

celles des personnes dévotes et vertueuses; ô Philothée, ce vous sera toujours un grand bien d'en rencontrer souvent de telles. La vigne plantée parmi les oliviers porte des raisins onctueux et qui ont le goût des olives; une âme qui se trouve souvent parmi les gens de vertu ne peut qu'elle ne participe[1] à leurs qualités. Les bourdons seuls ne peuvent point faire du miel, mais avec les abeilles ils aident à le faire. C'est un grand avantage pour nous bien exercer à la dévotion de converser avec les âmes dévotes.

En toutes conversations, la naïveté, simplicité, douceur et modestie sont toujours préférées. Il y a des gens qui ne font nulle sorte de contenance ni de mouvement qu'avec tant d'artifice, que chacun en est ennuyé. Et comme celui qui ne voudrait jamais se promener qu'en comptant ses pas, ni parler qu'en chantant, serait fâcheux au reste des hommes, ainsi ceux qui tiennent un maintien artificieux, et qui ne font rien qu'en cadence, importunent extrêmement la conversation; et à cette sorte de gens il y a toujours quelque espèce de présomption. Il faut, pour l'ordinaire, qu'une joie modérée prédomine en notre conversation. Saint Romuald et saint Antoine sont extrêmement loués, de quoi[2], nonobstant toutes leurs austérités, ils

---

[1] Ne saurait s'empêcher de participer. — [2] De ce que...

avaient la face et la parole ornées de joie, gaieté et civilité. *Riez avec les riants, et réjouissez-vous avec les joyeux*[1]. Je vous dis encore une fois avec l'Apôtre : *Soyez toujours joyeuse, mais en Notre-Seigneur, et que votre modestie paraisse à tous les hommes*[2]. Pour vous réjouir en Notre-Seigneur, il faut que le sujet de votre joie soit non-seulement loisible, mais honnête; ce que je dis, parce qu'il y a des choses loisibles, qui pourtant ne sont pas honnêtes; et, afin que votre modestie paraisse, gardez-vous des insolences[3], lesquelles, sans doute, sont toujours répréhensibles. Faire tomber l'un, noircir l'autre, piquer le tiers, faire du mal à un fou, ce sont des risées et joies sottes et insolentes.

Mais toujours, outre la solitude mentale, à laquelle vous vous pouvez retirer parmi les plus grandes conversations, ainsi que j'ai dit ci-dessus, vous devez aimer la solitude locale et réelle, non pas pour aller dans les déserts, comme sainte Marie Égyptienne, saint Paul, saint Antoine, Arsénius[4] et les autres Pères solitaires, mais pour être quelque peu en votre chambre, en votre jardin et ailleurs, où, plus à souhait, vous puissiez retirer votre esprit en votre cœur, et récréer votre

---

[1] Rom., XII, 15. — [2] Philip., IV, 4. — [3] Inconvenances. — [4] Saint Arsène, célèbre solitaire du cinquième siècle, qui avait été précepteur des fils de Théodose le Grand.

âme par de bonnes cogitations et saintes pensées, ou par un peu de bonne lecture, à l'exemple de ce grand évêque de Nazianze, qui, parlant de soi-même : *Je me promenais, dit-il, moi-même avec moi-même, sur le soleil couchant, et passais le temps sur le rivage de la mer; car j'ai accoutumé d'user de cette récréation pour me relâcher et secouer un peu des ennuis ordinaires.* Et là-dessus, il discourt de la bonne pensée qu'il fit, que je vous ai récitée ailleurs; et, à l'exemple encore de saint Ambroise, duquel parlant saint Augustin [1], il dit que souvent étant entré en sa chambre (car on ne refusait l'entrée à personne), il le regardait lire, et après avoir attendu quelque temps, de peur de l'incommoder, il s'en retournait sans mot dire, pensant que ce peu de temps qui restait à ce grand pasteur pour revigorer [2] et récréer son esprit, après le tracas de tant d'affaires, ne lui devait pas être ôté. Aussi, après que les apôtres eurent un jour raconté à Notre-Seigneur comme ils avaient prêché et beaucoup fait; venez, leur dit-il, en la solitude, vous y reposer un peu [3].

---

[1] Inversion pour : duquel saint Augustin parlant, dit... — [2] Rendre la vigueur à son esprit. — [3] Marc., VI, 31.

CHAPITRE XX

DU PARLER, ET PREMIÈREMENT COMME IL FAUT PARLER DE DIEU.

Les médecins prennent une grande connaissance de la santé ou maladie d'un homme par l'inspection de sa langue, et les paroles sont les vrais indices des qualités de nos âmes. *Par tes paroles*, dit le Sauveur, *tu seras justifié et par tes paroles tu seras condamné* [1].

Si donc vous êtes bien amoureuse de Dieu, Philothée, vous parlerez souvent de Dieu dans les devis familiers que vous ferez avec vos domestiques, amis et voisins. Oui, car *la bouche du juste méditera la sapience, et sa langue parlera le jugement* [2]. Et comme les abeilles ne démêlent autre chose que le miel avec leur petite bouchette [3], ainsi votre langue sera toujours emmiellée de son Dieu, et n'aura point de plus grande suavité que de sentir couler entre vos lèvres des louanges et

---

[1] Matth., xii, 37. — [2] Ps. xxxvi, 30. — [3] Diminutif de bouche. C'est là un de ces mots charmants dont l'auteur a le secret et qu'on regrette de ne plus trouver dans le vocabulaire de notre langue.

bénédictions de son nom, ainsi qu'on dit de saint François, qui, prononçant le saint nom du Seigneur, suçait et léchait ses lèvres, comme pour en tirer la plus grande douceur du monde.

Mais parlez toujours de Dieu comme de Dieu, c'est-à-dire révéremment et dévotement; non point faisant la suffisante et la prêcheuse, mais avec l'esprit de douceur, de charité et d'humilité, distillant autant que vous savez, comme il est dit de l'épouse au Cantique des Cantiques, le miel délicieux de la dévotion et des choses divines goutte à goutte, tantôt dans l'oreille de l'un, tantôt dans l'oreille de l'autre; priant Dieu au secret de votre âme qu'il lui plaise de faire passer cette sainte rosée jusqu'au dedans du cœur de ceux qui vous écoutent.

Surtout, il faut faire cet office angélique doucement et suavement, non point par manière de correction, mais par manière d'inspiration; car c'est merveille, combien la suavité et amiable proposition de quelque bonne chose est une puissante amorce pour attirer les cœurs.

Ne parlez donc jamais de Dieu ni de la dévotion par manière d'acquit et d'entretien, mais toujours avec attention et dévotion, ce que je dis pour vous ôter une remarquable vanité qui se trouve en plusieurs, qui font la profession de dévotion, lesquels, à tout propos, disent des paroles saintes et ferventes par manière d'entretien, et sans y penser nullement; après les avoir dites, il leur est avis qu'ils sont tels que leurs paroles témoignent. Ce qui n'est pas.

CHAPITRE XXI

DE L'HONNÊTETÉ DES PAROLES ET DU RESPECT QUE L'ON DOIT AUX PERSONNES.

Si quelqu'un ne pèche point en paroles, dit saint Jacques, *il est un homme parfait*[1]. Gardez-vous soigneusement de lâcher aucunes paroles déshonnêtes; car encore que vous ne les disiez pas avec une mauvaise intention, ceux qui les oient[2] les peuvent recevoir d'une autre sorte. La parole déshonnête, tombant dans un cœur faible, se tend et se dilate comme une goutte d'huile sur le drap, et quelquefois elle saisit tellement le cœur, qu'elle le remplit de mille pensées et tentations lubriques. Car, comme le poison du corps entre par la bouche, aussi celui du cœur entre par l'oreille, et la langue qui le produit est meur-

---

[1] Jac., III, 2. — [2] Le verbe *ouïr* n'est plus guère usité aujourd'hui qu'à l'infinitif; encore est-il regardé comme un mot vieilli.

trière, d'autant qu'encore qu'à l'aventure le venin qu'elle a jeté n'ait pas fait son effet pour avoir trouvé les cœurs des auditeurs munis de quelque contre-poison, toutefois il n'a pas tenu à sa malice qu'elle ne les ait fait mourir. Et que personne ne me dise qu'il n'y pense pas; car Notre-Seigneur, qui connaît nos pensées, a dit : *Que la bouche parle de l'abondance du cœur*[1]. Et si nous n'y pensions pas mal, le malin [2], néanmoins, y pense beaucoup et se sert toujours sécrètement de ces mauvais mots pour en transpercer le cœur de quelqu'un. On dit que ceux qui ont mangé de l'herbe qu'on appelle angélique ont toujours l'haleine douce et agréable; ceux qui ont au cœur honnêteté et chasteté, qui est la vertu angélique, ont toujours leurs paroles nettes, civiles et pudiques. Quant aux choses indécentes et folles, l'Apôtre ne veut pas que seulement on les nomme, nous assurant *que rien ne corrompt tant les bonnes mœurs que les mauvais devis*[3].

Si ces paroles déshonnêtes sont dites à couvert, avec afféterie et subtilité, elles sont infiniment plus vénéneuses; car, plus un dard est pointu, plus il entre aisément en nos corps; ainsi, plus un mauvais mot est aigu, plus il pénètre en nos

---

[1] Matth., XII, 34. — [2] Le malin esprit, le démon. — [3] I *Cor.*, XV, 33. Le mot devis, pour propos, est une locution ancienne. On se sert encore du verbe *deviser*.

cœurs. Ceux qui pensent être galants hommes à dire de telles paroles en conversation ne savent pas pourquoi les conversations sont faites; car elles doivent être comme un essaim d'abeilles assemblées pour faire le miel de quelque doux et vertueux entretien, et non pas comme un tas de guêpes qui se joignent pour sucer quelque pourriture. Si quelque sot vous dit des paroles messéantes, témoignez que vos oreilles en sont offensées, ou vous détournant ailleurs, ou par quelque autre moyen, selon que votre prudence vous enseignera.

C'est une des plus mauvaises conditions qu'un esprit puisse avoir que d'être moqueur. Dieu hait extrêmement ce vice et en a fait jadis d'étranges punitions. Rien n'est si contraire à la charité, et beaucoup plus à la dévotion, que le mépris et contemnement [1] du prochain. Or la dérision et moquerie ne se fait jamais sans mépris; c'est pourquoi elle est un fort grand péché; en sorte que les docteurs ont raison de dire que la moquerie est la plus mauvaise sorte d'offense que l'on puisse faire au prochain par les paroles, parce que les autres offenses se font avec quelque estime de celui qui est offensé, et celle-ci se fait avec mépris et contemnement.

[1] Dédain.

Mais quant au jeu de paroles, qui se font des uns aux autres, avec une modeste gaieté et joyeuseté, ils appartiennent à la vertu nommée eutrapélie[1] par les Grecs que nous pouvons appeler bonne conversation; et par iceux on prend une honnête et amiable récréation, sur les occasions frivoles que les imperfections humaines fournissent. Il se faut garder seulement de passer de cette honnête joyeuseté à la moquerie. Or la moquerie provoque à rire par mépris et contemnement du prochain; mais la gaieté et gausserie[2] provoque à rire par une simple liberté, confiance et familière franchise conjointe à la gentillesse de quelque mot. Saint Louis, quand les religieux voulaient lui parler des choses relevées, après dîner : *Il n'est pas temps d'alléguer*[3], disait-il, *mais de se récréer par quelque joyeuseté et quolibets; que chacun dise ce qu'il voudra honnêtement*. Ce qu'il disait, favorisant la noblesse qui était autour de lui, pour recevoir des caresses de Sa Majesté. Mais, Philothée, passons tellement le temps par récréation, que nous conservions la sainte éternité par dévotion.

[1] Enjouement, εὐτραπελία — [2] Plaisanterie. — [3] De raisonner.

CHAPITRE XXII

DES JUGEMENTS TÉMÉRAIRES.

Ne jugez point, et vous ne serez point jugé, dit le Sauveur de nos âmes; *ne condamnez point, et vous ne serez point condamné* [1]. Non, dit le saint Apôtre, *ne jugez pas avant le temps, jusqu'à ce que le Seigneur vienne qui révélera le secret des ténèbres, et manifestera les conseils des cœurs* [2]. Oh! que les jugements téméraires sont désagréables à Dieu! Les jugements des enfants des hommes sont téméraires parce qu'il ne sont pas juges les uns des autres, et, jugeant, ils usurpent l'office de Notre-Seigneur. Ils sont téméraires parce que la principale malice du péché dépend de l'intention et du conseil de cœur qui est le secret des ténèbres pour nous. Ils sont téméraires parce que un chacun a assez à faire à se juger soi-même sans entreprendre de juger son prochain. C'est chose également nécessaire pour n'être point jugé de ne point juger les autres et de se juger soi-même; car, comme Notre-Seigneur nous défend l'un, l'Apôtre nous ordonne

---

[1] Luc., vi, 37. — [2] I *Cor.*, iv, 5.

l'autre, disant : *Si nous nous jugions nous-mêmes, nous ne serions point jugés*[1]. Mais, ô Dieu, nous faisons tout le contraire, car ce qui nous est défendu nous ne cessons de le faire, jugeant à tout propos le prochain; et ce qui nous est commandé, qui est de nous juger nous-mêmes, nous ne le faisons jamais.

Selon les causes des jugements téméraires, il y faut remédier. Il y a des cœurs aigres, amers et âpres de leur nature, qui rendent pareillement aigre et amer tout ce qu'ils reçoivent, *et convertissent*, comme dit le Prophète, *le jugement en absinthe, ne jugeant jamais du prochain qu'avec toute rigueur et âpreté*[2]. Ceux-ci ont grandement besoin de tomber entre les mains du bon médecin spirituel, car, cette amertume de cœur leur étant naturelle, elle est malaisée à vaincre, et, bien qu'en soi elle ne soit pas un péché, mais seulement une imperfection, elle est néanmoins dangereuse, parce qu'elle introduit et fait régner en l'âme le jugement téméraire et la médisance. Aucuns jugement téméraire, non point par aigreur, mais par orgueil, leur étant avis qu'à mesure qu'ils dépriment l'honneur d'autrui, ils relèvent le leur propre. Esprits arrogants et présomptueux, qui s'admirent eux-mêmes et se colloquent si haut

---

[1] I *Cor.*, xi, 31. — [2] *Amos.*, vi, 13.

en leur propre estime, qu'ils voient tout le reste comme chose petite et basse. Je ne suis pas comme le reste des hommes, disait ce sot Pharisien[1]. Quelques-uns n'ont pas cet orgueil manifeste, mais seulement une certaine petite complaisance à considérer le mal d'autrui, pour savourer et faire savourer plus doucement le bien contraire duquel ils s'estiment doués. Et cette complaisance est si secrète et imperceptible, que, si on a bonne vue, on ne la peut pas découvrir, et ceux mêmes qui en sont atteints ne la connaissent pas si on ne la leur montre. Les autres, pour se flatter et excuser envers eux-mêmes et pour adoucir les remords de leurs consciences, jugent fort volontiers que les autres sont vicieux du vice auquel ils se sont voués, ou de quelque autre aussi grand, leur étant avis[2] que la multitude des criminels rend leur péché moins blâmable. Plusieurs s'adonnent au jugement téméraire pour le seul plaisir qu'ils prennent à philosopher et deviser des mœurs et humeurs des personnes par manière d'exercice d'esprit. Que si, par malheur, ils rencontrent quelquefois la vérité en leurs jugements, l'audace et l'appétit de continuer s'accroît tellement en eux, que l'on a peine de les en détourner. Les autres jugent par passion et pensent toujours

---

[1] Luc, XVIII, 11. — [2] Étant d'avis, croyant.

bien de ce qu'ils aiment et toujours mal de ce qu'ils haïssent. Enfin la crainte, l'ambition et telles autres faiblesses d'esprit, contribuent souvent beaucoup à la production du soupçon et jugement téméraire.

Mais quels remèdes : ceux qui boivent le suc de l'herbe ophiusa[1] d'Éthiopie, pensent partout voir des serpents et choses effroyables; ceux qui ont avalé l'orgueil, l'envie, l'ambition, la haine, ne voient rien qu'ils ne trouvent mauvais et blâmable. Ceux-là, pour être guéris, doivent prendre du vin de palme; et j'en dis de même pour ceux-ci. Buvez le plus que vous pourrez le vin sacré de la charité; elle vous affranchira de ces mauvaises humeurs qui vous font faire ces jugements tortus. La charité craint de rencontrer le mal; tant s'en faut qu'elle l'aille chercher, et, quand elle le rencontre, elle en détourne sa face et le dissimule; mais elle ferme ses yeux avant que de le voir, au premier bruit qu'elle en aperçoit, et puis croit, par une sainte simplicité, que ce n'était pas le mal, mais seulement l'ombre ou quelque fantôme de mal. Que si par force elle reconnaît que c'est lui-même, elle s'en détourne incontinent et tâche d'en oublier la figure. La charité est le grand remède à tous maux, mais spécialement pour celui-

---

[1] Herbe citée par Pline.

ci. Toutes choses paraissent jaunes aux yeux des ictériques et qui ont la grande jaunisse; l'on dit que, pour guérir de ce mal, il leur faut faire porter de l'éclaire [1] sous la plante de leurs pieds. Certes, ce péché de jugement téméraire est une jaunisse spirituelle, qui fait paraître toutes choses mauvaises aux yeux de ceux qui en sont atteints : mais qui en veut guérir, il faut qu'il mette les remèdes, non aux yeux, non à l'entendement, mais aux affections, qui sont les pieds de l'âme. Si vos affections sont douces, votre jugement sera doux; si elles sont charitables, votre jugement le sera de même. L'homme juste, quand il ne peut plus excuser ni le fait ni l'intention de celui que d'ailleurs il connaît homme de bien, encore n'en veut-il pas juger; il ôte cela de son esprit et en laisse le jugement à Dieu. Mais le Sauveur crucifié, ne pouvant excuser du tout le péché de ceux qui le crucifiaient, au moins en amoindrit-il la malice, alléguant leur ignorance. Quand nous ne pouvons excuser le péché, rendons-le au moins digne de compassion, l'attribuant à la cause la plus supportable qu'il puisse avoir, comme à l'ignorance ou à l'infirmité.

Mais ne peut-on donc jamais juger le prochain?

---

[1] Plante médicinale. — L'auteur fait allusion à une croyance populaire.

non, certes, jamais. C'est Dieu, Philothée, qui juge les criminels en justice. Il est vrai qu'il se sert de la voix des magistrats pour se rendre intelligible à nos oreilles; ils sont ses truchements et interprètes, et ne doivent rien prononcer que ce qu'ils ont appris de lui, comme étant ses oracles. Que s'ils font autrement, suivant leurs propres passions, alors c'est vraiment eux qui jugent et qui, par conséquent, seront jugés; car il est défendu aux hommes, en qualité d'hommes, de juger les autres.

De voir ou connaître une chose, ce n'est pas en juger, car le jugement, au moins selon la phrase de l'Écriture, présuppose quelque petite ou grande, vraie ou apparente difficulté qu'il faille vider. C'est pourquoi elle dit que ceux qui ne croient point sont déjà jugés, parce qu'il n'y a point de doute en leur damnation. Ce n'est donc pas mal fait de douter du prochain? Non, car il n'est pas défendu de douter, mais de juger; mais il n'est pourtant pas permis ni de douter ni de soupçonner, sinon avec rigueur, tout autant que les raisons et arguments nous contraignent de douter; autrement les doutes et soupçons sont téméraires. Car, quand une action est de soi-même indifférente, c'est un soupçon téméraire d'en tirer une mauvaise conséquence, sinon que plusieurs circonstances donnent force à l'argument. C'est aussi un jugement téméraire de tirer conséquence d'un acte pour blâmer la personne; mais ceci, je le dirai tantôt plus clairement.

Enfin, ceux qui ont bien soin de leurs consciences ne sont guère sujets au jugement téméraire. Car, comme les abeilles, voyant les brouillards ou temps nébuleux, se retirent en leurs ruches à ménager [1] le miel, ainsi les cogitations des bonnes âmes ne sortent pas sur des objets embrouillés, ni parmi les actions nébuleuses du prochain; mais, pour en éviter la rencontre, se ramassent dans leur cœur pour y ménager les bonnes résolutions de leur amendement propre.

C'est le fait d'une âme inutile de s'amuser à l'examen de la vie d'autrui; j'excepte ceux qui ont charge des autres, tant en la famille qu'en la république; car une bonne partie de leur conscience consiste à regarder et veiller sur celle des autres. Qu'ils fassent donc leur devoir avec amour : passé cela, qu'ils se tiennent en eux-mêmes pour ce regard.

[1] A préparer.

CHAPITRE XXIII

DE LA MÉDISANCE.

Le jugement téméraire produit l'inquiétude, le mépris du prochain, l'orgueil et complaisance de soi-même, et cent autres effets très-pernicieux, entre lesquels la médisance tient des premiers rangs, comme la vraie peste des conversations. Oh! que n'ai-je un des charbons du saint autel pour toucher les lèvres des hommes, afin que leur iniquité fût ôtée, et leur péché nettoyé, à l'imitation du séraphin qui purifia la bouche d'Isaïe! Qui ôterait la médisance du monde en ôterait une grande partie des péchés et de l'iniquité.

Quiconque ôte injustement la bonne renommée à son prochain, outre le péché qu'il commet, il est obligé à faire la réparation, quoique diversement, selon la diversité des médisances; car nul ne peut entrer au ciel avec le bien d'autrui, et entre tous les biens extérieurs la renommée est le meilleur. La médisance est une espèce de meurtre; car nous avons trois vies, la spirituelle, qui gît en la grâce de Dieu, la corporelle, qui gît en l'âme, et la civile, qui consiste en la renommée. Le péché nous ôte la première, la mort nous ôte la seconde, et la médisance nous ôte la troisième. Mais le médisant, par un seul coup de sa langue, fait ordinairement trois meurtres, il tue son âme et celle de celui qui l'écoute d'un homicide spirituel, et ôte la vie civile à celui duquel il médit. Car, comme disait saint Bernard, celui qui médit et celui qui écoute le médisant, tous deux ont le diable sur eux; mais l'un l'a en la langue et l'autre en l'oreille. David, parlant des médisants : *Ils ont affilé leurs langues*, dit-il, *comme un serpent* [1]. Or le serpent a la langue fourchue et à deux pointes, comme dit Aristote; et telle est celle du médisant, qui, d'un seul coup, pique et empoisonne l'oreille de l'écoutant et la réputation de celui de qui elle parle.

Je vous conjure donc, très-chère Philothée, de ne jamais médire de personne, ni directement, ni indirectement; gardez-vous d'imposer de faux crimes et péchés au prochain, ni de découvrir ceux qui sont secrets, ni d'agrandir ceux qui sont manifestes, ni d'interpréter en mal la bonne œuvre, ni de nier le bien que vous savez être en quelqu'un, ni de le dissimuler malicieusement, ni de le diminuer par paroles; car en toutes ces façons vous offenseriez grandement Dieu, mais surtout accusant faussement et niant la vérité au

---

[1] Ps. cxxxix, 4.

préjudice du prochain; car c'est double péché de mentir et nuire tout ensemble au prochain.

Ceux qui pour médire, font des préfaces [1] d'honneur, ou qui disent de petites gentillesses et gausseries entre eux, sont les plus fins et vénéneux médisants de tous. Je proteste, disent-ils, que je l'aime, et qu'au reste c'est un galant homme; mais, cependant, il faut dire la vérité, il eut tort de faire une telle perfidie. Ne voyez-vous pas l'artifice? Celui qui veut tirer à l'arc tire tant qu'il peut la flèche à soi, mais ce n'est que pour la darder plus puissamment. Il semble que ceux-ci retirent leur médisance à eux, mais ce n'est que pour la décocher plus fermement, afin qu'elle pénètre plus avant dans les cœurs des écoutants. La médisance, dite par forme de gausserie, est encore plus cruelle que toutes, car, comme la ciguë n'est pas de soi un venin fort pressant, mais assez lent, et auquel on peut aisément remédier, mais étant pris avec le vin, il est irrémédiable, ainsi, la médisance, qui de soi passerait légèrement dans une oreille et sortirait par l'autre, comme l'on dit, s'arrête fermement en la cervelle des écoutants, quand elle est présentée dans quelque mot subtil et joyeux : *Ils ont*, dit David, *le venin de l'aspic sous leurs lèvres* [2]. L'aspic fait sa piqûre presque

---

[1] Profession. — [2] Ps. cxxxix. 4.

imperceptible, et son venin d'abord rend une démangeaison délectable, au moyen de quoi le cœur et les entrailles se dilatent et reçoivent le poison, contre lequel, par après, il n'y a plus de remède.

Ne dites pas : Un tel est un ivrogne, encore que vous l'ayez vu ivre; car comme un seul acte ne donne pas le nom à la chose, le soleil s'arrêta une fois en faveur de la victoire de Josué, et s'obscurcit une autre en faveur de celle du Sauveur; nul ne dira pourtant qu'il soit ou immobile ou obscur. Noé s'enivra une fois, et Loth une autre fois; ils ne furent pourtant ivrognes ni l'un ni l'autre, ni saint Pierre sanguinaire, pour avoir une fois répandu du sang, ni blasphémateur pour avoir une fois blasphémé. Pour prendre le nom d'un vice ou d'une vertu, il faut y avoir fait quelque progrès et habitude. C'est donc une imposture de dire qu'un homme est colère ou larron, pour l'avoir vu courroucé ou dérober une fois.

Encore qu'un homme ait été vicieux longuement, on court fortune de mentir quand on le nomme vicieux. Simon le Lépreux appelait Madeleine pécheresse, parce qu'elle l'avait été naguère; il mentait néanmoins, car elle ne l'était plus, mais une très-sainte pénitente. Aussi Notre-Seigneur prend en protection sa cause. Ce fou pharisien tenait le publicain pour grand pécheur, ou peut-être même pour injuste, ravisseur; mais il se trompait grandement, car tout à l'heure même il était justifié. Hélas! puisque la bonté de Dieu est si grande, qu'un seul moment suffit pour impétrer et recevoir sa grâce, quelle assurance pouvons-nous avoir qu'un homme qui était hier pécheur le soit aujourd'hui? Le jour précédent ne doit pas juger le jour présent, ni le jour présent ne doit pas juger le jour précédent; il n'y a que le dernier qui les juge tous. Nous ne pouvons donc jamais dire qu'un homme soit méchant, sans danger de mentir; ce que nous pouvons dire en cas qu'il faille parler, c'est qu'il fit un tel acte mauvais, il a mal vécu en tel temps, il fait mal maintenant; mais on ne peut tirer nulle conséquence d'hier à aujourd'hui, ni d'aujourd'hui au jour d'hier, et moins encore au jour de demain.

Encore qu'il faille être extrêmement délicat à ne point médire du prochain, il faut bien se garder d'une extrémité en laquelle quelques-uns tombent, pour éviter la médisance, louant et disant bien du vice. S'il se trouve une personne vraiment médisante, ne dites pas pour l'excuser qu'elle est libre et franche; une personne manifestement vaine, ne dites pas qu'elle est généreuse et propre; ne fardez pas l'outrecuidance du nom de zèle, ni l'arrogance du nom de franchise. Non, chère Philothée, il ne faut pas, pensant fuir le vice de la médisance, favoriser, flatter ou nourrir les autres; mais il faut dire rondement et franchement mal du mal, et blâmer les choses blâmables; ce que faisant, nous glorifions Dieu, moyennant que ce soit avec les conditions suivantes.

Pour louablement blâmer les vices d'autrui, il faut que l'utilité, ou de celui duquel on parle, ou de ceux à qui l'on parle, le requière. Si je ne blâme librement ce mal et que je veuille l'excuser, ces tendres âmes qui écoutent prendront occasion de se relâcher [1] à quelque chose pareille. Leur utilité donc requiert que tout franchement je blâme ces choses-là sur-le-champ, à moins que je puisse réserver à faire ce bon office plus à propos et avec moins d'intérêt de ceux de qui on parle en une autre occasion.

Outre cela, encore faut-il qu'il m'appartienne de parler sur ce sujet, comme quand je suis des premiers de la compagnie, et que, si je ne parle, il semblera que j'approuve le vice. Que si je suis des moindres, je ne dois pas entreprendre de faire la censure; mais surtout il faut que je sois exactement juste en mes paroles, pour ne dire pas un seul mot de trop. Ma langue, tandis que je juge le prochain, est en ma bouche comme un rasoir en la main du chirurgien qui veut trancher entre les

---

[1] De se laisser aller à...

nerfs et les tendons. Il faut que le coup que je donnerai soit si juste, que je ne dise ni plus ni moins que ce qui en est. Et enfin il faut surtout observer, en blâmant le vice, d'épargner le plus que vous pourrez la personne en laquelle il est.

Il est vrai que des pécheurs publics et manifestes, on en peut parler librement, pourvu que ce soit avec esprit de charité et de compassion, et non point avec arrogance et présomption, ni pour se plaire au mal d'autrui; car, pour ce dernier, c'est le fait d'un cœur vil et abject. J'excepte, entre tous, les ennemis déclarés de Dieu et de son Église; car ceux-là il faut les décrier tant qu'on peut, comme sont les sectes des hérétiques et schismatiques et les chefs d'icelles. C'est charité de crier au loup quand il est entre les brebis, voire où qu'il soit.

Chacun se donne liberté de juger et censurer des princes et de médire des nations tout entières, selon la diversité des affections que l'on a en leur endroit. Philothée, ne faites pas cette faute, car, outre l'offense de Dieu, elle vous pourrait susciter mille sortes de querelles.

Quand vous oyez mal-dire, rendez douteuse l'accusation, si vous pouvez le faire justement; si vous ne pouvez pas, excusez l'intention de l'accusé; que si cela ne se peut, témoignez de la compassion sur lui, écartez ce propos-là, vous ressouvenant et faisant ressouvenir la compagnie, que ceux qui ne tombent pas en faute en doivent toute la grâce à Dieu. Rappelez à soi le médisant par quelque douce manière; dites quelques autres biens de la personne offensée, si vous les savez.

CHAPITRE XXIV

QUELQUES AUTRES AVIS TOUCHANT LE PARLER.

Que notre langage soit doux, franc, sincère, rond, naïf et fidèle. Gardez-vous des duplicités, artifices et feintises, bien qu'il ne soit pas bon de dire toujours toutes sortes de vérités, si n'est-il [1] jamais permis de contrevenir à la vérité. Accoutumez-vous à ne jamais mentir à votre escient, ni par excuse, ni autrement, vous ressouvenant que Dieu est le Dieu de vérité. Si vous en dites [2] par mégarde et que vous puissiez le corriger sur-le-champ, par quelque explication ou réparation, corrigez-le; une excuse véritable a bien plus de grâce et de force pour excuser que le mensonge.

[1] Du moins, il n'est jamais permis. — [2] Si vous dites quelque mensonge.

Bien que quelquefois on puisse discrètement et prudemment déguiser et couvrir la vérité par quelque artifice de parole, si ne faut-il pas pratiquer cela, sinon en chose d'importance quand la gloire et service de Dieu le requièrent manifestement; hors de là les artifices sont dangereux; car, comme dit la sacrée parole, le Saint-Esprit n'habite point en un esprit fin et double. Il n'y a nulle si bonne et si désirable finesse que la simplicité. Les prudences mondaines et artifices charnels appartiennent aux enfants de ce siècle, mais les enfants de Dieu cheminent sans détour et ont le cœur sans réplis. Qui chemine simplement, dit le sage, chemine confidemment; le mensonge, la duplicité, la simulation, témoignent toujours un esprit faible et vil.

Saint Augustin avait dit, au quatrième livre de ses Confessions [1], que son âme et celle de son ami n'étaient qu'une seule âme, et que cette vie lui était en horreur après le trépas de son ami, parce qu'il ne voulait pas vivre à moitié, et que aussi, pour cela même, il craignait à l'aventure [2] de mourir afin que son ami ne mourût du tout [3]. Ces

---

[1] *Confess.*, l. ɪv, c. 6 et 7. — [2] Peut-être. — [3] De peur que son ami ne mourût entièrement, ayant déjà perdu par la mort d'Augustin la moitié de son âme. « Et ideo forte mori metuebam ne totus ille moreretur quem mul-

paroles lui semblèrent par après trop artificieuses et affectées, si bien qu'il les révoque au livre de ses rétractations et les appelle une ineptie. Voyez-vous, chère Philothée, combien cette sainte et belle âme est douillette au sentiment de l'afféterie des paroles[1].

Certes, c'est un grand ornement de la vie chrétienne que la fidélité, rondeur et sincérité du langage. *J'ai dit : Je prendrai garde à mes voies pour ne point pécher en ma langue. Hé, Seigneur ! mettez des gardes à ma bouche, et une porte qui ferme mes lèvres*[2], disait David.

C'est un avis du roi saint Louis de ne point dédire[3] personne, sinon qu'il y eût péché ou grand dommage à consentir. C'est afin d'éviter toutes contestes et disputes. Or, quand il importe de contredire quelqu'un et d'opposer son opinion à celle d'un autre, il faut user de grande douceur et dextérité sans vouloir violenter l'esprit d'autrui, car aussi bien ne gagne-t-on rien prenant[4] les choses âprement.

tum amaveram. » Saint Augustin vient de citer le vers où Horace appelle Virgile la moitié de sa âme :

...Animæ dimidium meæ.
Carm., l. r. 3.

[1] C'est-à-dire, est peinée de ces paroles affectées, exagérées. — [2] Ps. xxxviii, 2. — Ps. cxl, 3. — [3] Contredire. — [4] En prenant.

Le parler peu [1], tant recommandé par les anciens sages [2], ne s'entend pas qu'il faille dire peu de paroles, mais de n'en pas dire beaucoup d'inutiles, car, en matière de parler, on ne regarde pas la quantité, mais la qualité, et me semble qu'il faut fuir les deux extrémités, car, de faire trop l'entendu et le sévère, refusant de contribuer aux devis familiers qui se font dans les conversations, il semble qu'il y ait ou manquement de confiance, ou quelque sorte de dédain; de babiller aussi et cajoler [3] toujours sans donner ni loisir ni commodité aux autres de parler à souhait, cela tient de l'éventé et du léger.

Saint Louis ne trouvait pas bon qu'étant en compagnie l'on parlât en secret et en conseil, et particulièrement à table, afin que l'on ne donnât soupçon que l'on parlât des autres en mal. *Celui*, disait-il, *qui est à table en bonne compagnie, qui a à dire quelque chose joyeuse et plaisante, la doit dire que tout le monde l'entende; si c'est chose d'importance, on la doit taire sans en parler.*

[1] L'obligation de parler peu. — [2] Plusieurs philosophes exigeaient le silence de ceux qui voulaient devenir leurs disciples. — [3] Plaisanter.

CHAPITRE XXV

DES PASSE-TEMPS ET RÉCRÉATIONS, ET PREMIÈREMENT DES LOISIBLES [1] ET LOUABLES.

Il est force de relâcher quelquefois notre esprit et notre corps encore à quelque sorte de récréation. Saint Jean l'Évangéliste, comme dit le bienheureux Cassian, fut un jour trouvé par un chasseur, qui tenait une perdrix sur son poing, laquelle il caressait par récréation ; le chasseur lui demanda pourquoi, étant homme de telle qualité, il passait le temps en chose si basse et vile, et saint Jean lui dit : « Pourquoi ne portes-tu ton arc toujours tendu ? — de peur, répondit le chasseur, que demeurant toujours courbé il ne perde la force de s'étendre quand il en sera métier [2]. — Ne t'étonne donc pas, répondit l'Apôtre, si je me démets quelque peu de la rigueur et attention de mon esprit pour prendre un peu de récréation, afin de m'employer par après [3] plus vivement à la contemplation. » — C'est un vice, sans doute, que d'être si rigoureux, agreste et sauvage, qu'on ne veuille prendre pour soi ni permettre aux autres aucune sorte de récréation.

[1] Permis. — [2] Quand il sera nécessaire. — [3] Ensuite.

Prendre l'air, se promener, s'entretenir de devis joyeux et aimables, jouer du luth ou autres instruments, chanter en musique, aller à la chasse, ce sont récréations si honnêtes, que, pour en bien user, il n'est besoin que de la commune prudence qui donne à toute chose le rang, le temps, le lieu et la mesure.

Les jeux auxquels le gain sert de prix et récompense à l'habilité[1] et industrie du corps ou de l'esprit, comme les jeux de la paume, ballon, palemaille[2], les courses à la bague, les échecs, les tables, ce sont récréations de soi-même bonnes et loisibles; il se faut seulement garder de l'excès, soit au temps que l'on y emploie, soit au prix que l'on y met, car, si on y emploie trop de temps, ce n'est plus récréation, c'est occupation; on n'allége pas ni l'esprit ni le corps, au contraire, on l'étourdit, on l'accable. Ayant joué cinq ou six heures aux échecs, au sortir on est tout recru[3] et las d'esprit. Jouer longuement à la paume, ce n'est pas récréer le corps, mais l'accabler. Or, si le prix, c'est-à-dire ce qu'on joue, est trop grand, les affections des joueurs se dérèglent, et, outre cela, c'est chose injuste de mettre de grands prix à des habilités et industries de si peu d'importance et si inutiles comme sont les habilités du jeu.

---

[1] Habilité pour habileté. — [2] Jeu de mail. — [3] Fatigué.

Mais surtout prenez garde, Philothée, de ne point attacher votre affection à tout cela, car, pour honnête que soit une récréation, c'est vice d'y mettre son cœur et son affection. Je ne dis pas qu'il ne faille prendre plaisir à jouer pendant que l'on joue, car autrement on ne se récréerait pas, mais je dis qu'il ne faut pas y mettre son affection pour le désirer, pour s'y amuser et s'en empresser.

CHAPITRE XXVI

DES JEUX DÉFENDUS.

Les jeux de dés, de cartes et semblables, auxquels[1] le gain dépend principalement du hasard, ne sont pas seulement des récréations dangereuses, comme les danses, mais elles sont simplement et naturellement mauvaises et blâmables; c'est pourquoi elles sont défendues par les lois, tant civiles qu'ecclésiastiques. Mais quel grand mal y a-t-il? me direz-vous. Le gain ne se fait pas en ces jeux selon la raison, mais selon le sort qui tombe bien souvent à celui qui, par habileté et industrie, ne méritait rien; la raison est donc offensée en cela.

[1] Dans lesquels.

Mais nous avons ainsi convenu, me direz-vous? Cela est bon pour montrer que celui qui gagne ne fait pas tort aux autres; mais il ne s'ensuit pas que la convention ne soit déraisonnable et le jeu aussi; car le gain, qui doit être le prix de l'industrie, est rendu le prix du sort, qui ne mérite nul prix, puisqu'il ne dépend nullement de nous.

Outre cela, ces jeux portent le nom de récréation et sont faits pour cela; néanmoins, ils ne le sont nullement, mais de violentes occupations. Car comment peut être récréation un exercice auquel il faut tenir l'esprit bandé et tendu par une attention continuelle et agité de perpétuelles inquiétudes, appréhensions et empressements? Y a-t-il attention plus triste, plus sombre et mélancolique que celle des joueurs? C'est pourquoi il ne faut pas parler sur le jeu, il ne faut pas rire, il ne faut pas tousser, autrement les voilà à dépiter [1].

Enfin, il n'y a point de joie au jeu qu'en gagnant; et cette joie n'est-elle pas inique, puisqu'elle ne se peut avoir que par la perte et le déplaisir du compagnon? Cette réjouissance est certes infâme. Pour ces trois raisons, ces jeux sont défendus. Le grand roi saint Louis, sachant que le comte d'Anjou, son frère, et messire Gau-

---

[1] Les voilà qui se dépitent.

tier de Nemours jouaient, il se leva, malade qu'il était, et alla tout chancelant en leurs chambres, et là prit les tables, les dés et une partie de l'argent, et les jeta par les fenêtres dans la mer, se courrouçant fort contre eux. La sainte et chaste demoiselle Sara, parlant à Dieu de son innocence : Vous savez, dit-elle, ô Seigneur, que jamais je n'ai conversé entre les joueurs.

CHAPITRE XXVII

QUAND ON PEUT JOUER OU DANSER.

Pour jouer et danser loisiblement, il faut que ce soit par récréation et non par affection, pour peu de temps et non jusqu'à se lasser ou étourdir, et que ce soit rarement; car, qui en fait ordinaire [1], il convertira la récréation en occupation. Mais en quelle occasion peut-on jouer ou danser? Les justes occasions de la danse et du jeu indifférent sont plus fréquentes. Celles des jeux défendus sont plus rares, comme aussi tels jeux sont beaucoup plus blâmables et périlleux. Mais, en un mot, dansez et jouez, quand pour condescendre et

---

[1] Celui qui en use habituellement.

complaire à l'honnête conversation en laquelle vous serez, la prudence et la discrétion vous le conseilleront; car la condescendance, comme surgeon de la charité, rend les choses indifférentes bonnes, et les dangereuses permises. Elle ôte même la malice à celles qui sont aucunement [1] mauvaises; c'est pourquoi les jeux de hasard, qui autrement seraient blasphèmes, ne le sont pas, si quelquefois la juste condescendance nous y porte. J'ai été consolé d'avoir lu en la vie de saint Charles Borromée qu'il condescendait avec les Suisses en certaines choses, auxquelles d'ailleurs il était fort sévère; et que le bienheureux Ignace de Loyola, étant invité à jouer, l'accepta. Quant à sainte Élisabeth de Hongrie, elle jouait et se trouvait dans les assemblées de passe-temps sans intérêt [2] de sa dévotion, laquelle était si bien enracinée dans son âme, que comme les roches qui sont autour du lac de Riette [3] croissent étant battues des vagues, ainsi sa dévotion croissait parmi les pompes et vanités, auxquelles sa dévotion l'exposait. Ce sont les grands feux qui s'enflamment au vent, mais les petits s'éteignent si on ne les y porte à découvert

---

[1] Qui sont mauvaises en quelque point. — [2] Sans préjudice pour sa dévotion. — [3] Rieti, ville des États pontificaux.

CHAPITRE XXVIII

QU'IL FAUT ÊTRE FIDÈLE EN GRANDES ET PETITES OCCASIONS.

L'époux sacré, au Cantique des Cantiques[1], dit que son épouse lui a ravi le cœur par l'un de ses yeux et l'un de ses cheveux. Or, entre toutes les parties extérieures du corps humain, il n'y en a point de plus noble, soit par l'artifice, soit pour l'activité, que l'œil, ni point de plus vile que les cheveux. C'est pourquoi le divin époux veut faire entendre qu'il n'a pas seulement agréable les grandes œuvres des personnes dévotes, mais aussi les moindres et les plus basses, et que pour le servir à son goût il faut avoir grand soin de le bien servir aux choses grandes et hautes, et aux choses petites et abjectes, puisque nous pouvons également, et par les unes et par les autres, lui dérober son cœur par amour.

Préparez-vous donc, Philothée, à souffrir beaucoup de grandes afflictions pour Notre-Seigneur, même le martyre; résolvez-vous de lui donner tout ce qui vous est de plus précieux, s'il lui plaisait de le prendre, père, mère, frère, vos yeux

---

[1] *Cant. cant.*, IV, 9.

même et votre vie ; car, à tout cela, vous devez apprêter votre cœur.

Mais tandis que la divine providence ne vous envoie pas des afflictions si sensibles et si grandes, et qu'elle ne requiert pas de vous vos yeux, donnez-lui, pour le moins, vos cheveux. Je veux dire, supportez tout doucement les menues injures, ces petites incommodités, ces pertes de peu d'importance qui vous sont journalières; car, par le moyen de ces petites occasions employées avec amour et dilection, vous gagnerez entièrement son cœur, et le rendrez tout vôtre; ces petites charités quotidiennes, ce mal de tête, ce mal de dents, cette défluxion [1], ce cassement d'un verre, ce mépris ou cette moue, cette perte de gants, d'une bague, d'un mouchoir, cette petite incommodité que l'on se fait d'aller se coucher de bonne heure et de se lever matin pour prier, pour se communier [2], cette petite honte que l'on a de faire certaines actions de dévotion publiquement ; bref, toutes ces petites souffrances, étant prises et embrassées avec amour, contentent extrêmement la bonté divine, laquelle, pour un seul verre d'eau, a promis la mer de toute félicité à ses fidèles ; et, parce que ces occasions se présentent à tout moment, c'est un grand moyen pour assembler beaucoup de ri-

---

[1] Fluxion. — [2] Pour communier.

chesses spirituelles que de les bien employer.

Quand j'ai vu, en la vie de sainte Catherine de Sienne, tant de ravissement et d'élévation d'esprit, tant de paroles de sapience [1], et même des prédications faites par elle, je n'ai point douté qu'avec cet œil de contemplation elle n'eût ravi le cœur de son époux céleste; mais j'ai été également consolé quand je l'ai vue en la cuisine de son père tourner humblement la broche, attiser le feu, apprêter la viande, pétrir le pain, et faire tous les plus bas offices de la maison, avec un courage plein d'amour et de dilection envers son Dieu. Et je n'estime pas moins la petite et basse méditation qu'elle faisait parmi les offices vils et abjects, que les extases et ravissements qu'elle eut si souvent, qui ne lui furent peut-être donnés qu'en récompense de cette humilité et abjection. Or sa méditation était telle : elle s'imaginait qu'apprêtant pour son père elle apprêtait pour Notre-Seigneur, comme une autre sainte Marthe, que sa mère tenait la place de Notre-Dame, et ses frères le lieu des apôtres, s'excitant en cette sorte de servir en esprit toute la cour céleste, et s'employant à ces chétifs services avec une grande suavité, parce qu'elle savait la volonté de Dieu être telle.

J'ai dit cet exemple, ma Philothée, afin que vous

---

[1] Sagesse, du latin *sapientia*.

sachiez combien il importe de bien dresser toutes nos actions, pour viles qu'elles soient, au service de sa divine Majesté.

Pour cela, je vous conseille tant que je puis d'imiter cette femme forte que le grand Salomon a tant louée, laquelle, comme il dit, mettait la main à choses fortes, généreuses et relevées, et néanmoins ne laissait pas de filer et tourner le fuseau. Elle a mis la main à chose forte, et ses doigts ont pris le fuseau [1]. Mettez la main à chose forte, vous exerçant à l'oraison et méditation, à l'usage des sacrements, à donner de l'amour de Dieu aux âmes, à répandre de bonnes inspirations dans les cœurs, et enfin à faire des œuvres grandes et d'importance, selon votre vocation ; mais n'oubliez pas aussi votre fuseau et votre quenouille, c'est-à-dire pratiquez ces petites et humbles vertus, lesquelles, comme fleurs, croissent au pied de la croix : le service des pauvres, la visitation [2] des malades, le soin de la famille, avec les œuvres qui dépendent d'icelui et l'utile diligence qui ne vous laissera point oisive ; et parmi toutes ces choses-là, entrejetez [3] de pareilles considérations à celles que je viens de dire de sainte Catherine.

[1] *Prov.*, xxxi, 19. — [2] Visite. Le mot visitation ne s'emploie plus que pour désigner la visite de la sainte Vierge à sa cousine Élisabeth. — [3] Intercalez des considérations pareilles à celles, etc.

Les grandes occasions de servir Dieu se présentent rarement, mais les petites sont ordinaires. *Or qui sera fidèle en peu de chose*, dit le Sauveur même, *on l'établira sur beaucoup* [1]. Faites donc toutes choses au nom de Dieu, et toutes choses seront bien faites, soit que vous mangiez, soit que vous buviez, soit que vous dormiez, soit que vous vous récréiez, soit que vous tourniez la broche, pourvu que vous sachiez bien ménager vos affaires; vous profiterez beaucoup devant Dieu, faisant toutes ces choses, parce que Dieu veut que vous les fassiez.

CHAPITRE XXIX

QU'IL FAUT AVOIR L'ESPRIT JUSTE ET RAISONNABLE.

Nous ne sommes hommes que par la raison, et c'est pourtant chose rare de trouver des hommes vraiment raisonnables, d'autant que l'amour-propre nous détraque ordinairement de la raison, nous conduisant insensiblement à mille sortes de petites, mais dangereuses injustices et iniquités, qui, comme les petits renardeaux, desquels il est parlé aux Cantiques, démolissent les vignes [2]; car,

---

[1] Luc., XIX, 17. — [2] *Cant. cant.*, II, 45.

parce qu'ils sont petits, on n'y prend pas garde, et parce qu'ils sont en quantité, ils ne laissent pas de beaucoup nuire. Ce que je m'en vais vous dire, sont-ce pas iniquités et déraisons?

Nous accusons pour peu le prochain et nous nous excusons en beaucoup; nous voulons vendre fort cher et acheter à bon marché; nous voulons que l'on fasse justice en la maison d'autrui, et chez nous miséricorde et connivence; nous voulons que l'on prenne en bonne part nos paroles, et sommes chatouilleux et douillets à celles d'autrui; nous voudrions que le prochain nous lâchât son bien en le payant, n'est-il pas plus juste qu'il le garde en nous laissant notre argent? nous lui savons mauvais gré de quoi [1] il ne nous veut pas accommoder; n'a-t-il pas plus de raison d'être fâché de quoi nous le voulons incommoder?

Si nous affectionnons un exercice, nous méprisons tout le reste et contrôlons tout ce qui vient à notre goût. S'il y a quelqu'un de nos inférieurs qui n'ait pas bonne grâce ou sur lequel nous ayons mis une fois la dent, quoi qu'il fasse, nous le recevons à mal, nous ne cessons de le contrister et toujours nous sommes à le calanger [2]. Au contraire, si quelqu'un nous est agréable d'une grâce sensuelle, il ne fait rien que nous n'excusions.

---

[1] De ce que. — [2] Quereller.

Il y a des enfants vertueux que leurs pères et mères ne peuvent presque voir pour quelque imperfection corporelle. Il y en a de vicieux qui sont les favoris pour quelque grâce corporelle. En tout, nous préférons les riches aux pauvres, quoiqu'ils ne soient ni de meilleure condition ni si vertueux; nous préférons même les mieux vêtus; nous voulons nos droits exactement et que les autres soient courtois en l'exaction des leurs; nous gardons notre rang pointilleusement et voulons que les autres soient humbles et condescendants; nous nous plaignons aisément du prochain et ne voulons qu'aucun se plaigne de nous. Ce que nous faisons pour autrui nous semble toujours beaucoup; ce qu'il fait pour nous n'est rien, ce nous semble. Bref, nous sommes comme les perdrix de Paphlagonie [1], qui ont deux cœurs, car nous avons un cœur doux, gracieux et courtois en notre endroit, et un cœur dur, sévère et rigoureux envers le prochain. Nous avons deux poids, l'un pour peser nos commodités avec le plus d'avantage que nous pouvons, l'autre pour peser celles du prochain avec le plus de désavantage qu'il se peut. Or, comme dit l'Écriture, les lèvres trompeuses ont parlé en un cœur et un cœur, c'est-à-dire elles ont deux cœurs; et d'avoir deux poids, l'un fort

---

[1] Paphlagonie, contrée de l'Asie Mineure.

pour recevoir et l'autre faible pour délivrer, c'est chose abominable devant Dieu.

Philothée, soyez égale et juste en vos actions ; mettez-vous toujours en la grâce du prochain et le mettez en la vôtre, et ainsi vous jugerez bien ; rendez-vous vendeuse en achetant et acheteuse en vendant, et vous vendrez et achèterez justement. Toutes ces injustices sont petites, parce qu'elles n'obligent pas à restitution d'autant que nous demeurons seulement dans les termes de la rigueur en ce qui nous est favorable, mais elles ne laissent pas de nous obliger à nous en amender ; car ce sont de grands défauts de raison et de charité, et au bout de là ce ne sont que tricheries ; car on ne perd rien à vivre généreusement, noblement, courtoisement et avec un cœur royal, égal et raisonnable. Ressouvenez-vous donc, ma Philothée, d'examiner souvent votre cœur s'il est tel envers le prochain comme vous voudriez que le sien fût envers vous si vous étiez en sa place, car voilà le point de la vraie raison. Trajan, étant censuré par ses confidents de quoi il rendait, à leur avis, la Majesté impériale trop accostable [1] : Oui-da, dit-il, ne dois-je pas être tel Empereur à l'endroit des particuliers que je désirerais rencontrer un Empereur si j'étais particulier moi-même.

---

[1] Accessible.

CHAPITRE XXX

DES DÉSIRS.

Chacun sait qu'il se faut garder du désir des choses vicieuses, car le désir du mal nous rend mauvais. Mais je vous dis de plus, ma Philothée, ne désirez point les choses qui sont dangereuses à l'âme, comme sont les jeux et tels autres passe-temps, ni les honneurs et charges, ni les visions et extases, car il y a beaucoup de péril, de vanité et de tromperie en telles choses. Ne désirez pas les choses fort éloignées, c'est-à-dire qui ne peuvent arriver de longtemps, comme font plusieurs, qui, par ce moyen, lassent et dissipent leurs cœurs inutilement et se mettent en danger de grande inquiétude. Si un jeune homme désire fort être pourvu de quelque office avant que le temps soit venu, de quoi lui sert ce désir? Si je désire d'acheter le bien de mon voisin avant qu'il soit prêt à le vendre, ne perdé-je pas mon temps en ce désir? Si, étant malade, je désire prêcher ou dire la sainte Messe, visiter les autres malades et faire les exercices de ceux qui sont en santé, ces désirs ne sont-ils pas vains, puisqu'en ce temps-là il n'est pas en mon pouvoir de les effectuer? Et cependant ces désirs inutiles occupent la place des autres que je devrais avoir . d'être bien patient, bien résigné, bien mortifié, bien obéissant et bien doux en mes souffrances, qui est ce que Dieu veut que je pratique pour lors.

Je n'approuve nullement qu'une personne attachée à quelque devoir ou vacation [1] s'amuse à désirer une autre sorte de vie que celle qui est convenable à son devoir ni des exercices incompatibles à sa condition présente ; car cela dissipe le cœur et l'alanguit dans ses exercices nécessaires. Si je désire la solitude des Chartreux, je perds mon temps, et ce désir tient la place de celui que je dois avoir de me bien employer à mon office présent. Non, je ne voudrais pas mêmement que l'on désirât d'avoir meilleur esprit, ni meilleur jugement, car ces désirs sont frivoles et tiennent la place de celui que chacun doit avoir de cultiver le sien tel qu'il est, ni que l'on désirât les moyens de servir Dieu que l'on n'a pas, mais que l'on employât fidèlement ceux qu'on a. Or cela s'entend des désirs qui amusent le cœur; car, quant aux simples souhaits, ils ne font nulle nuisance, pourvu qu'ils ne soient pas fréquents.

[1] Emploi.

Ne désirez pas les croix, sinon à mesure que vous aurez bien supporté celles qui se seront présentées : car c'est un abus de désirer le martyre et n'avoir pas le courage de supporter une injure. L'ennemi nous procure souvent de grands désirs pour des objets absents et qui ne se présenteront jamais, afin de divertir notre esprit des objets présents, desquels, pour petits qu'ils soient, nous pourrions faire grand profit. Nous combattons les monstres d'Afrique en imagination, et nous nous laissons tuer en effet aux menus serpents qui sont en notre chemin à faute d'attention.

Ne désirez point les tentations, car ce serait témérité ; mais employez votre cœur à les attendre courageusement et à vous en défendre quand elles arriveront.

La variété des viandes, si principalement la quantité est grande, charge toujours l'estomac ; et, s'il est faible, elle le ruine. Ne remplissez pas votre âme de beaucoup de désirs, ni mondains, car ceux-là vous gâteraient du tout [1], ni même spirituels, car ils vous embarrasseraient. Quand notre âme est purgée, se sentant déchargée de mauvaises humeurs, elle a un appétit fort grand des choses spirituelles, et, comme, tout affamée,

[1] Tout à fait.

elle se met à désirer mille sortes d'exercices de piété, de mortification, de pénitence, d'humilité, de charité, d'oraison. C'est bon signe, ma Philothée, d'avoir ainsi bon appétit; mais regardez si vous pourrez bien digérer tout ce que vous voulez manger Choisissez donc, par l'avis de votre père spirituel, entre tant de désirs, ceux qui peuvent être pratiqués et exécutés maintenant, et ceux-là faites-les bien valoir; cela fait, Dieu vous en enverra d'autres, lesquels, aussi en leur saison, vous pratiquerez, et ainsi vous ne perdrez pas le temps en désirs inutiles. Je ne dis pas qu'il faille perdre aucune sorte de bons désirs, mais je dis qu'il les faut produire par ordre; et ceux qui ne peuvent être effectués présentement, il les faut serrer en quelque coin du cœur, jusqu'à ce que leur temps soit venu, et cependant effectuer ceux qui sont mûrs et de saison; ce que je ne dis pas seulement pour les spirituels, mais pour les mondains; sans cela nous ne saurions vivre qu'avec inquiétude et empressement.

FIN DE LA TROISIÈME PARTIE.

QUATRIÈME PARTIE

CONTENANT LES AVIS NÉCESSAIRES CONTRE LES TENTATIONS PLUS ORDINAIRES.

CHAPITRE PREMIER

QU'IL NE FAUT PAS S'AMUSER AUX PAROLES DES ENFANTS DU MONDE.

Tout aussitôt que les mondains s'apercevront que vous voulez suivre la vie dévote, ils décocheront sur vous mille traits de leur cajolerie et médisance; les plus malins calomnieront votre changement d'hypocrisie [1], bigoterie et artifice; ils diront que le monde vous a fait mauvais visage, et qu'à son refus vous recourez à Dieu; vos amis s'empresseront à vous faire un monde de remontrances fort prudentes et charitables à leur avis. Vous tomberez, diront-ils, en quelque humeur mélancolique; vous perdrez crédit au monde [2],

[1] Traiteront calomnieusement... d'hypocrisie. — [2] Auprès du monde.

vous vous rendrez insupportable, vous envieillirez devant le temps [1], vos affaires domestiques en pâtiront ; il faut vivre au monde comme au monde ; on peut bien faire son salut sans tant de mystères, et mille telles [2] bagatelles.

Ma Philothée, tout cela n'est qu'un sot et vain babil ; ces gens-là n'ont nul besoin, ni de votre santé, ni de vos affaires. *Si vous étiez du monde, dit le Sauveur, le monde aimerait ce qui est sien ; mais parce que vous n'êtes pas du monde, partant il vous hait* [3]. Nous avons vu des gentilshommes passer la nuit entière, même plusieurs nuits de suite, à jouer aux échecs et aux cartes ; y a-t-il une attention plus chagrine, plus mélancolique et plus sombre que celle-là ? les mondains néanmoins ne disaient mot ; les amis ne se mettaient point en peine ; et pour la méditation d'une heure, ou pour nous voir lever un peu plus matin qu'à l'ordinaire, pour nous préparer à la communion, chacun court au médecin pour nous faire guérir de l'humeur hypocondriaque et de la jaunisse. On passera trente nuits à danser, nul ne s'en plaint ; et pour la veille seule de la nuit de Noël, chacun tousse et crie au ventre [4] le jour suivant. Qui ne voit que le monde est un juge

---

[1] Vous vieillirez avant le temps. — [2] Semblables. — [3] Joan., xv, 19. — [4] Se plaint de souffrir du ventre.

inique, gracieux et favorable pour ses enfants mais âpre et rigoureux aux enfants de Dieu?

Nous ne saurions être bien avec le monde, qu'en nous perdant avec lui. Il n'est pas possible que nous le contentions ; car il est trop bigearre [1]. *Jean est venu,* dit le Sauveur, *ne mangeant ni ne buvant, et vous dites qu'il est endiablé ; le Fils de l'Homme est venu en mangeant et buvant, et vous dites qu'il est Samaritain* [2]. Il est vrai, Philothée, si nous nous relâchons par condescendance à rire, jouer, danser avec le monde, il s'en scandalisera; si nous ne le faisons pas, il nous accusera d'hypocrisie ou mélancolie. Si nous nous parons, il l'interprétera à quelque dessein : si nous nous démettons [3], ce sera pour lui vileté de cœur. Nos gaietés seront par lui nommées dissolutions et nos mortifications tristesses; et nous regardant ainsi de mauvais œil, jamais nous ne pouvons lui être agréables. Il agrandit nos imperfections et publie que ce sont des péchés; de nos péchés véniels, il en fait des mortels; et nos péchés d'infirmité, il les convertit en péchés de malice ; en lieu [4] que, comme dit saint Paul, *la charité est bénigne* [5], au contraire le monde est malin. Au lieu que la charité ne pense point

---

[1] Bizarre. — [2] Matth., xi, 18. — [3] Si nous négligeons notre extérieur. — [4] Au lieu. — [5] 1 *Cor.*, xiii, 14.

de mal, au contraire le monde pense toujours mal; et quand il ne peut accuser nos actions, il accuse nos intentions. Soit que les moutons aient des cornes ou qu'ils n'en aient point, qu'ils soient blancs ou qu'ils soient noirs, le loup ne laissera pas de les manger s'il peut.

Quoi que nous fassions, le monde nous fera toujours la guerre; si nous sommes longuement devant le confesseur, il demandera qu'est-ce que nous pouvons tant dire; si nous y sommes peu, il dira que nous ne disons pas tout; il épiera tous nos mouvements, et pour une seule petite parole de colère, il protestera que nous sommes insupportables. Le soin de nos affaires lui semblera avarice, et notre douceur niaiserie; et quant aux enfants du monde, leurs colères sont générosités, leur avarice, ménages [1]. Les araignées gâtent toujours l'ouvrage des abeilles.

Laissons cet aveugle, Philothée: qu'il crie tant qu'il voudra, comme un chat-huant, pour inquiéter les oiseaux du jour; soyons fermes en nos desseins, invariables en nos résolutions; la persévérance fera bien voir si c'est certes et tout de bon que nous sommes sacrifiés à Dieu et rangés à la vie dévote. Les comètes et les planètes sont presque également lumineuses en apparence; mais

---

[1] Économie.

les comètes disparaissent en peu de temps, n'étant que de certains feux passagers, et les planètes ont une clarté perpétuelle. Ainsi l'hypocrisie et la vraie vertu ont beaucoup de ressemblance en l'extérieur; mais on reconnaît aisément l'une d'avec l'autre, parce que l'hypocrisie n'a point de durée et se dissipe comme la fumée en montant; mais la vraie vertu est toujours ferme et constante. Ce ne nous est pas une petite commodité pour bien assurer le commencement de notre dévotion, que d'en recevoir de l'opprobre et de la calomnie, car nous évitons par ce moyen le péril de la vanité et de l'orgueil, qui sont comme les sages-femmes d'Égypte, auxquelles le Pharaon infernal a ordonné de tuer les enfants mâles d'Israël, le jour même de leur naissance [1]. Nous sommes crucifiés au monde; et le monde nous doit être crucifié [2]; il nous tient pour fous, tenons-le pour insensé.

CHAPITRE II

QU'IL FAUT AVOIR BON COURAGE.

La lumière, quoique belle et désirable à nos yeux, les éblouit néanmoins, après qu'ils ont été

---

[1] Exod., vi. — [2] Gal., vi, 14.

en de longues ténèbres, et devant que l'on se voie apprivoisé avec les habitants de quelques pays, quelque courtois et gracieux qu'ils soient, on s'y trouve aucunement étonné. Il se pourra bien faire, ma chère Philothée, qu'à ce changement de vie, plusieurs soulèvements se feront en votre intérieur, et que ce grand et général adieu que vous avez dit aux folies et niaiseries du monde, vous donnera quelque ressentiment [1] de tristesse et découragement; si cela vous arrive, ayez un peu de patience, je vous prie, car ce ne sera rien : ce n'est qu'un peu d'étonnement que la nouveauté vous apporte; passé cela, vous recevrez dix mille consolations. Il vous fâchera peut-être d'abord de quitter la gloire que les fous et moqueurs vous donnaient en vos vanités, mais, ô Dieu! voudriez-vous bien perdre l'éternelle, que Dieu vous donnera en vérité? Les vains amusements et passe-temps auxquels vous avez employé les années passées se représenteront encore à votre cœur, pour l'appâter [2] et faire retourner de leur côté; mais auriez-vous bien le courage de renoncer à cette heureuse éternité, pour de si trompeuses légèretés? Croyez-moi, si vous persévérez, vous ne tarderez pas de recevoir des douceurs cordiales [3]

---

[1] Sentiment intérieur. — [2] L'amorcer. — [3] Des douceurs de cœur, intérieures.

si délicieuses et agréables, que vous confesserez que le monde n'a que du fiel en comparaison de ce miel; et qu'un seul jour de dévotion vaut mieux que mille années de la vie mondaine.

Mais vous voyez que la montagne de la perfection chrétienne est extrêmement haute. Eh ! mon Dieu, dites-vous, comment y pourrai-je monter ! Courage, Philothée ; quand les petits moucherons des abeilles commencent à prendre forme, on les appelle nymphes, et alors ils ne sauraient encore voler sur les fleurs, ni sur les monts, ni sur les collines voisines, pour amasser le miel ; mais petit à petit, se nourrissant du miel que leurs mères ont préparé, ces petites nymphes prennent des ailes et se fortifient, en sorte qu'après elles volent à la quête par tout le paysage [1]. Il est vrai, nous sommes encore de petits moucherons en la dévotion : nous ne saurions monter selon notre dessein, qui n'est rien moindre que d'atteindre à la cime de la perfection chrétienne ; mais lorsque nous commençons à prendre forme par nos désirs et résolutions, les ailes nous commencent à sortir. Il faut donc espérer qu'un jour nous serons abeilles spirituelles et que nous volerons ; en attendant, vivons du miel de tant d'enseignements que les anciens dévots nous ont laissés, et prions

---

[1] Pays environnant.

Dieu qu'il nous donne des plumes comme à la colombe, afin que non-seulement nous puissions voler au temps de la vie présente, mais aussi nous reposer en l'éternité de la future.

CHAPITRE III

DE LA NATURE DES TENTATIONS, ET DE LA DIFFÉRENCE QU'IL Y A ENTRE SENTIR LA TENTATION ET Y CONSENTIR.

Satan, le monde et la chair, voyant une âme épousée au Fils de Dieu, lui envoient des tentations et suggestions par lesquelles, 1° le péché lui est proposé ; 2° et sur icelle elle se plaît ou elle se déplaît ; 3° enfin elle consent ou elle refuse ; qui sont en somme les trois degrés pour descendre à l'iniquité : la tentation, la délectation et le consentement. Et bien que ces trois actions ne se connaissent pas si manifestement en toute autre sorte de péché, cependant elles se connaissent palpablement aux grands et énormes péchés.

Quand la tentation de quelque péché que ce soit durerait toute notre vie, elle ne saurait nous rendre désagréable à la divine majesté, pourvu qu'elle ne nous plaise pas et que nous n'y consentions pas ; la raison est parce qu'en la tentation nous n'agissons pas, mais nous souffrons, et puisque nous n'y prenons point plaisir, nous ne pouvons aussi en avoir aucune sorte de faute. Saint Paul souffrait longuement les tentations de la chair, et tant s'en faut que pour cela il fût désagréable à Dieu, qu'au contraire Dieu était glorifié par celles-ci. La bienheureuse Angèle de Foligny [1] sentait des tentations si cruelles, qu'elle fait pitié quand elle les raconte. Grandes furent aussi les tentations que souffrirent saint François et saint Benoît, lorsque l'un se jeta dans les épines et l'autre dans la neige pour les mitiger; et néanmoins ils ne perdirent rien de la grâce de Dieu pour tout cela, mais l'augmentèrent de beaucoup.

Il faut donc être fort courageuse, Philothée, dans les tentations, et ne se tenir jamais pour vaincue pendant qu'elles vous déplairont, en bien observant cette différence qu'il y a entre sentir et consentir ; qui est qu'on les peut sentir, encore qu'elles nous déplaisent, mais on ne peut consentir sans qu'elles nous plaisent, puisque le plaisir, pour l'ordinaire, sert de degré pour venir au consentement. Que donc les ennemis de notre salut nous présentent tant qu'ils voudront d'amorces et d'appâts; qu'ils demeurent toujours à la porte

---

[1] Fondatrice des Ursulines.

de notre cœur pour entrer; qu'ils nous fassent tant de propositions qu'ils voudront; mais tandis que nous aurons résolution de ne point nous plaire en tout cela, il n'est pas possible que nous offensions Dieu. Il n'est pas toujours au pouvoir de l'âme de ne point sentir la tentation, bien qu'il soit toujours en son pouvoir de ne point y consentir; c'est pourquoi, encore que la tentation dure et persévère longtemps, elle ne peut nous nuire tandis qu'elle nous est désagréable.

Mais quant à la délectation qui peut suivre la tentation, pour autant que[1] nous avons deux parties en notre âme, l'une inférieure et l'autre supérieure, et que l'inférieure ne suit pas toujours la supérieure, mais fait son cas à part[2], il arrive maintes fois que la partie inférieure se plaît en la tentation, sans le consentement, mais contre le gré de la supérieure; c'est la dispute et la guerre que l'apôtre saint Paul décrit, quand il dit que sa chair convoite contre son esprit; qu'il y a une loi des membres et une loi de l'esprit, et semblables choses.

Avez-vous jamais vu, Philothée, un grand brasier de feu couvert de cendres? Quand on vient dix ou douze heures après pour y chercher du feu, on n'en trouve qu'un peu au milieu du foyer, et encore on a peine de le trouver. Il y était néan-

---

[1] Attendu que. = [2] Est indépendante.

moins, puisqu'on l'y trouve ; et avec celui-ci on peut rallumer tous les autres charbons déjà éteints : c'en est de même de la charité, qui est notre vie spirituelle parmi les grandes et violentes tentations. Car la tentation, jetant sa délectation en la partie inférieure, couvre, ce semble, toute l'âme de cendres, et réduit l'amour de Dieu au petit pied ; car il ne paraît plus en nulle part, sinon au milieu du cœur, au fin fond de l'esprit ; encore semble-t-il qu'il n'y soit pas, et a-t-on peine de le trouver. Il y est néanmoins en vérité, puisque, quoique tout soit en trouble en notre âme et en notre corps, nous avons la résolution de ne point consentir au péché ni à la tentation, et que la délectation qui plaît à notre homme extérieur déplaît à l'intérieur ; et quoiqu'elle soit tout autour de notre volonté, elle n'est pourtant pas dans celle-ci ; en quoi l'on voit que telle délectation est involontaire, et étant telle ne peut être péché.

CHAPITRE IV

ENCOURAGEMENT A L'AME QUI EST DANS LES TENTATIONS.

Ma Philothée, ces grands assauts et ces tentations si puissantes ne sont jamais permises de Dieu, que contre les âmes qu'il veut élever à son pur et excellent amour; mais il ne s'ensuit pas pourtant qu'après cela elles soient assurées d'y parvenir; car il est arrivé maintes fois que ceux qui avaient été constants en de si violentes attaques, ne correspondant pas par après fidèlement à la faveur divine, se sont trouvés vaincus en de bien petites tentations. Ce que je dis, afin que, s'il vous arrive jamais d'être affligée de si grandes tentations, vous sachiez que Dieu vous favorise d'une faveur extraordinaire, par laquelle il déclare qu'il vous veut agrandir devant sa face; et que néanmoins vous soyez toujours humble et craintive, ne vous assurant pas de pouvoir vaincre les menues tentations, après avoir surmonté les grandes, sinon par une continuelle fidélité à l'endroit de sa Majesté.

Quelque tentation donc qu'il vous arrive, et quelque délectation qu'il s'ensuive, tandis que votre volonté refusera son consentement, non-seulement à la tentation, mais encore à la délectation, ne vous troublez nullement, car Dieu n'en est point offensé. Quand un homme est pâmé et qu'il ne rend plus aucun signe de vie, on lui met la main sur le cœur, et pour peu que l'on y sente de mouvement, on juge qu'il est en vie et que, par le moyen de quelque eau précieuse et de quelque épithème [1], on peut lui faire reprendre force

---

[1] Remède, ἐπίθεμα.

et sentiment ; ainsi arrive-t-il quelquefois que, par la violence des tentations, il semble que notre âme est tombée en une défaillance totale de ses forces, et que, comme pâmée, elle n'a plus ni vie spirituelle ni mouvement ; mais si nous voulons connaître ce qu'il en est, mettons la main sur le cœur ; considérons si le cœur et la volonté ont encore le mouvement spirituel, c'est-à-dire, s'ils font leur devoir à refuser de consentir et fuir la tentation et délectation, car, pendant que le mouvement du refus est dans notre cœur, nous sommes assurés que la charité, vie de notre âme, est en nous, et que Jésus-Christ notre Sauveur se trouve dans notre âme, quoique caché et couvert. Ainsi, moyennant l'exercice continuel de l'oraison, des sacrements et de la confiance en Dieu, nos forces reviendront en nous, et nous vivrons d'une vie entière et délectable.

CHAPITRE V

COMME LA TENTATION ET DÉLECTATION PEUVENT ÊTRE PÉCHÉS.

Il arrive quelquefois que la seule tentation nous met en péché, parce que nous en sommes causes.

Par exemple, je sais que jouant j'entre volontiers en rage et blasphème, et que le jeu me sert de tentation à cela : je pèche toutes fois et quantes que je jouerai, et suis coupable de toutes les tentations qui m'arriveront au jeu. De même, si je sais que quelque conversation m'apporte de la tentation et de la chute, et si j'y vais volontairement, je suis indubitablement coupable de toutes les tentations que j'y recevrai.

Quand la délectation qui arrive de la tentation peut être évitée, c'est toujours pécher de la recevoir, selon que le plaisir que l'on y prend et le consentement que l'on y donne est grand ou petit, de longue ou de petite durée.

Quand donc vous serez tentée de quelque péché, considérez si vous avez donné volontairement sujet d'être tentée, et lors la tentation même vous met en état de péché, pour le hasard auquel vous êtes jetée; et cela s'entend si vous avez pu éviter commodément l'occasion, et que vous ayez prévu ou dû prévoir l'arrivée de la tentation. Mais si vous n'avez donné nul sujet à la tentation, elle ne peut aucunement vous être imputée à péché.

Quand la délectation qui suit la tentation a pu être évitée, et que néanmoins on ne l'a pas évitée, il y a toujours quelque sorte de péché, selon que l'on s'y est peu ou beaucoup arrêté, et selon la cause du plaisir que nous y avons pris. Si quelqu'un me propose quelque stratagème plein d'invention et d'artifice, pour me venger de mon ennemi, et que je ne prenne pas plaisir, ni ne donne aucun consentement à la vengeance qui m'est proposée, mais seulement à la subtilité de l'invention de l'artifice, sans doute je ne pèche point, bien qu'il ne soit pas expédient que je m'amuse beaucoup à ce plaisir, de peur que petit à petit il me porte à quelque délectation de la vengeance même.

On est quelquefois surpris de quelque chatouillement de délectation, qui suit immédiatement la tentation, devant que bonnement on s'en soit pris garde; cela ne peut être qu'un bien léger péché véniel, lequel se rend plus grand, si après que l'on s'est aperçu du mal où l'on est, on demeure par négligence quelque temps à marchander avec la délectation, si l'on doit l'accepter ou la refuser; et encore plus grand, si en s'en apercevant on demeure en celle-ci quelque temps par vraie négligence, sans nulle sorte de propos de la rejeter. Mais lorsque volontairement et de propos délibéré nous sommes résolus de nous plaire en telles délectations, ce propos même délibéré est un grand péché, si l'objet pour lequel nous avons délectation est notablement mauvais.

CHAPITRE VI

REMÈDES AUX GRANDES TENTATIONS

Sitôt que vous sentirez en vous quelques tentations, faites comme les petits enfants quand ils voient le loup ou l'ours en la campagne ; car tout aussitôt ils courent entre les bras de leur père et de leur mère, ou pour le moins les appellent à leur aide et secours. Recourez de même à Dieu, réclamant sa miséricorde et son secours ; c'est le remède que Notre-Seigneur enseigne : priez, afin que vous n'entriez point en tentation [1].

Si vous voyez que néanmoins la tentation persévère ou qu'elle accroisse, courez en esprit embrasser la sainte croix, comme si vous voyiez Jésus-Christ crucifié devant vous. Protestez que vous ne consentirez point à la tentation, demandez-lui secours contre icelle, et continuez toujours à protester de ne vouloir point consentir, tant que la tentation durera.

Mais en faisant ces protestations et ces refus de consentement, ne regardez point au visage de la tentation [2], mais seulement regardez Notre-

---

[1] Matth., xxvi, 41. — [2] Ne regardez pas en face l'objet de la tentation, ne vous y arrêtez pas.

Seigneur. Car si vous regardiez la tentation, principalement quand elle est forte, elle pourrait ébranler votre courage.

Divertissez votre esprit par quelques occupations bonnes et louables; car ces occupations, entrant dans votre cœur, en y prenant place, chasseront les tentations et suggestions malignes.

Le grand remède contre toutes tentations grandes ou petites, c'est de déployer son cœur et de communiquer les suggestions, ressentiments et affections que nous avons à notre directeur; car notez que la première condition que le malin fait avec l'âme qu'il veut séduire, c'est du silence; et, au contraire, Dieu en ses inspirations demande sur toutes choses que nous les fassions reconnaître par nos supérieurs et conducteurs.

Que si après tout cela la tentation s'opiniâtre à nous travailler et persécuter, nous n'avons rien à faire, sinon à nous opiniâtrer de notre côté en la protestation de ne vouloir point consentir. Car l'âme, quoique troublée, ne peut jamais être offensée pendant qu'elle dit que non.

Ne disputez point avec votre ennemi, et ne lui répondez jamais une seule parole, sinon celle que Notre-Seigneur lui répondit, avec laquelle il le confondit : *Arrière, ô Satan! tu adoreras le Seigneur ton Dieu, et à lui seul tu serviras*[1].

[1] Matth., IV, 10.

La dévote âme, se voyant assaillie de quelque tentation, ne doit nullement s'amuser à disputer, ni répondre, mais tout simplement se retourner du côté de Jésus-Christ, son époux, et lui protester derechef de sa fidélité, et de vouloir être à jamais uniquement toute sienne.

CHAPITRE VII

QU'IL FAUT RÉSISTER AUX MENUES TENTATIONS.

Quoiqu'il faille combattre les grandes tentations avec un courage invincible, et que la victoire que nous en rapportons nous soit extrêmement utile, néanmoins, à l'aventure, on fait plus de profit à bien combattre les petites ; car, comme les grandes surpassent en qualité les petites, celles-ci surpassent les autres si démesurément en nombre, que la victoire d'icelles peut être comparable aux plus grandes. Les loups et les ours sont sans doute plus dangereux que les mouches ; mais aussi ne nous font-ils pas tant d'importunités et d'ennui, et n'exercent pas tant notre patience.

C'est chose bien aisée que de s'empêcher du meurtre ; mais c'est chose difficile d'éviter les menues colères, dont les occasions se présentent à tout moment. Il est bien aisé de ne point dérober le bien d'autrui, mais malaisé de ne point le muguetter [1] et convoiter; bien aisé de ne point dire de faux témoignages en jugement, mais malaisé de ne point mentir en conversation; bien aisé de ne pas s'enivrer, mais malaisé d'être sobre; bien aisé de ne point désirer la mort d'autrui, mais malaisé de ne point désirer son incommodité; bien aisé de ne le point diffamer, mais malaisé de ne le point mépriser.

Bref, ces menues tentations de colère, de soupçon, de jalousie, d'envie, de vanité, de duplicité, d'afféterie, d'artifice, de cogitations déshonnêtes, sont les continuels exercices de ceux mêmes qui sont plus dévots et résolus.

C'est pourquoi, ma chère Philothée, il faut qu'avec grand soin et diligence nous nous préparions à ce combat; et soyez assurée qu'autant de victoires que nous remporterons contre ces petits ennemis, autant de pierres précieuses seront mises en la couronne de gloire que Dieu nous prépare en son paradis. C'est pourquoi je dis qu'attendant de bien et vaillamment combattre les grandes tentations, si elles viennent, il nous faut bien et diligemment défendre de ces menues et faibles attaques.

[1] Rechercher, caresser d'avance.

CHAPITRE VIII

COMMENT IL FAUT REMÉDIER AUX MENUES TENTATIONS.

Or donc, quant à ces menues tentations de vanité, de soupçon, de chagrin, de jalousie, d'envie et semblables tricheries [1], qui, comme mouches et moucherons, viennent passer devant nos yeux, et tantôt nous piquer sur la joue, tantôt sur le nez, parce qu'il est impossible d'être tout à fait exempt de leur importunité, la meilleure résistance qu'on leur puisse faire, c'est de ne s'en point tourmenter; car tout cela ne peut point nuire, quoiqu'il puisse faire de l'ennui, pourvu que l'on soit bien résolu de vouloir servir Dieu.

Méprisez donc ces menues attaques, et ne daignez pas seulement penser à ce qu'elles veulent dire; mais laissez-les bourdonner autour de vos oreilles tant qu'elles voudront, et courir çà et là autour de vous, comme l'on fait des mouches, et quand elles viendront vous piquer et que vous les verrez aucunement s'arrêter en votre cœur, ne faites autre chose que de tout simplement les ôter, non point combattant contre elles, ni leur répon-

[1] Tromperies, illusions du démon.

dant, mais faisant des actions contraires, quelles qu'elles soient, et spécialement de l'amour de Dieu. Car si vous me croyez, vous ne vous opiniâtrerez pas à vouloir opposer la vertu contraire à la tentation que vous sentez, parce que ce serait quasi vouloir disputer avec elle; mais après avoir fait une action de cette vertu directement contraire, si vous avez eu le loisir de reconnaître la qualité de la tentation, vous ferez un simple retour de votre cœur du côté de Jésus-Christ crucifié, et par une action d'amour en son endroit, vous lui baiserez ses sacrés pieds. C'est le meilleur moyen de vaincre l'ennemi, tant dans les petites que dans les grandes tentations; car l'amour de Dieu contenant en soi toutes les perfections de toutes les vertus et plus excellemment que les vertus mêmes, il est aussi un plus souverain remède contre tous les vices; et votre esprit s'accoutumant, en toutes tentations, de recourir à ce rendez-vous général, ne sera point obligé de regarder et examiner quelles tentations il a, mais simplement se sentant troublé il s'accoisera [1] en ce grand remède ; lequel, outre cela, est si épouvantable au malin esprit, que quand il voit que ses tentations nous provoquent à ce divin amour, il cesse de nous en faire.

[1] Se calmera.

Et voilà quant aux menues et fréquentes tentations, avec lesquelles, qui voudrait s'amuser par le menu se morfondrait et ne ferait rien.

CHAPITRE IX

COMME IL FAUT FORTIFIER SON CŒUR CONTRE LES TENTATIONS.

Considérez de temps en temps quelles passions dominent le plus en votre âme ; les ayant découvertes, prenez une façon de vivre qui leur soit toute contraire, en pensées, en paroles et en œuvres. Par exemple, si vous vous sentez inclinée à la passion de la vanité, faites [1] souvent des pensées de la misère de cette vie humaine, combien ces vanités seront ennuyeuses à la conscience au jour de la mort, combien elles sont indignes d'un cœur généreux, que ce ne sont que badineries et amusements des petits enfants et semblables choses. Parlez souvent contre la vanité ; et encore qu'il vous semble que ce soit à contre-cœur, ne laissez pas de la bien mépriser ; car, par ce moyen, vous vous engagerez même de réputation au parti contraire. Et à force de dire contre quel-

[1] Concevez, formulez des pensées sur la misère, etc.

que chose, nous nous émouvons à la haïr, bien qu'au commencement nous lui eussions de l'affection. Faites des œuvres d'abjection et d'humilité le plus que vous pourrez, encore qu'il vous semble que ce soit à regret ; car, par ce moyen, vous vous habituez à l'humilité et affaiblissez votre vanité, en sorte que, quand la tentation viendra, votre inclination ne pourra pas tant la favoriser, et vous aurez plus de force pour la combattre. Si vous êtes inclinée à l'avarice, pensez souvent à la folie de ce péché, qui nous rend esclaves de ce qui n'est créé que pour nous servir ; qu'à la mort aussi nous faudra-t-il tout quitter, et le laisser entre les mains de tel qui le dissipera, ou auquel cela servira de ruine et de damnation; et semblables pensées. Parlez fort contre l'avarice, louez fort le mépris du monde, violentez-vous [1] souvent à faire des aumônes et des charités, et à laisser écouler quelques occasions d'assembler [2].

En somme, en temps de paix, c'est-à-dire, lorsque les tentations du péché auquel vous êtes sujette ne vous presseront pas, faites force actions de la vertu contraire, et, si les occasions ne se présentent, allez au-devant d'elles pour les rencontrer ; par ce moyen, vous renforcerez votre cœur contre la tentation future.

[1] Efforcez-vous souvent de faire des aumônes. — [2] D'amasser.

CHAPITRE X

DE L'INQUIÉTUDE.

L'inquiétude n'est pas une simple tentation, mais une source de laquelle et par laquelle plusieurs tentations arrivent ; j'en dirai donc quelque chose. La tristesse n'est autre chose que la douleur d'esprit que nous avons du mal qui est en nous contre notre gré, soit que le mal soit extérieur, comme pauvreté, maladie, mépris ; soit qu'il soit intérieur, comme ignorance, sécheresse, répugnance, tentation. Quand donc l'âme sent qu'elle a quelque mal, elle se déplaît de l'avoir, et voilà la tristesse ; et tout incontinent elle désire d'en être quitte et d'avoir les moyens de s'en défaire. Jusqu'ici elle a raison, car naturellement chacun désire le bien et fuit ce qu'il pense être mal.

Si l'âme cherche les moyens d'être délivrée de son mal pour l'amour de Dieu, elle les cherchera avec patience, douceur, humilité et tranquillité, attendant sa délivrance plus de la bonté et providence de Dieu que de sa peine, industrie ou diligence. Si elle cherche sa délivrance pour l'amour-propre, elle s'empressera et s'échauffera à la quête des moyens, comme si ce bien dépendait plus d'elle que de Dieu. Je ne dis pas qu'elle pense cela, mais je dis qu'elle s'empresse comme si elle le pensait.

Que si elle ne rencontre pas soudain ce qu'elle désire, elle entre en de grandes inquiétudes et impatiences, lesquelles n'ôtant pas le mal précédent, mais au contraire l'empirant, l'âme entre en une angoisse et détresse démesurée, avec une défaillance de courage et de force telle, qu'il lui semble que son mal n'ait plus de remède. Vous voyez donc que la tristesse, laquelle au commencement est juste, engendre l'inquiétude, et l'inquiétude engendre après un surcroît de tristesse, qui est extrêmement dangereux.

L'inquiétude est le plus grand mal qui arrive en l'âme, excepté le péché. Car, comme les séditions et troubles intérieurs d'une république la ruinent entièrement et l'empêchent qu'elle ne puisse résister à l'étranger, ainsi notre cœur, étant troublé et inquiété en soi-même, perd la force de maintenir les vertus qu'il avait acquises, et en même temps le moyen de résister aux tentations de l'ennemi, lequel fait alors toutes sortes d'efforts pour pêcher, comme l'on dit, en eau trouble.

L'inquiétude provient d'un désir déréglé d'être délivré du mal que l'on sent, ou d'acquérir le bien que l'on espère. Et néanmoins, il n'y a rien qui empire [1] plus le mal et qui éloigne plus le bien, que l'inquiétude et empressement. Les oiseaux demeurent pris dans les filets et lacs, parce que, se trouvant engagés, ils se débattent et remuent déréglément pour en sortir, ce que faisant, ils s'enveloppent toujours tant plus [2]. Quand donc vous serez pressée du désir d'être délivrée de quelque mal, ou de parvenir à quelque bien, avant toute chose, mettez votre esprit en repos et tranquillité; faites rasseoir votre jugement et votre volonté, et puis, tout bellement et doucement, pourchassez l'issue [3] de votre désir, prenant par ordre les moyens qui seront convenables; et quand je dis tout bellement, je ne veux pas dire négligemment, mais sans empressement, trouble et inquiétude; autrement, au lieu d'avoir l'effet de votre désir, vous gâterez tout et vous vous embarrasserez plus fort.

Mon âme est toujours en mes mains, ô Seigneur ! et je n'ai point oublié votre loi [4], disait David. Examinez plus d'une fois le jour, mais au moins le soir et le matin, si vous avez votre âme en vos mains, ou si quelque passion et inquiétude ne vous l'a point ravie. Considérez si vous avez votre cœur à votre commandement, ou bien s'il ne s'est

---

[1] Qui fasse empirer. — [2] D'autant plus. — [3] Poursuivez la fin. — [4] Ps. cxviii, 109.

point échappé de vos mains pour s'engager à quelque affection déréglée d'amour, de haine, d'envie, de convoitise, de crainte, d'ennui et de joie. Que s'il est égaré, avant toute chose, cherchez-le et le ramenez tout bellement en la présence de Dieu, remettant vos affections et désirs sous l'obéissance et conduite de sa divine volonté. Car comme ceux qui craignent de perdre quelque chose qui leur est précieuse, la tiennent bien serrée en leur main; ainsi, à l'imitation de ce grand roi, nous devons toujours dire : *O mon Dieu! mon âme est au hasard, c'est pourquoi je la porte toujours en mes mains, et en cette sorte je n'ai point oublié votre sainte loi.*

Ne permettez pas à vos désirs, si petits qu'ils soient et de petite importance, qu'ils vous inquiètent; car, après les petits, les grands et les plus importants trouveraient votre cœur plus disposé au trouble et déréglement. Quand vous sentirez arriver l'inquiétude, recommandez-vous à Dieu et résolvez-vous de ne rien faire de tout ce que votre désir requiert de vous, que l'inquiétude ne soit totalement passée, sinon que ce fût chose qui ne se peut différer; et alors il faut, avec un doux et tranquille effort, retenir le courant de votre désir, l'attrempant et modérant tant qu'il vous sera possible; et sur cela faire la chose, non selon votre désir, mais selon la raison.

Si vous pouvez découvrir votre inquiétude à celui qui conduit votre âme, ou au moins à quelque confident et dévot ami, ne doutez point que tout aussitôt vous ne soyez accoisée [1], car la communication des douleurs du cœur fait le même effet en l'âme que la saignée fait au corps de celui qui est en fièvre continue : c'est le remède des remèdes. Aussi le roi saint Louis donna cet avis à son fils : Si tu as en ton cœur un malaise, dis-le incontinent à ton confesseur ou à quelque bonne personne, et ainsi pourras ton mal légèrement porter [2], pour le reconfort [3] qu'il te donnera.

CHAPITRE XI

DE LA TRISTESSE.

La tristesse qui est selon Dieu, dit saint Paul, *opère la pénitence pour le salut; la tristesse du monde opère la mort* [4]. La tristesse peut être bonne et mauvaise, selon les diverses productions qu'elle fait en nous. Il est vrai qu'elle en fait plus de mauvaises que de bonnes, car elle n'en fait que deux bonnes, savoir : miséricorde et

---

[1] Apaisée. — [2] Inversion : tu pourras porter légèrement ton mal. — [3] La consolation. — [4] II *Cor.*, vii, 10.

pénitence; et il y en a six mauvaises, savoir : angoisse, indignation, colère, jalousie, ennui, impatience; qui a fait dire au sage : *La tristesse en tue beaucoup, et n'y a point de profit en icelle*[1]; parce que, pour deux bons ruisseaux qui proviennent de la source de tristesse, il y en a six qui sont bien mauvais.

L'ennemi se sert de la tristesse pour exercer ses tentations à l'endroit des bons, car comme il tâche de faire réjouir les mauvais en leur péché, aussi tâche-t-il d'attrister les bons en leurs bonnes œuvres; et comme il ne peut procurer le mal qu'en le faisant trouver agréable, aussi ne peut-il détourner du bien qu'en le faisant trouver désagréable. Le malin se plaît en la tristesse et mélancolie, parce qu'il est triste et mélancolique, et le sera éternellement; il voudrait que chacun fût comme lui.

La mauvaise tristesse trouble l'âme, la met en inquiétude, donne des craintes déréglées, dégoûte de l'oraison, assoupit et accable le cerveau, prive l'âme de conseil, de résolution, de jugement et de courage, et abat les forces; bref, elle est comme un dur hiver, qui fauche toute la beauté de la terre et engourdit tous les animaux : car elle ôte toute suavité de l'âme, la rend presque percluse et impuissante en toutes ses facultés.

[1] *Eccli.*, xxx, 25.

Si jamais il vous arrivait, Philothée, d'être atteinte de cette mauvaise tristesse, pratiquez les remèdes suivants. *Quelqu'un est-il triste*, dit saint Jacques, *qu'il prie* [1]. La prière est un souverain remède, car elle élève l'esprit en Dieu, qui est notre unique joie et consolation. Mais en priant, usez d'affections et de paroles, soit intérieures, soit extérieures, qui tendent à la confiance et amour de Dieu ; comme : O Dieu de miséricorde ; mon très-bon Dieu ; mon Sauveur débonnaire ; Dieu de mon cœur ; ma joie ; mon espérance ; mon cher époux ; le bien-aimé de mon âme ; et semblables.

Contrariez vivement aux [2] inclinations de la tristesse, et bien qu'il semble que tout ce que vous ferez en ce temps-là se fasse froidement, tristement et lâchement, ne laissez pourtant pas de le faire ; car l'ennemi qui prétend nous alanguir [3] aux bonnes œuvres par la tristesse, voyant que nous ne laissons pas de les faire, et qu'étant faites avec résistance elles en valent mieux, il cesse de nous affliger.

Chantez des cantiques spirituels ; car le malin a souvent cessé son opération par ce moyen ; témoin l'Esprit qui assiégeait ou possédait Saül,

---

[1] Jac., v, 13. — [2] Contrariez... les inclinations. — [3] Nous retarder, rendre languissante notre marche dans les bonnes œuvres.

duquel la violence était réprimée par la psalmodie.

Il est bon de s'employer aux œuvres extérieures et les diversifier le plus que l'on peut, pour divertir[1] l'âme de l'objet triste, purifier et échauffer les esprits[2]; la tristesse étant une passion de la complexion froide et sèche.

Faites des actions extérieures de ferveur, quoique sans goût, embrassant l'image du crucifix, la serrant sur la poitrine, lui baisant les pieds et les mains, levant vos yeux et vos mains au ciel, élançant votre voix en Dieu par des paroles d'amour et de confiance, comme sont celles-ci : *Mon bien-aimé est à moi, et moi à lui; mon bien-aimé m'est un bouquet de myrrhe*[3]. *Mes yeux se fondent sur vous, ô mon Dieu! disant : Quand me consolerez-vous ? O Jésus! soyez-moi Jésus; vive Jésus! et mon âme vivra. Qui me séparera de l'amour de mon Dieu?* et semblables.

La discipline modérée est bonne contre la tristesse, parce que cette volontaire affliction extérieure impètre[4] la consolation intérieure ; et l'âme, sentant des douleurs de dehors, se divertit de celles qui sont au dedans; la fréquentation de la sainte communion est excellente, car ce

---

[1] Détourner. — [2] Allusion au langage physiologique de l'époque. — [3] *Cant. cant.*, I, 21. — [4] Obtient, du latin *impetrare*.

pain céleste affermit le cœur et réjouit l'esprit.

Découvrez tous les ressentiments, affections et suggestions qui proviennent de votre tristesse à votre conducteur et confesseur, humblement et fidèlement; cherchez les conversations des personnes spirituelles, et les hantez le plus que vous pourrez pendant ce temps-là. Et enfin, finalement, résignez-vous [1] entre les mains de Dieu, vous préparant à souffrir cette ennuyeuse tristesse patiemment, comme juste punition de vos vaines allégresses. Et ne doutez nullement que Dieu, après vous avoir éprouvée, ne vous délivre de ce mal.

CHAPITRE XII

DES CONSOLATIONS SPIRITUELLES ET SENSIBLES, ET COMME IL SE FAUT COMPORTER EN ICELLES.

Dieu continue l'être [2] de ce grand monde en une perpétuelle vicissitude, par laquelle le jour se change toujours en nuit, le printemps en été, l'été en automne, l'automne en hiver et l'hiver en printemps; et l'un des jours ne ressemble jamais parfaitement à l'autre; l'on en voit de nébuleux,

[1] Abandonnez-vous. — [2] Maintient l'existence.

de pluvieux, de secs, de venteux, variété qui donne une grande beauté à cet univers. Il en est de même de l'homme, qui est, selon le dire des anciens, un abrégé du monde, car jamais il n'est en un même état ; et sa vie s'écoule sur cette terre comme les eaux, flottant et ondoyant en une perpétuelle diversité de mouvements, qui tantôt l'élèvent aux espérances, qui tantôt l'abaissent par la crainte, tantôt le plient à droite par la consolation, tantôt à gauche par l'affliction ; et jamais une seule de ses journées, ni même une de ses heures, n'est entièrement pareille à l'autre.

C'est un grand avertissement que celui-ci ; il nous faut tâcher d'avoir une continuelle et inviolable égalité de cœur en une si grande inégalité d'accidents. Et quoique toutes choses se tournent et varient diversement autour de nous, il nous faut demeurer constamment immobiles, à toujours regarder, tendre et prétendre à notre Dieu. Que le navire prenne telle route qu'on voudra, qu'il cingle au ponant [1], au levant, au midi, au septentrion, et quelque vent que ce soit qui le porte, jamais pourtant son aiguille marine ne regardera que sa belle étoile et le pôle. Que tout se renverse sens dessus dessous, je ne dis pas

---

[1] Couchant, du latin *ponere*.

seulement autour de nous, mais je dis en nous, c'est-à-dire que notre âme soit triste, joyeuse, en douceur, en amertume, en paix, en trouble, en clarté, en ténèbres, en tentations, en repos, en goût, en dégoût, en sécheresse, en tendreté [1], que le soleil la brûle ou que la rosée la rafraîchisse; ah! encore faut-il pourtant qu'à jamais et toujours la pointe de notre cœur, notre esprit, notre volonté supérieure, qui est notre boussole, regarde incessamment et tende perpétuellement à l'amour de Dieu, son créateur, son sauveur, son unique et souverain bien : *Ou que* [2] *nous vivions, ou que nous mourions,* dit l'Apôtre, *si nous sommes à Dieu, qui nous séparera de l'amour et charité de Dieu* [3]? Non, jamais rien ne nous séparera de cet amour, ni la tribulation, ni l'angoisse, ni la mort, ni la vie, ni la douleur présente, ni la crainte des accidents futurs, ni les artifices des malins esprits, ni la hauteur des consolations, ni la profondeur des afflictions; ni la tendreté, ni la sécheresse ne nous doit jamais séparer de cette sainte charité, qui est fondée en Jésus-Christ.

Cette résolution si absolue de ne jamais abandonner Dieu ni quitter son doux amour, sert de contre-poids à nos âmes pour les tenir en la sainte

---

[1] Tendresse sensible. — [2] Soit que. — [3] *Rom.*, xiv, 8.

égalité, parmi l'inégalité de divers mouvements que la condition de cette vie lui apporte. Car, comme les avettes [1], se voyant surprises du vent en la campagne, embrassent des pierres pour se pouvoir balancer en l'air, et n'être pas si aisément transportées à la merci de l'orage, ainsi notre âme, ayant vivement embrassé par résolution le précieux amour de son Dieu, demeure constante parmi l'inconstance et vicissitude des consolations et afflictions, tant spirituelles que temporelles, extérieures qu'intérieures.

Mais, outre cette générale doctrine, nous avons besoin de quelques documents [2] particuliers.

I. Je dis donc que la dévotion ne consiste pas en la douceur, suavité, consolation et tendreté sensible du cœur, qui nous provoquent aux larmes et soupirs, et nous donnent une certaine satisfaction agréable et savoureuse en quelques exercices spirituels.

Non, chère Philothée, la dévotion et cela ne sont pas une même chose; car il y a beaucoup d'âmes qui ont de ces tendretés et consolations, qui, néanmoins, ne laissent pas d'être fort vicieuses, et, par conséquent, n'ont aucun vrai amour de Dieu, et beaucoup moins aucune vraie dévotion. Saül, poursuivant à mort le pauvre David, qui fuyait

---

[1] Abeilles. — [2] Avis.

devant lui ès déserts d'Engaddi, entra tout seul en une caverne, en laquelle David avec ses gens étaient cachés. David, qui, en cette occasion, l'eût pu mille fois tuer, lui donna la vie et ne voulut seulement pas lui faire peur ; mais, l'ayant laissé sortir à son aise, l'appela après pour lui remontrer son innocence et lui faire connaître qu'il avait été à sa merci. Or, sur cela, qu'est-ce que ne fit pas Saül pour témoigner que son cœur était amolli envers David ? Il le nomma son enfant, il se mit à pleurer tout haut, à le louer, à confesser sa débonnaireté [1], à prier Dieu pour lui, à présager sa future grandeur, et à lui recommander la postérité qu'il devait laisser après soi. Quelle plus grande douceur et tendreté de cœur pouvait-il faire paraître ? Et pour tout cela, néanmoins, il n'avait point changé son âme, ne laissant pas de continuer sa persécution contre David aussi cruellement qu'auparavant. Ainsi se trouve-t-il de personnes qui, considérant la bonté de Dieu et la passion du Sauveur, sentent de grands attendrissements de cœur qui leur font jeter des soupirs, des larmes, des prières et actions de grâces si sensibles, qu'on dirait qu'elles ont le cœur saisi d'une bien grande dévotion ; mais, quand ce vient à l'essai, on trouve que, comme les pluies passa-

---

[1] Sa générosité.

gères d'un été bien chaud, qui, tombant à grosses gouttes sur la terre, ne la pénètrent point, et ne servent qu'à la production des champignons; ainsi, ces larmes et tendretés, tombant sur un cœur vicieux et ne le pénétrant point, lui sont tout à fait inutiles; car, pour tout cela, les pauvres gens ne quitteraient pas un seul liard du bien mal acquis qu'ils possèdent, ne renonceraient pas à une seule de leurs perverses affections, et ne voudraient pas avoir pris la moindre incommodité du monde pour le service du Sauveur sur lequel ils ont pleuré; en sorte que les bons mouvements qu'ils ont eus ne sont que de certains champignons spirituels, qui, non-seulement ne sont pas la vraie dévotion, mais bien souvent de grandes ruses de l'ennemi, qui, amusant les âmes à ces menues consolations, les fait demeurer contentes et satisfaites en cela, à ce qu'elles ne recherchent plus la vraie et solide dévotion, qui consiste en une volonté constante, résolue, prompte et active, d'exécuter ce que l'on sait être agréable à Dieu.

Un enfant pleurera tendrement s'il voit donner un coup de lancette à sa mère qu'on saigne; mais, si au même temps sa mère, pour laquelle il pleurait, lui demande une pomme ou un cornet de dragées qu'il tient en sa main, il ne les voudra nullement lâcher.

Telles sont la plupart de nos tendres dévotions:

voyant donner un coup de lance qui transperce le cœur de Jésus-Christ crucifié, nous pleurons tendrement. Hélas ! Philothée, c'est bien fait de pleurer sur cette mort et passion douloureuse de notre Père et Rédempteur ; mais pourquoi donc ne lui donnons-nous pas tout de bon la pomme que nous avons en nos mains, et qu'il nous demande si instamment : à savoir notre cœur, unique pomme d'amour [1] que ce cher Sauveur requiert de nous? Que ne lui résignons-nous [2] tant de menues affections, délectations, complaisances, qu'il nous veut arracher des mains et ne peut, parce que c'est notre dragée, de laquelle nous sommes plus friands, que désireux de sa céleste grâce. Ah! ce sont des amitiés de petits enfants que cela, tendres, mais faibles, mais fantasques, mais sans effet. La dévotion donc ne gît pas en ces tendretés et sensibles affections, qui quelquefois procèdent de la nature, qui est ainsi molle et susceptible de l'impression qu'on veut lui donner, et quelquefois viennent de l'ennemi, qui, pour nous amuser à cela, excite notre imagination à l'appréhension propre pour tels effets.

II. Ces tendretés et affectueuses douceurs sont néanmoins quelquefois très-bonnes et utiles, car elles excitent l'appétit de l'âme, confortent [3] l'es-

---

[1] Jeu de mots, dans le goût du temps de l'auteur. —
[2] Que ne lui cédons-nous. — [3] Raniment, consolent.

prit, et ajoutent à la promptitude de la dévotion une sainte gaieté et allégresse, qui rend nos actions belles et agréables, même à l'extérieur. C'est ce goût qu'on a pour les choses divines, pour lequel David s'écriait : *O Seigneur ! que vos paroles sont douces à mon palais, elles sont plus douces que le miel à ma bouche* [1] ! Et, certes, la moindre petite consolation de la dévotion que nous recevons vaut mieux de toute façon que les plus excellentes récréations du monde. Le lait, c'est-à-dire les faveurs du divin Époux, sont meilleures à l'âme que le vin le plus gracieux des plaisirs de la terre ; qui en a goûté tient tout le reste des autres consolations pour du fiel et de l'absinthe. Et comme ceux qui ont l'herbe scythique [2] en la bouche en reçoivent une si extrême douceur, qu'ils ne sentent ni faim ni soif ; ainsi, ceux à qui Dieu a donné cette manne céleste des suavités et consolations intérieures, ne peuvent désirer ni recevoir les consolations du monde, pour y prendre goût et y amuser leurs affections. Ce sont de petits avant-goûts des suavités immortelles que Dieu donne aux âmes qui le cherchent ; ce sont des grains sucrés qu'il donne à ses petits enfants pour les amorcer ; ce sont des eaux cordiales qu'il leur présente pour les conforter ; ce sont aussi

---

[1] Ps. cxviii, 103. — [2] La réglisse, appelée par les Latins *scythica*.

quelquefois des arrhes des récompenses éternelles.

On dit qu'Alexandre le Grand, cinglant en haute mer, découvrit premièrement[1] l'Arabie Heureuse, par le sentiment[2] qu'il eut des suaves odeurs que le vent lui donnait, et sur cela se donna du courage et à tous ses compagnons; ainsi nous recevons souvent des douceurs et suavités en cette mer de la vie mortelle, qui, sans doute, nous fait pressentir les délices de cette patrie céleste, à laquelle nous tendons et aspirons.

III. Mais, me direz-vous, puisqu'il y a des consolations sensibles qui sont bonnes et viennent de Dieu, et que néanmoins il y en a d'inutiles, dangereuses, voire pernicieuses, qui viennent ou de la nature, ou même de l'ennemi, comment pourrai-je discerner les unes des autres, et connaître les mauvaises ou inutiles entre les bonnes? C'est une générale doctrine, très-chère Philothée, pour les affections et passions de nos âmes, que nous les devons connaître par leurs fruits : nos cœurs sont des arbres, les affections et passions sont leurs branches, et leurs œuvres ou actions sont les fruits. Le cœur est bon qui a de bonnes affections, et les affections et passions sont bonnes, qui produisent en nous de bons effets et saintes actions[3]. Si les douceurs, tendretés et consola-

---

[1] D'avance. — [2] Par la sensation. — [3] Double inversion

tions nous rendent plus humbles, patients, traitables, charitables et compatissants à l'endroit du prochain, plus fervents à mortifier nos concupiscences et mauvaises inclinations, plus constants en nos exercices, plus maniables et souples à ceux que[1] nous devons obéir, plus simples en notre vie, sans doute, Philothée, qu'elles sont de Dieu. Mais si ces douceurs n'ont de la douceur que pour nous, et qu'elles nous rendent curieux, aigres, pointilleux, impatients, opiniâtres, fiers, présomptueux, durs à l'endroit du prochain, et que, pensant déjà être de petits saints, nous ne voulions plus être sujets à la direction, ni à la correction, indubitablement ce sont des consolations fausses et pernicieuses. Un bon arbre ne produit que de bons fruits.

IV. Quand nous aurons de ces douceurs et consolations, il nous faut humilier devant Dieu : 1° gardons-nous bien de dire pour ces douceurs : Oh! que je suis bon! Non, Philothée, ce sont des biens qui ne nous rendent pas meilleurs; car, comme j'ai dit, la dévotion ne consiste pas en cela ; mais disons : Oh! que Dieu est bon à ceux qui espèrent en lui, à l'âme qui le recherche! Qui[2] a le sucre en bouche ne peut pas dire que sa bouche soit douce, mais bien que le sucre est

---

dans les deux membres de phrase; il faudrait: le cœur qui a... est bon, etc. — [1] A qui nous devons obéir. — [2] Celui qui.

doux ; ainsi, encore que cette douceur spirituelle soit fort bonne, et que Dieu qui nous la donne soit très-bon, il ne s'ensuit pas que celui qui la reçoit soit bon ; 2° connaissons que nous sommes encore des petits enfants, qui avons besoin du lait, et que ces grains sucrés nous sont donnés, parce que nous avons encore l'esprit tendre et délicat, qui a besoin d'amorces et d'appâts pour être attiré à l'amour de Dieu ; 3° mais après cela, parlant généralement et pour l'ordinaire, recevons humblement ces grâces et faveurs et les estimons extrêmement grandes, non tant parce qu'elles le sont en elles-mêmes, comme parce que c'est la main de Dieu qui nous les met au cœur, comme ferait une mère qui, pour amadouer son enfant, lui mettrait elle-même les grains de dragées en bouche, l'un après l'autre ; car, si l'enfant avait de l'esprit, il priserait plus la douceur de la mignardise et caresse que sa mère lui fait, que la douceur de la dragée même. Ainsi, c'est beaucoup, Philothée, d'avoir les douceurs, mais c'est la douceur des douceurs de considérer que Dieu, de sa main amoureuse et maternelle, nous les met en la bouche, au cœur, en l'âme et en l'esprit ; 4° les ayant reçues ainsi humblement, employons-les soigneusement, selon l'intention de celui qui nous les donne. Pourquoi pensons-nous que Dieu nous donne ces douceurs ? Pour nous rendre doux envers un chacun et amoureux envers lui. La mère donne la dragée à l'enfant, afin qu'il la baise ; baisons donc ce Sauveur qui nous caresse par ses consolations ; or, baiser le Sauveur, c'est lui obéir, garder ses commandements, faire ses volontés, fuir ses désirs ; bref, l'embrasser tendrement avec obéissance et fidélité. Quand donc nous aurons reçu quelque consolation spirituelle, il faut ce jour-là se rendre plus diligents à bien faire et à nous humilier ; 5° il faut, outre tout cela, renoncer de temps en temps à telles douceurs, tendretés et consolations, séparant notre cœur d'icelles, et protestant qu'encore que nous les acceptions humblement et les aimions, parce que Dieu nous les envoie, et qu'elles nous provoquent à son amour, ce ne sont néanmoins pas elles que nous cherchons, mais Dieu et son saint amour ; non la consolation, mais le consolateur ; non la douceur, mais le doux Sauveur ; non la tendreté, mais celui qui est la suavité du ciel et de la terre ; et en cette affection nous nous devons disposer à demeurer fermes au saint amour de Dieu, quoique de notre vie nous ne dussions jamais avoir aucune consolation ; et de vouloir dire également sur le mont du Calvaire, comme sur celui de Thabor : O Seigneur ! il m'est bon d'être avec vous [1], ou que vous soyez en croix, ou que vous

---

[1] Matth., XVII, 4.

soyez en gloire; 6° finalement, je vous avertis que, s'il vous arrivait quelque notable abondance de telles consolations, tendretés, larmes et douceurs, ou quelque chose d'extraordinaire en icelles, vous en confériez fidèlement avec votre conducteur, afin d'apprendre comment il s'y faut modérer et comporter; car il est écrit : *As-tu trouvé le miel, manges-en ce qui suffit*[1].

CHAPITRE XIII

DES SÉCHERESSES ET STÉRILITÉS SPIRITUELLES.

Vous ferez donc ainsi que je viens de dire, très-chère Philothée, quand vous aurez des consolations. Mais ce beau temps si agréable ne durera pas toujours; même il adviendra que quelquefois vous serez tellement privée et destituée du sentiment de la dévotion, qu'il vous sera avis que votre âme soit une terre déserte, infructueuse, stérile, en laquelle il n'y ait ni sentier ni chemin pour trouver Dieu, ni aucune eau de grâce qui la puisse arroser, à cause des sécheresses, qui, ce semble, la réduiront totalement en friche.

[1] *Prov.*, xxv, 16.

Hélas! que l'âme qui est en cet état est digne de compassion, et surtout quand ce mal est véhément! car alors, à l'imitation de David, elle se repaît de larmes jour et nuit, tandis que, par mille suggestions, l'ennemi, pour la désespérer, se moque d'elle et lui dit : Ah! pauvrette, où est ton Dieu? ton Dieu, par quel chemin le pourras-tu trouver? qui te rendra jamais la joie de sa sainte grâce?

Que ferez-vous donc en ce temps-là, Philothée? prenez garde d'où le mal vous arrive. Nous sommes souvent nous-mêmes la cause de nos stérilités et sécheresses.

I. Comme une mère refuse le sucre à son enfant qui est sujet aux vers, ainsi Dieu nous ôte les consolations, quand nous y prenons quelque vaine complaisance et que nous sommes sujets au ver de l'outrecuidance. Il m'est bon, ô mon Dieu! que vous m'humiliiez [1]; oui, car avant que je fusse humiliée, je vous avais offensé.

II. Quand nous négligeons de recueillir les suavités et délices de l'amour de Dieu, lorsqu'il en est temps, il les écarte de nous en punition de notre paresse. L'Israélite qui n'amassait la manne de bon matin ne le pouvait plus faire après le soleil levé; car elle se trouvait toute fondue [2].

III. Nous sommes quelquefois couchés dans un

---

[1] Ps. cxviii, 71. — [2] Exod., xvi, 21.

lit de contentements sensuels et consolations périssables, comme était l'épouse sacrée aux Cantiques. L'époux de nos âmes heurte à la porte de notre cœur; il nous inspire de nous remettre à nos exercices spirituels; mais nous marchandons avec lui, d'autant qu'il nous fâche de quitter ces vains amusements et de nous séparer de ces faux contentements; c'est pourquoi il passe outre et nous y laisse croupir. Puis, quand nous le voulons chercher, nous avons beaucoup de peine à le trouver. Aussi l'avons-nous bien mérité, puisque nous avons été si infidèles et déloyaux à son amour, d'en avoir refusé l'exercice pour suivre celui des choses du monde. Ah! vous avez donc de la farine d'Égypte, vous n'avez donc point la manne du ciel. Les abeilles haïssent toutes les odeurs artificielles, et les suavités du Saint-Esprit sont incompatibles avec les délices artificieuses du monde.

IV. La duplicité et la finesse d'esprit exercée dans les confessions et communications spirituelles que l'on fait avec son conducteur attirent les sécheresses et stérilités; car, puisque vous mentez au Saint-Esprit, ce n'est pas merveille s'il vous refuse sa consolation. Vous ne voulez pas être simple et naïve comme un petit enfant; vous n'aurez donc pas la dragée des petits enfants.

V. Vous vous êtes bien soûlée[1] des contentements mondains; ce n'est pas merveille si les délices spirituelles vous sont à dégoût; les colombes déjà soûles, dit l'ancien proverbe, trouvent amères les cerises. Il a rempli de biens, dit Notre Dame, les affamés; et les riches, il les a laissés vides[2]. Ceux qui sont riches des plaisirs mondains ne sont pas capables des spirituels.

VI. Avez-vous bien conservé les fruits des consolations reçues? vous en aurez donc de nouvelles; car à celui qui a, on lui en donnera davantage; et à celui qui n'a pas ce qu'on lui a donné, mais qui l'a perdu par sa faute, on lui ôtera même ce qu'il n'a pas[3], c'est-à-dire, on le privera des grâces qui lui étaient préparées. Il est vrai, la pluie vivifie les plantes qui ont de la verdure, mais à celles qui ne l'ont point elle leur ôte encore la vie qu'elles n'ont point : car elle les pourrit tout à fait. Pour plusieurs telles causes[4], nous perdons les consolations dévotieuses[5], et tombons en sécheresse et stérilité d'esprit. Examinons donc notre conscience, si nous remarquons en nous quelques semblables défauts. Mais

---

[1] Nous dirions aujourd'hui dans le même sens : enivrée. — [2] Luc, I, 53. — [3] Math., XIII, 12. — [4] Causes semblables. — [5] De la dévotion.

notez, Philothée, qu'il ne faut pas faire cet examen avec inquiétude et trop de curiosité ; mais, après avoir fidèlement considéré nos déportements pour ce regard [1], si nous trouvons la cause du mal en nous, il en faut remercier Dieu ; car le mal est à moitié guéri quand on a découvert sa cause. Si, au contraire, vous ne voyez rien en particulier qui vous semble avoir causé cette sécheresse, ne vous amusez point à une plus curieuse recherche, mais, avec toute simplicité, sans plus examiner aucune particularité, faites ce que je vous dirai.

I. Humiliez-vous grandement devant Dieu, en la connaissance de votre néant et misère. Hélas ! qu'est-ce que moi, quand je suis à moi-même ? Non autre chose, ô Seigneur, sinon une terre sèche, laquelle, crevassée de toutes parts, témoigne la soif qu'elle a de la pluie du ciel ; et cependant le vent la dissipe et réduit en poussière.

II. Invoquez Dieu et lui demandez son allégresse. *Rendez-moi, ô Seigneur, l'allégresse de votre salut* [2]. *Mon Père, s'il est possible, transportez ce Calice de moi* [3]... Ote-toi d'ici, ô bise infructueuse qui dessèche mon âme ! et venez, ô

---

[1] A cet égard. — [2] Ps. L, 14. — [3] Matth., XXVI, 39. C'est-à-dire portez ce calice loin de moi.

gracieux vents des consolations! et soufflez dans mon jardin; et ces bonnes affections répandront l'odeur de suavité.

III. Allez à votre confesseur; ouvrez-lui bien votre cœur, faites-lui bien voir tous les replis de votre âme, prenez les avis qu'il vous donnera, avec grande simplicité et humilité. Car Dieu, qui aime infiniment l'obéissance, rend souvent utiles les conseils d'autrui, et surtout des conducteurs des âmes, encore que d'ailleurs il n'y eût pas grande apparence; comme il rendit profitables à Naaman les eaux du Jourdain, desquelles Élisée, sans aucune apparence de raison humaine, lui avait ordonné l'usage.

IV. Mais après tout cela, rien n'est si utile, rien si fructueux en telles sécheresses et stérilités, que de ne point s'affectionner et attacher au désir d'en être délivré. Je ne dis pas qu'on ne doive faire de simples souhaits de la délivrance; mais je dis qu'on ne s'y doit pas affectionner, mais se remettre à la pure merci de la spéciale providence de Dieu, afin que tant qu'il lui plaira il se serve de nous. Entre ces épines et parmi ces désirs, disons donc à Dieu en ce temps-là : *O Père! s'il est possible, transportez de moi ce Calice*, mais, ajoutons de grand courage : *Toutefois, non ma volonté, mais la vôtre soit faite;* et arrêtons-nous à cela avec le plus de repos que nous pourrons. Dieu, nous voyant en cette sainte déférence, nous consolera de plusieurs grâces et faveurs; comme quand il vit Abraham résolu de se priver de son enfant Isaac, il se contenta de le voir indifférent en cette pure résignation, le consolant d'une vision très-agréable et par de très-douces bénédictions.

Nous devons donc, en toutes sortes d'afflictions, tant corporelles que spirituelles, dans les distractions ou soustractions de la dévotion sensible qui nous arrivent, dire de tout notre cœur et avec une profonde soumission : *Le Seigneur m'a donné des consolations; le Seigneur me les a ôtées; son saint nom soit béni*[1]. Car, persévérant en cette humilité, il nous rendra ses délicieuses faveurs, comme il fit à Job, qui usa constamment de pareilles paroles en toutes ses désolations.

V. Finalement, Philothée, entre toutes nos sécheresses et stérilités, ne perdons point courage; mais, attendant en patience le retour des consolations, suivons toujours notre train; ne laissons point pour cela aucun exercice de dévotion; mais, s'il est possible, multiplions nos bonnes œuvres; ne pouvant présenter à notre cher époux des confitures liquides, présentons-lui-en de sèches, ce

---

[1] Job, I, 21.

lui est tout un, pourvu que le cœur qui les lui offre soit parfaitement résolu de le vouloir aimer. Quand le printemps est beau, les abeilles font plus de miel et moins de moucherons, parce qu'à la faveur du beau temps elles s'amusent tant à faire leur cueillette sur les fleurs, qu'elles en oublient la production de leurs nymphes. Mais, quand le printemps est âpre et nubileux [1], elles font plus de nymphes et moins de miel; car, ne pouvant pas sortir pour faire la cueillette du miel, elles s'emploient à se peupler et à multiplier leur race. Il arrive maintes fois, ma Philothée, que l'âme, se voyant au beau printemps des consolations spirituelles, s'amuse tant à les amasser et sucer, qu'en l'abondance de ces douces délices elle fait beaucoup moins de bonnes œuvres; et qu'au contraire, parmi les âpretés et stérilités spirituelles, à mesure qu'elle se voit privée des sentiments agréables de dévotion, elle en multiplie d'autant plus les œuvres solides, et abonde en la génération intérieure des vraies vertus, de patience, humilité, abjection de soi-même, résignation et abnégation de son amour-propre.

C'est donc un grand abus de plusieurs, et notamment des femmes, de croire que le service que nous faisons à Dieu, sans goût, sans tendreté

[1] Pour nébuleux.

de cœur et sans sentiment, soit moins agréable à sa divine Majesté, puisqu'au contraire nos actions sont comme les roses, lesquelles, bien qu'étant fraîches, elles ont plus de grâce, étant néanmoins sèches, elles ont plus d'odeur et de force. Car tout de même, bien que nos œuvres faites avec tendreté de cœur nous soient plus agréables à nous, dis-je, qui ne regardons qu'à notre propre délectation, mais étant faites avec sécheresse et stérilité, elles ont plus d'odeur et de valeur devant Dieu. Oui, chère Philothée, en temps de sécheresse, notre volonté nous porte au service de Dieu, comme par vive force, et par conséquent il faut qu'elle soit plus vigoureuse et constante qu'en temps de tendreté. Ce n'est pas si grand cas[1] de servir un prince en la douceur d'un temps paisible et parmi les délices de la cour; mais de le servir en l'âpreté de la guerre, parmi les troubles et persécutions, c'est une vraie marque de constance et fidélité. La bienheureuse Angèle de Foligny dit que l'oraison la plus agréable à Dieu est celle qui se fait par force et par contrainte, c'est-à-dire celle à laquelle nous nous rangeons, non point pour aucun goût que nous y ayons, ni par inclination, mais purement pour plaire à Dieu, à quoi notre volonté nous porte comme à contre-

---

[1] Ce n'est pas si grande affaire.

cœur, forçant et violentant les sécheresses et répugnances qui s'opposent à cela. J'en dis de même de toutes sortes de bonnes œuvres ; car plus nous avons de contradictions, soit extérieures, soit intérieures, à les faire, plus elles sont estimées et prisées devant Dieu. Moins y a-t-il de notre intérêt particulier en la poursuite des vertus, plus la pureté de l'amour divin y reluit : l'enfant baise aisément sa mère qui lui donne du sucre ; mais c'est signe qu'il l'aime grandement s'il la baise après qu'elle lui aura donné de l'absinthe ou du chicotin [1].

CHAPITRE XIV

CONFIRMATION ET ÉCLAIRCISSEMENT DE CE QUI A ÉTÉ DIT PAR UN EXEMPLE NOTABLE.

Mais, pour rendre toute cette instruction plus évidente, je veux mettre ici une excellente pièce de l'histoire de saint Bernard, telle que je l'ai trouvée en un docte et judicieux écrivain ; il dit donc ainsi. C'est chose ordinaire à presque tous ceux qui commencent à servir Dieu, et qui ne sont encore expérimentés dans les soustractions de la

---

[1] Suc amer, extrait de la coloquinte.

grâce, ni dans les vicissitudes spirituelles, que leur venant à manquer ce goût de la dévotion sensible et cette agréable lumière qui les invite à se hâter au chemin de Dieu, ils perdent tout à coup haleine et tombent en pusillanimité et tristesse de cœur. Les gens bien entendus en rendent cette raison, que la nature raisonnable ne peut longuement durer affamée et sans quelque délectation, ou céleste, ou terrestre. Or, comme les âmes relevées au-dessus d'elles-mêmes par l'essai des plaisirs supérieurs renoncent facilement aux objets visibles; ainsi, quand, par la disposition divine, la joie spirituelle leur est ôtée, se trouvant aussi d'ailleurs privées de consolations corporelles et n'étant point encore accoutumées d'attendre en patience les retours du vrai soleil, il leur semble qu'elles ne sont ni au ciel, ni en la terre, et qu'elles demeureront ensevelies en une nuit perpétuelle. De même, les petits enfants qu'on sèvre, ayant perdu leurs mamelles, languissent et gémissent et deviennent ennuyeux et importuns, principalement à eux-mêmes. Ceci donc arriva, au voyage duquel il est question, à l'un de la troupe, nommé Geoffroy de Péronne, nouvellement dédié au service de Dieu. Celui-ci, rendu soudainement aride, destitué de consolation et occupé des ténèbres intérieures, commença à se ressouvenir de ses amis mondains, de ses parents, des facultés [1] qu'il venait de laisser, au moyen de quoi il fut assailli d'une si rude tentation, que, ne pouvant la celer en son maintien, un de ses plus confidents s'en aperçut, et, l'ayant dextrement [2] accosté avec douces paroles, lui dit en secret : Que veut dire ceci, Geoffroy ? comment est-ce que, contre l'ordinaire, tu te rends si pensif et affligé ? Alors, Geoffroy, avec un profond soupir : Ah ! mon frère, répondit-il, jamais de ma vie je ne serai joyeux. Cet autre, ému de pitié par telles paroles, avec un zèle fraternel, alla soudain réciter tout ceci au commun père saint Bernard, lequel, voyant le danger, entra en une église prochaine, afin de prier Dieu pour lui ; et Geoffroy cependant, accablé de tristesse, reposant sa tête sur une pierre, s'endormit. Mais après un peu de temps, tous deux se levèrent, l'un de l'oraison, avec la grâce impétrée [3], et l'autre du sommeil, avec un visage si riant et serein, que son cher ami, s'émerveillant d'un si grand et soudain changement, ne se put contenir de lui reprocher amiablement ce que peu auparavant il lui avait répondu. Alors Geoffroy lui répliqua : Si auparavant je te dis que jamais je ne serais joyeux, maintenant je t'assure que je ne serai jamais triste.

[1] Biens. — [2] Adroitement. — [3] Obtenue.

Tel fut le succès¹ de la tentation de ce dévot personnage. Mais remarquez en ce récit, chère Philothée, 1° que Dieu donne ordinairement quelque avant-goût des délices célestes à ceux qui entrent à son service, pour les retirer des voluptés terrestres et les encourager à la poursuite du divin amour; 2° que c'est néanmoins aussi ce bon Dieu, qui quelquefois, selon sa sage disposition, nous ôte le lait et le miel des consolations, afin que, nous sevrant ainsi, nous apprenions à manger le pain sec et plus solide d'une dévotion vigoureuse, exercée à l'épreuve des dégoûts et tentations; 3° que quelquefois de bien grandes tentations s'élèvent parmi les sécheresses et stérilités; et lors il faut constamment combattre ces tentations, car elles ne sont pas de Dieu. Mais il faut souffrir patiemment les sécheresses, puisque Dieu les a ordonnées pour notre exercice²; 4° que nous ne devons jamais perdre courage entre les ennuis intérieurs, ni dire, comme le bon Geoffroy : Jamais je ne serai joyeux; car, pendant la nuit, nous devons attendre la lumière. Et réciproquement au plus beau temps spirituel que nous puissions avoir, il ne faut pas dire : Je ne serai jamais ennuyé; non, car, comme dit le sage : Dans les jours heureux, il se faut res-

¹ Résultat. — ² Épreuve.

souvenir du malheur. Il faut espérer entre les travaux, et craindre entre les prospérités ; et tant en l'une des occasions qu'en l'autre, il se faut toujours humilier ; 5° que c'est un souverain remède de découvrir son mal à quelque ami spirituel qui nous puisse soulager.

Enfin pour conclusion de cet avertissement qui est si nécessaire, je remarque que, comme en toutes choses, de même en celles-ci, notre bon Dieu et notre ennemi ont aussi de contraires prétentions ; car Dieu nous veut conduire par icelles à une grande pureté de cœur, à un entier renoncement de notre propre intérêt, en ce qui est de son service, à un parfait dépouillement de nous-mêmes ; mais le malin tâche d'employer ces travaux pour nous faire perdre courage, pour nous faire retourner du côté des plaisirs sensuels, et enfin nous rendre ennuyeux à nous-mêmes et aux autres, afin de décrier et diffamer la sainte dévotion. Mais, si vous observez les enseignements que je vous ai donnés, vous accroîtrez grandement votre perfection en [1] l'exercice que vous ferez entre ces afflictions intérieures, desquelles je ne veux pas finir le propos [2], que je ne vous dise encore ce mot : Quel-

---

[1] Par l'exercice. — [2] Dont je ne veux pas finir de parler, sans, etc.

quefois les dégoûts, les stérilités et sécheresses proviennent de l'indisposition du corps, comme quand, par l'excès des veilles, des travaux et des jeûnes, on se trouve accablé de lassitudes, d'assoupissements, de pesanteurs et d'autres telles infirmités, lesquelles, bien qu'elles dépendent du corps, ne laissent pas d'incommoder l'esprit par l'étroite liaison qui est entre eux. Or, en telles occasions, il faut toujours se ressouvenir de faire plusieurs actes de vertu, avec la pointe de notre esprit et volonté supérieure, car, encore que toute notre âme semble dormir et être accablée d'assoupissement et lassitude, les actions de notre esprit ne laissent pas encore d'être fort agréables à Dieu. Et pouvons dire [1] en ce temps-là, comme l'épouse sacrée : *Je dors, mais mon cœur veille*[2]. Et comme j'ai dit ci-dessus, s'il y a moins de goût à travailler de la sorte, il y a pourtant plus de mérite et de vertu. Mais le remède en cette occurrence, c'est de conforter le corps par quelque sorte de légitime allégement et récréation. Ainsi, saint François ordonnait à ses religieux qu'ils fussent tellement modérés en leurs travaux, qu'ils n'accablassent pas la ferveur de l'esprit.

Et à propos de ce glorieux père, il fut une fois

---

[1] Et nous pouvons dire. — [2] *Cant. cant.*, v, 2.

attaqué et agité d'une si profonde mélancolie d'esprit, qu'il ne pouvait s'empêcher de le témoigner en ses déportements **1** ; car, s'il voulait converser avec ses religieux, il ne pouvait; s'il s'en séparait, il était pis; l'abstinence et macération de la chair l'accablaient, et l'oraison ne l'allégeait nullement. Il fut deux ans en cette sorte, tellement qu'il semblait être du tout **2** abandonné de Dieu ; mais enfin, après avoir humblement souffert cette rude tempête, le Sauveur lui redonna en un moment une heureuse tranquillité. C'est pour dire que les plus grands serviteurs de Dieu sont sujets à ces secousses, et que les moindres ne doivent s'étonner, s'il leur en arrive quelques-unes.

1 Par ses irrégularités de conduite. — **2** Tout à fait.

FIN DE LA QUATRIÈME PARTIE.

CINQUIÈME PARTIE

CONTENANT DES EXERCICES ET AVIS POUR RENOUVELER L'AME ET LA CONFIRMER EN LA DÉVOTION.

CHAPITRE PREMIER

QU'IL FAUT CHAQUE ANNÉE RENOUVELER LES BONS PROPOS PAR LES EXERCICES SUIVANTS.

Le premier point de ces exercices consiste à bien reconnaître leur importance. Notre nature humaine déchoit aisément de ses bonnes affections, à cause de la fragilité et mauvaise inclination de notre chair, qui appesantit l'âme et la tire toujours en contre-bas [1], si elle ne s'élève souvent en haut à vive force de résolution, ainsi que les oiseaux retombent soudain en terre [2], s'ils ne multiplient les élancements et traits d'ailes pour se maintenir au vol. Pour cela, chère Philothée, vous avez besoin de réitérer et répéter fort souvent

---

[1] En bas. — [2] A terre. En latin, on dirait : *in terram.*

les bons propos que vous avez faits de servir Dieu, de peur que, ne le faisant pas, vous ne retombiez en votre premier état, ou plutôt en un état beaucoup pire; car les chutes spirituelles ont cela de propre, qu'elles nous précipitent toujours plus bas que n'était l'état duquel nous étions montés en haut à la dévotion. Il n'y a point d'horloge pour bon qu'il [1] soit, qu'il ne faille remonter ou bander deux fois le jour, au matin et au soir; et puis, outre cela, il faut qu'au moins une fois l'année on la démonte de toutes pièces, pour ôter les rouillures qu'elle aura contractées, redresser les pièces forcées, et réparer celles qui sont usées. Ainsi, celui qui a un vrai soin de son cœur, doit le remonter en Dieu au soir et au matin, par les exercices marqués ci-dessus; et outre cela il doit plusieurs fois considérer son état, le redresser et accommoder, et enfin, au moins une fois l'année, il doit démonter et regarder par le menu toutes les pièces, c'est-à-dire, toutes les affections et passions d'icelui, afin de réparer tous les défauts qui y peuvent être. Et comme l'horloger oint avec quelque huile délicate les roues, les ressorts et tous les mouvants [2] de son horloge, afin que les mouvements se fassent plus doucement et qu'ils soient moins sujets à la rouillure,

---

[1] Pour bonne qu'elle soit. — [2] Moteurs.

ainsi la personne dévote, après la pratique de ce démontement [1] de son cœur, pour le bien renouveler, le doit oindre par les sacrements de la confession et de l'eucharistie ; cet exercice réparera vos forces abattues par le temps, échauffera votre cœur, fera reverdir vos propos [2] et refleurir les vertus de votre esprit.

Les anciens chrétiens le pratiquaient soigneusement au jour anniversaire du baptême de Notre Seigneur, auquel, comme dit saint Grégoire, évêque de Nazianze, ils renouvelaient la profession et les protestations qui se font en ce sacrement. Faisons-en de même, ma chère Philothée, nous y disposant très-volontiers et nous y employant fort sérieusement.

Ayant donc choisi le temps convenable, selon l'avis de votre père spirituel, et vous étant un peu plus retirée en la solitude, et spirituelle et réelle, que d'ordinaire, vous ferez une ou deux, ou trois méditations sur les points suivants, selon la méthode que je vous ai donnée en la seconde partie.

[1] Examen détaillé. [2] — Résolutions.

CHAPITRE II

CONSIDÉRATIONS SUR LE BÉNÉFICE QUE DIEU NOUS FAIT [1], NOUS APPELANT A SON SERVICE, SELON LA PROTESTATION MISE A LA PREMIÈRE PARTIE.

I. Considérez les points de votre protestation; le premier, c'est d'avoir quitté, rejeté, détesté, renoncé pour jamais tout péché mortel; le second, c'est d'avoir dédié et consacré votre âme, votre cœur, votre corps, avec tout ce qui en dépend, à l'amour et service de Dieu; le troisième, c'est que, s'il vous arrivait de tomber en quelque mauvaise action, vous vous en releviez soudainement, moyennant la grâce de Dieu. Mais ne sont-ce pas là de belles, justes, dignes et généreuses résolutions? Pensez bien en votre âme combien cette protestation est sainte, raisonnable et désirable.

II. Considérez à qui vous avez fait cette protestation, car c'est à Dieu. Si les paroles raisonnables données aux hommes nous obligent étroitement, combien plus celles que nous avons données à Dieu? *Ah! Seigneur,* disait David, *c'est*

---

[1] Le bienfait que Dieu nous accorde.

à vous que mon cœur l'a dit, mon cœur a projeté cette bonne parole, jamais je ne l'oublierai [1].

III. Considérez en présence de qui, car ç'a été à la vue de toute la cour céleste. Hélas! la sainte Vierge, saint Joseph, votre bon ange, saint Louis, toute cette bénite troupe [2] vous regardait et soupirait sur vos paroles des soupirs de joie et d'approbation, et voyait des yeux d'un amour indicible votre cœur prosterné au pied du Sauveur, qui se consacrait à son service. On fit une joie particulière pour cela parmi la Jérusalem céleste, et maintenant on en fera la commémoration, si de bon cœur vous renouvelez vos résolutions.

IV. Considérez par quels moyens vous fîtes votre protestation. Hélas! combien Dieu vous fut doux et gracieux en ce temps-là! Mais dites, en vérité, ne fûtes-vous pas conviée par de doux attraits du Saint-Esprit? Les cordes avec lesquelles Dieu tira votre petite barque à ce port salutaire ne furent-elles pas d'amour et de charité? Comment vous alla-t-il amorçant avec son sucre divin? Par les sacrements, par la lecture, par l'oraison. Hélas! chère Philothée, vous dormiez, et Dieu veillait sur vous et pensait sur votre cœur des

---

[1] Ps. xxvi, 8. — [2] Cette troupe bénie.

pensées de paix; il méditait pour vous des méditations d'amour.

V. Considérez en quel temps Dieu vous tira [1] à ces grandes résolutions; car ce fut en la fleur de votre âge. Ah! quel bonheur d'apprendre tôt ce que nous ne pouvons savoir que trop tard. Saint Augustin, ayant été tiré à l'âge de trente ans, s'écriait : *O ancienne beauté! comment t'ai-je si tard connue? Hélas! je te voyais et ne te considérais point.* Et vous pourrez bien dire : O douceur ancienne, pourquoi ne t'ai-je plus tôt savourée? Hélas! néanmoins encore ne le méritiez-vous pas alors; et partant, reconnaissant quelle grâce Dieu vous a faite de vous attirer en votre jeunesse, dites avec David : *O mon Dieu! vous m'avez éclairée et touchée dès ma jeunesse; jusqu'à jamais j'annoncerai votre miséricorde*[2]. Que si ç'a été en votre vieillesse, hélas! Philothée, quelle grâce, qu'après avoir ainsi abusé des années précédentes, Dieu vous ait appelée avant la mort, et qu'il ait arrêté la course de votre misère, au temps auquel, si elle eût continué, vous étiez éternellement misérable [3].

Considérez les effets de cette vocation, vous trouverez, je pense, en vous de bons changements, comparant ce que vous êtes avec ce que vous

---

[1] Attira. — [2] Ps. LXX, 17. — [3] Malheureuse.

étiez. Ne prenez-vous point à bonheur de savoir parler à Dieu par l'oraison? d'avoir affection à le vouloir aimer? d'avoir accoisé[1] et pacifié beaucoup de passions qui vous inquiétaient? d'avoir évité plusieurs péchés et embarras de conscience? et enfin d'avoir si souvent communié de plus que vous n'eussiez pas fait, vous unissant à cette souveraine source de grâces éternelles? Ah! que ces grâces sont grandes! Il faut, ma Philothée, les peser au poids du sanctuaire; c'est la main dextre[2] de Dieu qui a fait tout cela. *La bonne main de Dieu*, dit David, *a fait vertu : sa dextre m'a relevé. Ah! je ne mourrai pas, mais je vivrai et raconterai de cœur, de bouche et par œuvres, les merveilles de sa bonté*[3].

Après toutes ces considérations, lesquelles, comme vous voyez, fournissent tout plein de bonnes affections, il faut simplement conclure par l'action de grâces, et une prière affectionnée d'en bien profiter, se retirant avec humilité et grande confiance en Dieu, réservant de faire l'effort des résolutions après le deuxième point de cet exercice.

[1] Apaisé. — [2] Droite. — [3] Ps. cxvii, 16, 17.

CHAPITRE III

DE L'EXAMEN DE NOTRE AME SUR SON AVANCEMENT EN LA VIE DÉVOTE.

Ce second point de l'exercice est un peu long et, pour le pratiquer, je vous dirai qu'il n'est pas requis que vous le fassiez tout d'une traite [1], mais à plusieurs fois; comme prenant ce qui regarde votre déportement envers Dieu pour un coup; ce qui vous regarde vous-même pour l'autre; ce qui concerne le prochain pour l'autre; et la considération des passions pour le quatrième. Il n'est pas requis ni expédient que vous le fassiez à genoux, sinon le commencement et la fin, qui comprend les affections. Les autres points de l'examen, vous les pouvez faire utilement en vous promenant, et encore plus utilement au lit, si par aventure vous y pouvez être quelque temps sans assoupissement et bien éveillée; mais pour ce faire, il faut les avoir bien lus auparavant. Il est néanmoins requis de faire ce second point en trois jours et deux nuits pour le plus, prenant de chaque

---

[1] *Tout d'une traite.* Ces mots sont réservés aujourd'hui pour désigner une course à cheval; on dirait plutôt ici : d'un seul trait.

jour et de chaque nuit quelque heure, je veux dire quelque temps, selon que vous pourrez. Car, si cet exercice ne se faisait qu'en des temps fort distants les uns des autres, il perdrait sa force et donnerait des impressions trop lâches. Après chaque point de l'examen, vous remarquerez en quoi vous vous trouverez avoir manqué, et en quoi vous avez du défaut, et quels principaux détraquements vous avez ressentis, afin de vous en déclarer [1] pour prendre conseil, résolution et confortement d'esprit. Bien qu'aux jours que vous ferez cet exercice et les autres, il ne soit pas requis de faire absolue retraite des conversations, pourtant faut-il en faire un peu, surtout vers le soir, afin que vous puissiez gagner le lit de meilleure heure et prendre le repos du corps et de l'esprit nécessaire à la considération. Et parmi le jour, il faut faire de fréquentes aspirations à Dieu, à Notre-Dame, aux anges, à toute la Jérusalem céleste; il faut encore que le tout se fasse d'un cœur amoureux de Dieu et de la perfection de votre âme. Pour donc bien commencer cet examen :

I. Mettez-vous en la présence de Dieu ;

II. Invoquez le Saint-Esprit, lui demandant lumière et clarté, afin que vous puissiez bien connaître, avec saint Augustin, qui s'écriait devant

---

[1] Afin de le déclarer (à votre directeur).

Dieu en esprit d'humilité : *O Seigneur! que je vous connaisse et que je me connaisse!* Et saint François qui interrogeait Dieu, disant : *Qui êtes-vous et qui suis-je?* Protestez de ne vouloir remarquer votre avancement pour vous en réjouir en vous-même, mais pour vous réjouir en Dieu; ni pour vous en glorifier, mais pour glorifier Dieu et l'en remercier.

Protestez que si, comme vous pensez, vous découvrez d'avoir peu profité, ou bien d'avoir reculé, vous ne voulez nullement pour tout cela vous abattre, ni refroidir par aucune sorte de découragement ou relâchement de cœur; mais qu'au contraire vous voulez vous encourager et animer davantage, vous humilier et remédier aux défauts, moyennant la grâce de Dieu.

Cela fait, considérez doucement et tranquillement, comme jusqu'à l'heure présente vous vous êtes comportée envers Dieu, envers le prochain, et à l'endroit de vous-même.

CHAPITRE IV

EXAMEN DE L'ÉTAT DE NOTRE AME ENVERS DIEU.

Quel est votre cœur contre le péché mortel? Avez-vous une résolution forte à ne le jamais commettre pour quelque chose qui puisse arriver ? Et cette résolution a-t-elle duré dès votre protestation jusqu'à présent ? En cette résolution consiste le fondement de la vie spirituelle.

1° Quel est votre cœur à l'endroit des commandements de Dieu ? Les trouvez-vous bons, doux, agréables ? Ah ! ma fille, qui a le goût en bon état et l'estomac sain aime les bonnes viandes et rejette les mauvaises.

2° Quel est votre cœur à l'endroit des péchés véniels ? On ne saurait se garder d'en faire quelqu'un par-ci, par-là : mais y en a-t-il point auquel vous ayez une spéciale inclination ? et, ce qui serait le pis, y en a-t-il point auquel vous ayez affection et amour ?

3° Quel est votre cœur à l'endroit des exercices spirituels ? Les aimez-vous ? les estimez-vous ? vous fâchent-ils point[1] ? en êtes vous point dégoûtée ? auquel vous vous sentez plus ou moins inclinée ? ouïr la parole de Dieu, la lire, en deviser, méditer, aspirer en Dieu, se confesser, prendre les avis spirituels, s'apprêter à la communion, se communier, restreindre ses affections, qu'y a-t-il en cela qui répugne à votre cœur ? Et si vous trouvez quelque chose à quoi ce cœur ait moins

---

[1] Pour : ne vous fâchent-ils point ? n'en êtes-vous point dégoûtée ?

d'inclination, examinez d'où vient ce dégoût, qu'est-ce qui en est la cause ?

4° Quel est votre cœur à l'endroit de Dieu même? Votre cœur se plaît-il à se ressouvenir de Dieu? n'en ressent-il point de douceur agréable? *Ah! dit David, je me suis ressouvenu de Dieu, et m'en suis délecté*[1]. Sentez-vous en votre cœur une certaine facilité à l'aimer, et un goût particulier à savourer cet amour? Votre cœur se récrée-t-il point [2] à penser à l'immensité de Dieu, à sa bonté, à sa suavité? Si le souvenir de Dieu vous arrive parmi les occupations du monde et les vanités, ne se fait-il point faire place? ne saisit-il point votre cœur? ne vous semble-t-il point que votre cœur se tourne de son côté, et, en certaine façon, lui va au-devant? Il y a certes des âmes comme cela.

5° Quel est votre cœur à l'endroit de Jésus-Christ, Dieu et homme ? Vous plaisez-vous autour de lui? les mouches à miel se plaisent autour de leur miel, et les guêpes autour des puanteurs; ainsi les bonnes âmes prennent leur contentement autour de Jésus-Christ, et ont une extrême tendreté [3] d'amour en son endroit; mais les mauvais se plaisent autour des vanités.

6° Quel est votre cœur à l'endroit de Notre-

---

[1] Ps. LXVI, 4. — [2] Ne se récrée-t-il point. — [3] Sensibilité.

Dame, des saints, et de votre bon ange? Les aimez-vous fort? avez-vous une spéciale confiance en leur bienveillance? leurs images, leurs vies, leurs louanges, vous plaisent-elles?

7° Quant à votre langue, comment parlez-vous de Dieu? Vous plaisez-vous d'en dire du bien selon votre condition et suffisance [1]? Aimez-vous à chanter les cantiques?

8° Quant aux œuvres, pensez si vous avez à cœur la gloire extérieure de Dieu, et de faire quelque chose à son honneur; car ceux qui aiment Dieu aiment avec David l'ornement de sa maison.

Sauriez-vous remarquer d'avoir quitté quelque affection et renoncé à quelque chose pour Dieu? car c'est un bon signe d'amour de se priver de quelque chose en faveur de celui qu'on aime. Qu'avez-vous donc ci-devant quitté pour l'amour de Dieu?

CHAPITRE V

EXAMEN DE VOTRE ÉTAT ENVERS VOUS-MÊME.

1° Comment vous aimez-vous vous-même? Ne vous aimez-vous point trop pour ce monde? Si

---

[1] Et votre pouvoir.

cela est, vous désirez de demeurer toujours ici, et aurez un extrême soin de vous établir en cette terre; mais, si vous vous aimez pour le ciel, vous désirerez, au moins acquiescerez aisément, de sortir d'ici-bas à l'heure qu'il plaira à Notre-Seigneur.

2° Tenez-vous bon ordre en l'amour de vous-même? Car il n'y a que l'amour désordonné de nous-mêmes qui nous ruine. Or l'amour ordonné [1] veut que nous aimions plus l'âme que le corps, que nous ayons plus de soin d'acquérir les vertus que toute autre chose, que nous tenions plus de compte de l'honneur céleste que de l'honneur bas et caduc. Le cœur bien ordonné dit plus souvent en soi-même : Que diront les anges, si je pense à telle chose; que non pas : Que diront les hommes?

3° Quel amour avez-vous à votre cœur [2] ? Ne vous fâchez-vous point de le servir en ses maladies? hélas! vous lui devez ce soin de le secourir et faire secourir quand ses passions le tourmentent, et laisser toutes choses pour cela.

4° Que vous estimez-vous devant Dieu? Rien sans doute; or il n'y a pas grande humilité en une mouche de ne s'estimer rien au prix d'une montagne, ni en une goutte d'eau de se tenir pour

---

[1] Raisonnable. — [2] Pour votre cœur.

rien en comparaison de la mer, ni à une bluette ou étincelle de feu, de se tenir pour rien au prix du soleil, mais l'humilité gît à ne point nous surestimer aux autres[1] et à ne vouloir pas être surestimées par les autres. A quoi en êtes-vous pour ce regard?

5° Quant à la langue, ne vous vantez-vous point ou d'un biais, ou d'un autre? ne vous flattez-vous point en parlant de vous?

6° Quant aux œuvres, ne prenez-vous point de plaisir contraire à votre santé? je veux dire, de plaisir vain, inutile, trop de veillées sans sujet, et autres semblables.

CHAPITRE VI

EXAMEN DE L'ÉTAT DE NOTRE AME ENVERS LE PROCHAIN.

Pour parler en général, quel est votre cœur à l'endroit du prochain? L'aimez-vous bien cordialement, et pour l'amour de Dieu? Pour bien discerner cela, il vous faut bien représenter certaines gens ennuyeux et maussades : car c'est là qu'on exerce l'amour de Dieu envers le prochain,

---

[1] Nous estimer au-dessus des autres. La préposition *sur* qui régit le mot *les autres*, est contenue dans le verbe *surestimer*. — [2] A cet égard.

et beaucoup plus envers ceux qui nous font du mal, ou par effet, ou par paroles. Examinez bien si votre cœur est franc en leur endroit, et si vous avez grande contradiction [1] à les aimer.

N'êtes-vous point prompte à parler du prochain en mauvaise part? surtout de ceux qui ne vous aiment pas? Ne faites-vous point de mal au prochain ou directement ou indirectement? Pour peu que vous soyez raisonnable, vous vous en apercevrez aisément.

CHAPITRE VII

EXAMEN SUR LES AFFECTIONS DE NOTRE AME.

J'ai étendu ainsi au long ces points, en l'examen desquels gît la connaissance de l'avancement spirituel qu'on a fait. Car, quant à l'examen des péchés, cela est pour les confessions de ceux qui ne pensent point à s'avancer.

Or il ne faut néanmoins pas se travailler sur un chacun de ces articles, sinon tout doucement, considérant en quel état notre cœur a été touchant iceux, dès notre résolution, et quelles fautes notables nous y avons commises.

[1] Et si vous éprouvez une grande difficulté.

Mais, pour abréger le tout, il faut réduire l'examen à la recherche de nos passions, et s'il nous fâche de considérer si fort par le menu [1] comme il a été dit, nous pouvons ainsi nous examiner [2] quels nous avons été et comme nous nous sommes comportés :

En notre amour envers Dieu, envers le prochain, envers nous-mêmes.

En notre haine envers le péché qui se trouve en nous ; envers le péché qui se trouve dans les autres, car nous devons désirer l'exterminement [3] de l'un et de l'autre. En nos désirs touchant les biens, touchant les plaisirs, touchant les honneurs.

En la crainte des dangers de pécher et des pertes des biens de ce monde ; on craint trop l'un et trop peu l'autre.

En espérance trop mise, peut-être, au monde et en la créature, et trop peu mise en Dieu et dans les choses éternelles.

En la tristesse, si elle est trop excessive pour choses vaines.

En la joie, si elle est excessive et pour choses indignes.

Quelles affections enfin tiennent notre cœur

---

[1] En détail. — [2] Il faudrait simplement : nous pouvons examiner. — [3] L'extermination, la destruction.

empêché ? Quelles passions le possèdent : En quoi s'est-il principalement détraqué ?

Car par les passions de l'âme on reconnaît son état en les tâtant l'une après l'autre; d'autant que, comme un joueur de luth, pinçant toutes les cordes, celles qu'il trouve dissonnantes il les accorde, ou les tirant, ou les lâchant, ainsi, après avoir tâté l'amour, la haine, le désir, la crainte, l'espérance, la tristesse et la joie de notre âme, si nous les trouvons mal accordantes[1] à l'air que nous voulons sonner[2], qui est la gloire de Dieu, nous pourrons les accorder, moyennant sa grâce et le conseil de notre père spirituel.

CHAPITRE VIII

AFFECTIONS QU'IL FAUT FAIRE APRÈS L'EXAMEN.

Après avoir doucement considéré chaque point de l'examen et vu à quoi vous en êtes, vous viendrez aux affections en cette sorte.

Remerciez Dieu de ce peu d'avancement que

---

[1] S'accordant mal. — [2] Le mot sonner est réservé pour désigner le jeu de certains instruments à vent, et ne peut s'appliquer au luth, instrument à cordes dont parle l'auteur.

vous aurez trouvé en votre vie dès votre résolution, et reconnaissez que ç'a été sa miséricorde seule qui l'a fait en vous et pour vous.

Humiliez-vous fort devant Dieu, reconnaissant que, si vous n'avez pas beaucoup avancé, ç'a été par votre manquement, parce que vous n'avez pas fidèlement, courageusement et constamment correspondu aux inspirations, clartés et mouvements qu'il vous a donnés en l'oraison et ailleurs.

Promettez-lui de le louer à jamais des grâces exercées en votre endroit, pour vous avoir retirée [1] de vos inclinations à ce petit amendement.

Demandez-lui pardon de l'infidélité et déloyauté avec laquelle vous avez correspondu.

Offrez-lui votre cœur, afin qu'il s'en rende du tout [2] maître.

Suppliez-le qu'il vous rende toute fidèle.

Invoquez les saints, la sainte Vierge, votre ange, votre patron, saint Joseph; et ainsi des autres.

CHAPITRE IX

DES CONSIDÉRATIONS PROPRES POUR RENOUVELER NOS BONS PROPOS.

Après avoir fait l'examen et avoir bien conféré

[1] Fait passer de... à... — [2] Entièrement.

avec quelque conducteur [1] sur les défauts et sur les remèdes d'iceux, vous prendrez les considérations suivantes, en faisant une chaque jour par manière de méditation, y employant le temps de votre oraison, et ce toujours avec la même méthode pour la préparation et les affections, de laquelle vous avez usé dans les méditations de la première partie, vous mettant avant toutes choses en la présence de Dieu, implorant sa grâce pour vous bien établir en son saint amour et service.

CHAPITRE X

CONSIDÉRATION PREMIÈRE : DE L'EXCELLENCE DE NOS AMES.

Considérez la noblesse et excellence de votre âme, qui a un entendement, lequel connaît non-seulement tout ce monde visible, mais connaît encore qu'il y a des anges et un paradis, connaît qu'il y a un Dieu très-souverain, très-bon et ineffable, connaît qu'il y a une éternité, et, de plus, connaît ce qui est propre pour bien vivre en ce

[1] Directeur.

monde visible, pour s'associer aux anges en paradis, et pour jouir de Dieu éternellement.

Votre âme a de plus une volonté toute noble, laquelle peut aimer Dieu et ne le peut haïr en soi-même. Voyez votre cœur comme il est généreux ! Et que, comme rien ne peut arrêter les abeilles de tout ce qui est corrompu, ains s'arrêtent [1] seulement sur les fleurs ; ainsi votre cœur ne peut être en repos qu'en Dieu seul et nulle créature ne le peut assouvir. Repensez hardiment aux plus chers et violents amusements qui ont occupé autrefois votre cœur, et jugez en vérité s'ils n'étaient pas pleins d'inquiétudes mordantes, de pensées cuisantes et de soucis importuns, parmi lesquels votre pauvre cœur était misérable.

Hélas ! notre cœur courant aux créatures, il y va avec des empressements, pensant de pouvoir y accoiser [2] ses désirs ; mais, sitôt qu'il les a rencontrées, il voit que c'est à refaire, et que rien ne le peut contenter, Dieu ne voulant pas que notre cœur trouve aucun lieu sur lequel il puisse reposer, non plus que la colombe sortie de l'arche de Noé, afin qu'il retourne à son Dieu, duquel il est sorti. Ah ! quelle beauté de nature y a-t-il en notre cœur ! et donc pourquoi le retiendrons-nous contre son gré à servir aux créatures ?

[1] Mais qu'elles s'arrêtent. — [2] Apaiser, satisfaire.

O ma belle âme! devez-vous dire, vous pouvez entendre, et vouloir Dieu; pourquoi vous amuserez-vous à chose moindre? Vous pouvez prétendre à l'éternité; pourquoi vous amuserez-vous aux moments? Ce fut l'un des regrets de l'enfant prodigue, qu'ayant pu vivre délicieusement en la table de son père, il mangeait vilainement en celle des bêtes. O mon âme? tu es capable de Dieu [1] : malheur à toi si tu te contentes de moins que de Dieu! Élevez fort votre âme sur cette considération; remontrez-lui qu'elle est éternelle, et digne de l'éternité; enflez-lui le courage pour ce sujet.

CHAPITRE XI

SECONDE CONSIDÉRATION : DE L'EXCELLENCE DES VERTUS.

Considérez que les vertus et la dévotion peuvent seules rendre votre âme contente en ce monde; voyez combien elles sont belles; mettez en comparaison les vertus et les vices qui leur sont contraires. Quelle suavité en la patience, au prix de l'ire [2] et du chagrin; de l'humilité, au prix de l'arrogance et ambition; de la libéralité, au prix de

---

[1] Capable de posséder Dieu. — [2] La colère.

l'avarice ; de la charité, au prix de l'envie ; de la sobriété, au prix des désordres ! Les vertus ont cela d'admirable, qu'elles délectent l'âme d'une douceur et suavité non pareille après qu'on les a exercées, au lieu que les vices la laissent infiniment recrue [1] et malmenée. Or sus donc, pourquoi n'entreprendrons-nous pas d'acquérir ces suavités ?

Des vices, qui n'en a qu'un peu [2] n'est pas content, et qui en a beaucoup est mécontent ; mais des vertus, qui n'en a qu'un peu, encore a-t-il déjà du contentement, et puis toujours plus en avançant. O vie dévote ! que vous êtes belle, douce, agréable et suave ! vous adoucissez les tribulations et rendez suaves les consolations. Sans vous, le bien est le mal, et les plaisirs pleins d'inquiétudes, troubles et défaillances. Ah ! qui vous connaîtrait pourrait dire avec la Samaritaine : *Domine, da mihi hanc aquam* [3], Seigneur, donnez-moi cette eau : aspiration fort fréquente à la mère Thérèse et à sainte Catherine de Gênes, quoique pour différents sujets.

---

[1] Fatiguée. — [2] Celui qui n'a que peu de vices, etc. — [3] Joan., IV, 15.

CHAPITRE XII

TROISIÈME CONSIDÉRATION : SUR L'EXEMPLE DES SAINTS.

Considérez l'exemple des saints de toutes sortes. Qu'est-ce qu'ils n'ont pas fait pour aimer Dieu et être ses dévots? Voyez ces martyrs, invincibles en leurs résolutions; quels tourments n'ont-ils pas soufferts pour les maintenir? Mais surtout ces belles et florissantes dames, plus blanches que le lis en pureté, plus vermeilles que la rose en charité, les unes à douze, les autres à treize, quinze, vingt, et vingt-cinq ans, ont souffert mille sortes de martyres, plutôt que de renoncer à leur résolution, non-seulement en ce qui était de la profession de la foi, mais en ce qui était de la protestation de la dévotion : les unes mourant plutôt que de quitter la virginité, les autres plutôt que de cesser de servir les affligés et consoler les tourmentés et ensevelir les trépassés. O Dieu! quelle constance a montrée ce sexe fragile en semblables occurrences!

Regardez tant de saints confesseurs. Avec quelle force ont-ils méprisé le monde? Comment se sont-ils rendus invincibles en leurs résolutions?

Rien ne les en a pu faire dépendre [1]; ils les ont embrassées sans réserve, et les ont maintenues sans exception. Mon Dieu! qu'est-ce que dit saint Augustin de sa mère Monique? Avec quelle fermeté a-t-elle poursuivi son entreprise de servir Dieu en son mariage et en son veuvage! Et saint Jérôme, de sa chère fille Paula; parmi combien de traverses, parmi combien de variétés d'accidents! Mais qu'est-ce que nous ne ferons pas sur de si excellents patrons? ils étaient ce que nous sommes; ils le faisaient pour le même Dieu, pour les mêmes vertus; pourquoi n'en ferons-nous autant en notre condition, et selon notre vocation, pour notre chère résolution et sainte protestation?

CHAPITRE XIII

QUATRIÈME CONSIDÉRATION : DE L'AMOUR QUE JÉSUS-CHRIST NOUS PORTE.

Considérez l'amour avec lequel Jésus-Christ Notre-Seigneur a tant souffert en ce monde, et particulièrement au jardin des Olives, et sur le

---

[1] N'a pu les en détacher, les en détourner.

mont de Calvaire. Cet amour vous regardait, et par toutes ces peines et travaux obtenait de Dieu le Père de bonnes résolutions et protestations pour votre cœur, et par le même moyen obtenait encore tout ce qui vous est nécessaire pour maintenir, nourrir, fortifier et consommer ces résolutions. O résolution, que vous êtes précieuse! Étant fille d'une telle mère comme est la passion de mon Sauveur, oh! combien mon âme vous doit chérir, puisque vous avez été si chère à mon Jésus! Hélas! ô Sauveur de mon âme, vous mourûtes pour m'acquérir mes résolutions, eh! faites-moi la grâce que je meure plutôt que de les perdre.

Voyez-vous, ma Philothée, il est certain que le cœur de notre cher Jésus voyait le vôtre dès l'arbre de la Croix et l'aimait, et par cet amour lui obtenait tous les biens que vous aurez jamais, et entre autres vos résolutions. Oui, chère Philothée, nous pouvons tous dire comme Jérémie : O Seigneur, avant que je fusse, vous me regardiez et m'appeliez par mon nom [1]; d'autant que vraiment sa divine bonté prépara en son amour et miséricorde tous les moyens généraux et particuliers de notre salut, et par conséquent nos résolutions.

Ah! mon Dieu, que nous devrions profondé-

---

[1] Jérém., I, 5.

ment mettre ceci en notre mémoire : est-il possible que j'aie été aimée, et si doucement aimée de mon Sauveur, qu'il allait penser à mon particulier [1], à toutes ces petites occurrences par lesquelles il m'a tirée à lui! et combien donc devons-nous aimer, chérir et bien employer tout cela à notre utilité! Ceci est bien doux ; ce cœur aimable de mon Dieu pensait à Philothée, l'aimait et lui procurait mille moyens de salut, autant comme s'il n'eût point eu d'autre âme au monde à qui il eût pensé, ainsi que le soleil, éclairant un endroit de la terre, ne l'éclaire pas moins que s'il n'éclairait point ailleurs et qu'il éclairât cela seul, car tout de même Notre-Seigneur pensait et soignait [2] pour tous ses chers enfants ; en sorte qu'il pensait à un chacun de nous, comme s'il n'eût point pensé à tout le reste. Il m'a aimé, dit saint Paul, et s'est donné pour moi [3], comme s'il disait pour moi tout autant comme s'il n'eût rien fait pour le reste. Ceci, Philothée, doit être gravé en votre âme, pour bien chérir et nourrir votre résolution, qui a été si précieuse au cœur du Sauveur.

[1] A ma personne en particulier. — [2] Se donnait du souci, de l'italien *sognare*. — [3] Gal., II, 20.

CHAPITRE XIV

CINQUIÈME CONSIDÉRATION : DE L'AMOUR ÉTERNEL DE DIEU ENVERS NOUS.

Considérez l'amour éternel que Dieu vous a porté, car déjà, avant que Notre-Seigneur Jésus-Christ, en tant qu'homme, souffrît en Croix pour vous, sa divine majesté vous projetait en sa souveraine bonté, et vous aimait extrêmement. Mais quand commença-t-il à vous aimer ? il commença quand il commença à être Dieu. Et quand commença-t-il à être Dieu ? jamais ; car il a toujours été, sans commencement et sans fin, et aussi il vous a toujours aimée dès l'éternité ; c'est pourquoi il vous préparait les grâces et faveurs qu'il vous a faites. Il le dit par le Prophète : *Je t'ai aimé,* il parle à vous aussi bien qu'à nul autre, *d'une charité perpétuelle, et partant je t'ai attiré, ayant pitié de toi*[1]. Il a donc pensé entre autres choses à vous faire faire vos résolutions de le servir.

O Dieu ! quelles résolutions sont ceci, que Dieu a pensées, méditées, projetées dès son éternité !

---

[1] Jerem., xxxi, 3.

combien nous doivent-elles être chères et précieuses ! que devrions-nous souffrir plutôt que d'en quitter un seul brin ? Non pas, certes, si[1] tout le monde devait périr ; car aussi tout le monde ensemble ne vaut pas une âme, et une âme ne vaut rien sans nos résolutions.

CHAPITRE XV

AFFECTIONS GÉNÉRALES SUR LES CONSIDÉRATIONS PRÉCÉDENTES, ET CONCLUSION DE L'EXERCICE.

O chères résolutions ! vous êtes le bel arbre de vie que mon Dieu a planté de sa main au milieu de mon cœur, que mon Sauveur veut arroser de son sang pour le faire fructifier. Plutôt mille morts que de permettre qu'aucun vent vous arrache ! Non, ni la vanité, ni les délices, ni les richesses, ni les tribulations, ne m'arracheront jamais mon dessein.

Hélas ! Seigneur, mais vous l'avez planté, et avez dans votre sein paternel gardé éternellement ce bel arbre pour mon jardin ; hélas ! combien y a-t-il d'âmes qui n'ont point été favorisées de cette façon, et comment donc pourrais-

---

[1] Quand même. En latin, on dirait : *etsi.*

je jamais assez m'humilier sous votre miséricorde !

O belles et saintes résolutions, si je vous conserve, vous me conserverez ; si vous vivez en mon âme, mon âme vivra en vous. Vivez donc à jamais, ô résolutions, qui êtes éternelles en la miséricorde de mon Dieu ; soyez et vivez éternellement en moi ; que jamais je ne vous abandonne !

Après ces affections, il faut que vous particularisiez les moyens requis pour maintenir ces chères résolutions et que vous protestiez de vous en vouloir fidèlement servir ; la fréquence de l'oraison, des sacrements, des bonnes œuvres, l'amendement de vos fautes reconnues au second point, le retranchement des mauvaises occasions, la suite des avis qui vous seront donnés pour ce regard [1].

Ce qu'étant fait, comme par une reprise d'haleine et de force, protestez mille fois que vous continuerez [2] en vos résolutions ; et, comme si vous teniez votre cœur, votre âme et votre volonté en vos mains, déliez-la, consacrez-la, sacrifiez-la, et l'immolez à Dieu, protestant que vous ne la reprendrez plus, mais la laisserez en la main de sa divine Majesté, pour suivre en tout et par-

---

[1] A cet égard. — [2] Persisterez.

tout ses ordonnances. Priez Dieu qu'il vous renouvelle tout entière, qu'il bénisse votre renouvellement de protestation et qu'il le fortifie. Invoquez la Vierge, votre ange, saint Louis et autres saints.

Allez en cette émotion de cœur aux pieds de votre père spirituel ; accusez-vous des fautes principales que vous aurez remarqué d'avoir commises dès votre confession générale, et recevez l'absolution en la même façon que vous fîtes la première fois ; prononcez devant lui la protestation, et la signez ; et enfin, allez unir votre cœur renouvelé à son principe et Sauveur, au très-saint sacrement de l'Eucharistie.

CHAPITRE XVI

DES RESSENTIMENTS [1] QU'IL FAUT GARDER APRÈS CET EXERCICE.

Le jour que vous aurez fait ce renouvellement et les autres suivants, vous devez fort souvent redire de cœur et de bouche ces ardentes paroles de saint Paul, de saint Augustin, de sainte Catherine de Gênes et autres : Non, je ne suis plus

---

[1] Sentiments intérieurs.

mienne; ou que je vive, ou que je meure, je suis à mon Sauveur; je n'ai plus de moi ni de mien; mon moi, c'est Jésus; mon mien[1], c'est d'être sienne. O monde, vous êtes toujours vous-même, et moi j'ai toujours été moi-même; mais dorénavant je ne serai plus moi-même. Non, nous ne serons plus nous-mêmes; car nous aurons le cœur changé; et le monde qui nous a trompés sera trompé en nous; car, ne s'apercevant de notre changement que petit à petit, il pensera que nous sommes toujours des Ésaü, et nous nous trouverons des Jacob.

Il faut que tous ces exercices reposent dans le cœur, et que, nous ôtant de la considération et méditation, nous allions tout bellement entre les affaires et conversations, de peur que la liqueur de nos résolutions ne s'épanche soudainement; car il faut qu'elle détrempe et pénètre bien par toutes les parties de l'âme, le tout néanmoins sans effort, ni d'esprit ni de corps.

[1] Ce qui est à moi, ce qui m'appartient.

CHAPITRE XVII

RÉPONSE A DEUX OBJECTIONS QUI PEUVENT ÊTRE FAITES SUR CETTE INTRODUCTION.

Le monde vous dira, ma Philothée, que ces exercices et ces avis sont en si grand nombre, que, qui voudra les observer, il ne faudra pas [1] qu'il vaque à autre chose. Hélas! chère Philothée, quand nous ne ferions autre chose, nous ferions bien assez, puisque nous ferions ce que nous devrions faire en ce monde. Mais ne voyez-vous pas la ruse? S'il fallait faire tous ces exercices tous les jours, à la vérité ils nous occuperaient du tout [2]; mais il n'est pas requis de les faire, sinon en temps et lieu, chacun selon l'occurrence. Combien y a-t-il de lois civiles au Digeste [3] et au code lesquelles doivent être observées ; mais cela s'entend selon les occurrences, et non pas qu'il les faille toutes pratiquer tous les jours. Au demeurant, David, roi plein d'affaires très-difficiles, pratiquait bien plus d'exercices que je ne vous en ai marqué. Saint Louis, roi admirable et pour la

---

[1] Que celui qui voudra les observer ne devra pas vaquer, etc. — [2] Entièrement. — [3] Recueil de lois de Justinien, qui fait partie du droit romain.

guerre et pour la paix, et qui avec un soin nonpareil administrait justice [1] et maniait les affaires, oyait [2] tous les jours deux messes, disait vêpres et complies avec son chapelain, faisait sa méditation, visitait les hôpitaux, tous les vendredis se confessait et prenait la discipline, entendait trèssouvent les prédications, faisait fort souvent des conférences spirituelles, et avec tout cela ne perdait pas une seule occasion du bien public extérieur, qu'il ne fît et n'exécutât diligemment; et sa cour était plus belle et florissante qu'elle n'avait jamais été du temps de ses prédécesseurs. Faites donc hardiment ces exercices, selon que je vous les ai marqués, et Dieu vous donnera assez de loisir et de force de faire tout le reste de vos affaires; oui, quand il devrait arrêter le soleil, comme il fit du temps de Josué. Nous faisons toujours assez quand Dieu travaille avec nous.

Le monde dira que je suppose, presque partout, que ma Philothée a le don de l'oraison mentale, et que néanmoins chacun ne l'a pas; qu'ainsi cette Introduction ne servira pas pour tous. Il est vrai, sans doute, j'ai présupposé cela; et il est vrai encore que chacun n'a pas le don de l'oraison mentale. Mais il est vrai aussi que presque chacun le peut avoir, même les plus grossiers,

---

[1] Administrait la justice. — [2] Entendait.

pourvu qu'ils aient de bons conducteurs et qu'ils veuillent travailler pour l'acquérir, autant que la chose le mérite. Et s'il s'en trouve qui n'aient pas ce don en aucune sorte de degré (ce que je ne pense pas pouvoir arriver que fort rarement), le sage père spirituel leur fera aisément suppléer ce défaut, par l'attention qu'il leur enseignera d'avoir ou à lire ou à ouïr lire les mêmes considérations qui sont mises dans les méditations.

CHAPITRE XVIII

TROIS DERNIERS ET PRINCIPAUX AVIS POUR CETTE INTRODUCTION.

Refaites, tous les premiers jours du mois, la protestation qui est en la première partie, après la méditation ; et à tous moments protestez de la vouloir observer, disant avec David : *Non, jamais éternellement je n'oublierai vos justifications, ô mon Dieu ; car en icelles vous m'avez vivifiée* [1] ; et quand vous sentirez quelque détraquement en votre âme, prenez votre protestation en main, et prosternée en esprit d'humilité, proférez-la de tout

---

[1] Ps. cxviii, 4.

votre cœur; vous y trouverez un grand allégement.

Faites profession ouverte de vouloir être dévote; je ne dis pas d'être dévote, mais je dis de le vouloir être, et n'ayez point de honte des actions communes et requises qui nous conduisent à l'amour de Dieu. Avouez hardiment que vous vous essayez de méditer; que vous aimeriez mieux mourir que de pécher mortellement; que vous voulez fréquenter les sacrements et suivre les conseils de votre directeur, bien que souvent il ne soit pas nécessaire de le nommer, pour plusieurs raisons. Cette franchise de confesser qu'on veut servir Dieu et qu'on s'est consacré à son amour d'une spéciale affection, est fort agréable à sa divine Majesté, qui ne veut point que l'on ait honte de lui ni de sa croix. Et puis elle coupe chemin [1] à beaucoup de semonces que le monde voudrait faire au contraire, et nous oblige de réputation à la poursuite [2]. Les philosophes se publiaient [3] pour philosophes, afin qu'on les laissât vivre philosophiquement; et nous devons nous faire connaître pour désireux de la dévotion, afin qu'on nous laisse vivre dévotement. Que si quel-

---

[1] On dirait aujourd'hui : elle coupe court. — [2] Et nous oblige à continuer pour maintenir notre réputation. — [3] Se donnaient publiquement pour philosophes.

qu'un vous dit que l'on peut vivre dévotement sans la pratique de ces avis et exercices, ne le niez pas ; mais répondez amiablement ¹ que votre infirmité est si grande, qu'elle requiert plus d'aide et de secours qu'il n'en faut pour les autres.

Enfin, très-chère Philothée, je vous conjure par tout ce qui est sacré au ciel et en la terre, par le baptême que vous avez reçu, et par les entrailles de la miséricorde en laquelle vous espérez : continuez et persévérez en cette bienheureuse entreprise de la vie dévote. Nos jours s'écoulent ; la mort est à la porte : *La trompette,* dit saint Grégoire de Nazianze, *sonne la retraite : que chacun se prépare, car le jugement est proche.* La mère de Symphorien, voyant qu'on le conduisait au martyre, criait après lui : Mon fils, souviens-toi de la vie éternelle ; regarde le ciel, et considère celui qui y règne ; la fin prochaine terminera bientôt la briève ² course de cette vie. Ma Philothée, vous dirai-je de même : Regardez le ciel et ne le quittez pas pour la terre ; regardez l'enfer, ne vous y jetez pas pour les moments ; regardez Jésus-Christ, ne le reniez pas pour le monde ; et quand la peine de la vie dévote vous semblera dure, chantez avec saint François :

---

¹ D'une manière aimable. — ² Courte, en latin, *brevis.*

A cause des biens que j'attends,
Les travaux[1] me sont passe-temps.

Vive JÉSUS, auquel avec le PÈRE et SAINT-ESPRIT, soit honneur et gloire, maintenant et toujours dans les siècles des siècles. Ainsi soit-il.

[1] Le mot travail est employé ici pour peine, fatigue, comme *labor* en latin.

MANIÈRE

DE DIRE DÉVOTEMENT LE CHAPELET ET DE BIEN SERVIR LA VIERGE MARIE.

Vous prendrez votre Chapelet par la croix, que vous baiserez, après vous en être signé, et vous vous mettrez en présence de Dieu, disant le *Credo* tout entier.

Sur le premier gros grain, vous invoquerez Dieu, le priant d'agréer le service que vous lui voulez rendre, et de vous assister de sa grâce pour le bien dire.

Sur les trois premiers petits grains, vous demanderez l'intercession de la sacrée Vierge, la saluant au premier comme la plus chère Fille de Dieu le Père ; au second, comme Mère de Dieu le Fils ; et au troisième comme Épouse bien-aimée de Dieu le Saint-Esprit.

Sur chaque dizaine, vous penserez à l'un des mystères du Rosaire, selon le loisir que vous aurez, vous ressouvenant du mystère que vous vous proposerez, principalement en prononçant les très-saints noms de Jésus et de Marie, les passant par votre bouche avec une grande révérence de cœur et de corps. S'il vous vient quelque autre sentiment, comme la douleur de vos péchés passés, ou le propos de vous amender, vous le pourrez méditer tout le long du Chapelet, le mieux que vous pourrez, et vous souviendrez de ce sentiment, ou autre que Dieu vous inspirera, lors principalement que vous prononcerez ces deux très-saints noms de Jésus et de Marie.

Au gros grain, qui est au bout de la dernière dizaine, vous remercierez Dieu de la grâce qu'il vous a faite de vous permettre de le dire. Et passant aux trois petits grains qui suivent, vous saluerez la sacrée Vierge Marie, la suppliant, au premier, d'offrir votre entendement au Père éternel, afin que vous puissiez à jamais considérer ses miséricordes. Au second, vous la supplierez d'offrir votre mémoire au Fils, pour avoir continuellement sa mort et sa passion en votre pensée. Au troisième, vous la supplierez d'offrir votre volonté au Saint-Esprit, afin que vous puissiez être à jamais enflammée de son amour sacré.

Au gros grain qui est au bout, vous supplierez la divine Majesté d'agréer le tout à sa gloire et pour le bien de son Église, au giron [1] de laquelle vous la supplierez de vous conserver et d'y ramener tous ceux qui en sont dévoyés ; et priez Dieu

---

[1] Sein.

pour tous vos amis, finissant comme vous aurez commencé, par la confession de la foi, disant le *Credo* et faisant le signe de la croix.

Vous porterez le Chapelet en votre ceinture ou en autre lieu évidemment [1], commme une sainte marque par laquelle vous voulez protester que vous désirez être serviteur de Dieu, notre Sauveur, et de sa très-sacrée Épouse, Vierge et Mère, et de vivre en vrai enfant de la sainte Église catholique, apostolique et romaine.

[1] En évidence.

FIN

GLOSSAIRE

DES MOTS EMPLOYÉS DANS CET OUVRAGE

QUI ONT VIEILLI, CHANGÉ DE SIGNIFICATION OU DISPARU DE NOTRE LANGUE.

Accointance, s. f. — familiarité, commerce, société, compagnie.

Accointer, v., même sens : — aller de compagnie, fréquenter.

Accoiser, v. — adoucir, apaiser, calmer (du latin *quiescere*).

Ains, adv. — mais, avant, jamais, auparavant, plus, plutôt, et même ; en ital. *anzi*, en esp. *ántes*.

Alléguer, v. — raisonner, argumenter, d'où allégation.

Appareillé à, part. — préparé à (du latin *appa-*

ratus). Appareillé se dit surtout aujourd'hui des vaisseaux qui partent.

Appréhender, v. — saisir. Il est encore employé en ce sens dans le langage judiciaire : appréhender au corps.

Arondelle, s. f. — hirondelle (du latin *hirundo*).

Aucunement, adv. — en quelque façon.

Aucuns, pron. — quelques-uns.

Avette, s. f. — abeille (du latin *apicula*).

Banqueter, v. — être dans les banquets et les festins, les fréquenter.

Bénéfice, s. m. — bienfait (du latin *beneficium*).

Bigearre, adj. — bizarre (du latin *virgatus*) d'où bigarré.

Bouquetière, s. f. — femme qui fait et vend des bouquets.

Brief, ve, adj. — bref, court, qui passe vite (du latin *brevis*).

Brocarder, v. — lancer des brocards, des moqueries.

Brouilleries, s. f. — objets embrouillés.

Calanger ou *calenger*, v. — calomnier, disputer, quereller (du latin *calumniare*).

Cogitation, s. f. — pensée (du latin *cogitatio*).

Conducteur, s. m. — dans le sens figuré, directeur de la conscience.

Contemnement, s. m. — mépris, dédain (du latin *contemnere*).

Contourner, v. — tourner vers (du latin *contorquere*).

Contribuer, v. — fournir une chose, *contribuer quelque chose*.

Coquilleux, adj. — difficile, fâcheux.

Couardise, s. f. — lâcheté (ital. *codardia*).

Coulpe, s. f. — faute (du latin *culpa*), s'emploie encore dans le langage théologique.

Cuider, v. — penser, croire, s'imaginer.

Curieux, adj. — soigneux (du latin *cura*).

Débonnaireté, s. f. — bonté.

Déchet, s. m. — perte, diminution de valeur, s'emploie encore en terme de commerce.

Dépiteux, adj. — mutin, qui se dépite aisément (du latin *despectus*).

Déportement, s. m. — Mouvement, conduite; ce mot est encore employé, mais dans un mauvais sens.

Déprendre, v. — détourner.

Détraquement, s. m. — déréglement.

Devers, prép. — vers (du latin *versus*).

Devis, s. m. — conversation (du latin *dividere*). Il ne se dit plus que pour un calcul estimatif des dépenses d'une entreprise.

Dextre, s. f. — main droite (du latin *dextera*). Se dit seulement encore en terme de blason, pour désigner le côté droit de l'écu armorié.

Dextrement, adv. — adroitement.

Dilatoire, s. m. — délai (du latin *dilatio*).

Duit, part. — Dressé, accoutumé, habile, instruit (du latin *docere, decere, ducere*).

Du tout, adv. — entièrement.

Embesogné, adj. — très-occupé (de l'italien *bisognare*).

Emmi, prép. — dans, au milieu de (du latin *in medio*).

Enclos, adj.— enfermé, se prend substantivement pour les bornes elles-mêmes.

Ensemblement, adv. — ensemble.

Entre suite, s. f. — ordre, plan, suite d'idées.

Es, prép. — dans.

Fébricitant, adj. — qui a la fièvre (du latin *febricitans*)

Feintise, s. f. — feinte.

Forcenerie, s. f. — folie, fureur, extravagance (du latin *foras sensus*). Nous avons dans ce sens le mot forcené.

Forclos, adj. — fermé dehors, empêché (du latin *foris clausus*).

Fortune, s. f. — hasard, risque (même sens que le mot latin *fortuna*).

Gausserie, s. f. — plaisanterie. On dit encore en langage populaire, *se gausser*, pour se moquer.

Goderon, s. m. — collet plissé, fraise que l'on portait à la fin du seizième et au commencement du dix-septième siècle.

Grilloter, v. — résonner comme un grelot.

Grillotis, s. m. — même sens ; onomatopée.

Icelui, icelle, pron. — celui-ci, celle-ci, au pl., *iceux, icelles*.

Idoine, adj. — capable, propre à (du latin *idoneus*).

Imbécile, adj. — faible, sans force (comme en latin *imbecillis*).

Impertinent, adj. — inutile, d'après la racine du mot.

Impétrer, v. — obtenir (du latin *impetrare*).

Impiteux, euse, adj. — sans pitié, impitoyable.
Inconsidérable, adj. — sans considération.
Innumérable, adj. — innombrable (du latin *innumerabilis*).
Inspirer, v. — aspirer vers, prier.
Intéresser, v. — endommager.
Ire, s. f. — colère (du latin *ira*).
Jolivetés, s. f. — choses agréables.
Joyeusetés, s. f. — propos joyeux.
Ladre, adj. — lépreux.
Ménager, v. — préparer, économiser.
Menu, adj. — par le menu, en détail
Meshui, adv. — aujourd'hui, tantôt, désormais, dorénavant (du latin *magis* et *hodie*).
Morgant, adv. — qui a de la morgue, de la fierté
Moyens, s. m. — ressources pour vivre.
Mugueter, v. — cajoler, courtiser.
Mugueterie, s. f. — même signification, recherche, caresse.
Nuisance, s. f. — malignité (du latin *nocivitas*).
Odorer, v. — flairer, sentir (du latin *odorari*).
Palemaille, s. m. — jeu de mail (du latin *pila* et *malleus*; ital. *palemaglio*).

GLOSSAIRE.

Perdurable, adj. — éternel (du latin *perdurabilis*).

Prisable, adj. — appréciable, qui a de la valeur (du latin *prensare*; en bas lat. *prisare*).

Profondeté, s. f. — profondeur.

Proprement, adv. — à propos.

Recamé, adj. — brodé (ital. *ricamare*).

Reconfort, s. m. — consolation. Le verbe réconforter vient de là.

Recru, adj. — lâche, poltron, paresseux, las, fatigué.

Regard, s. m., — est employé souvent dans le sens de motif, sujet, cause, comme le mot latin *respectus*. *Pour ce regard*, à cet égard.

Relâcher (se), v. — s'oublier jusqu'à faire quelque chose : cesser de faire quelque chose.

Repentance, s. f. — repentir.

Repréhension, s. f. — réprimande (du latin *reprehensio*).

Ressentiment, s. m. — sentiment intérieur soit du bien, soit du mal. Il ne s'emploie plus que dans le sens de haine prolongée.

Revigourer, v. — rendre la force (du latin *vigor*).

Rouillures, s. f. — taches de rouille.

Si — est-ce que, loc. adv. — toutefois, toujours est-il que.

Soigner, v. — songer (de l'ital. *sognare*).

Souef, adj. — suave, doux (du latin *suavis*).

Souloir, v. — avoir coutume (du latin *solere*).

Succès, s. m. — issue, résultat.

Tare, s. f. — défaut, trou, vice.

Tendreté, s. f. — tendresse.

Vitupérer, v. — blâmer (du latin *vituperare*).

Voire, adv. — même.

Voirement, adv. — vraiment, certainement.

TABLE

Avant-propos de l'Éditeur. v
Préface de l'Auteur.. ix
Oraison dédicatoire. xix

PREMIÈRE PARTIE

CONTENANT LES AVIS ET EXERCICES REQUIS POUR CONDUIRE L'AME, DÈS SON PREMIER DÉSIR DE LA VIE DÉVOTE, JUSQU'A UNE ENTIÈRE RÉSOLUTION DE L'EMBRASSER.

Chapitre Ier. Description de la vraie dévotion.. . . . 1
    II. Propriété et excellence de la dévotion. 6
    III. Que la dévotion est convenable à toutes sortes de vocations et professions.. 10
    IV. De la nécessité d'un conducteur pour entrer et faire progrès en la dévotion. 13
    V. Qu'il faut commencer par la purgation de l'âme.. 17
    VI. De la première purgation, qui est celle des péchés mortels, ... 20
    VII. De la seconde purgation, qui est celle des affections du péché. 22

CHAPITRE VIII. Du moyen de faire cette seconde purgation. 25

IX. MÉDITATION I. De la création. 27

X. — II. De la fin pour laquelle nous sommes créés. . 30

XI. — III. Des bénéfices de Dieu. 34

XII. — IV. Des péchés. 37

XIII. — V. De la mort. 40

XIV. — VI. Du jugement. 44

XV. — VII. De l'enfer. 47

XVI. — VIII. Du paradis. 49

XVII. — IX. Par manière d'élection et choix du paradis. . . 52

XVIII. — X. Par manière d'élection et choix que l'âme fait de la vie dévote. . . 56

XIX. Comme il faut faire la confession générale. 59

XX. *Protestation authentique pour graver en l'âme la résolution de servir Dieu, et conclure les actes de pénitence.* . . 62

XXI. Conclusion pour cette première purgation. 65

XXII. Qu'il se faut purger des affections que l'on a aux péchés véniels. 67

XXIII. Qu'il se faut purger de l'affection aux choses inutiles et dangereuses. . . 71

XXIV. Qu'il se faut purger des mauvaises inclinations. 73

SECONDE PARTIE

CONTENANT DIVERS AVIS POUR L'ÉLÉVATION DE L'AME A DIEU, PAR L'ORAISON ET LES SACREMENTS.

Chapitre Ier. De la nécessité de l'oraison. 75

II. Briève méthode pour la méditation, et premièrement de la présence de Dieu, premier point de la préparation. . 80

III. De l'invocation, second point de la préparation. 84

IV. De la proposition du mystère, troisième point de la préparation. . . . 86

V. Des considérations, seconde partie de la méditation. 88

VI. Des affections et résolutions, troisième partie de la méditation. 89

VII. De la conclusion et bouquet spirituel. 91

VIII. Quelques avis très-utiles sur le sujet de la méditation. 92

IX. Pour les sécheresses qui arrivent en la méditation. 96

X. Exercice pour le matin. 98

XI. De l'exercice du soir, et de l'examen de conscience. 101

XII. De la retraite spirituelle. 105

XIII. Des aspirations, oraisons jaculatoires et bonnes pensées. 107

XIV. De la très-sainte Messe, et comme il la faut ouïr. 115

Chapitre XV. Des autres exercices publics et communs.................. 119

XVI. Qu'il faut honorer et invoquer les saints 121

XVII. Comme il faut ouïr et lire la parole de Dieu................. 123

XVIII. Comme il faut recevoir les inspirations. 125

XIX. De la sainte confession.......... 129

XX. De la fréquente communion...... 135

XXI. Comme il faut communier....... 140

TROISIÈME PARTIE

CONTENANT PLUSIEURS AVIS TOUCHANT L'EXERCICE DES VERTUS

Chapitre Ier. Du choix que l'on doit faire, quant à l'exercice des vertus....... 145

II. Suite du même discours du choix des vertus.................. 155

III. De la patience................ 158

IV. De l'humilité pour l'extérieur..... 166

V. De l'humilité plus extérieure..... 170

VI. Que l'humilité nous fait aimer notre propre abjection............ 178

VII. Comme il faut conserver la bonne renommée en pratiquant l'humilité.. 184

VIII. De la douceur envers le prochain, et remède contre l'ire......... 190

IX. De la douceur envers nous-mêmes.. 197

X. Qu'il faut traiter des affaires avec soin et sans empressement ni souci... 202

TABLE.

Chapitre XI. De l'obéissance.	205
XII. De la pauvreté d'esprit observée entre les richesses.	210
XIII. Comme il faut pratiquer la pauvreté réelle, demeurant néanmoins réellement riche.	215
XIV. Pour pratiquer la richesse d'esprit emmi la pauvreté réelle.	221
XV. Des vraies amitiés.	224
XVI. De la différence des vraies et des vaines amitiés.	229
XVII. Quelques avis sur le sujet des amitiés.	232
XVIII. Des exercices de la mortification extérieure.	236
XIX. Des conversations et de la solitude.	245
XX. Du parler, et premièrement comme il faut parler de Dieu.	250
XXI. De l'honnêteté des paroles et du respect que l'on doit aux personnes.	252
XXII. Des jugements téméraires.	256
XXIII. De la médisance.	263
XXIV. Quelques autres avis touchant le parler.	270
XXV. Des passe-temps et récréations, et premièrement des loisibles et louables.	274
XXVI. Des jeux défendus.	276
XXVII. Quand on peut jouer ou danser.	278
XXVIII. Qu'il faut être fidèle en grandes et petites occasions.	280

CHAPITRE XXIX. Qu'il faut avoir l'esprit juste et raisonnable 284

XXX. Des désirs. 288

QUATRIÈME PARTIE

CONTENANT LES AVIS NÉCESSAIRES CONTRE LES TENTATIONS PLUS ORDINAIRES.

CHAPITRE Ier. Qu'il ne faut pas s'amuser aux paroles des enfants du monde. 292

II. Qu'il faut avoir bon courage. 296

III. De la nature des tentations, et de la différence qu'il y a entre sentir la tentation et y consentir. 299

IV. Encouragement à l'âme qui est dans les tentations. 302

V. Comme la tentation et délectation peuvent être péchés. 304

VI. Remèdes aux grandes tentations. . . 307

VII. Qu'il faut résister aux menues tentations 309

VIII. Comme il faut remédier aux menues tentations. 311

IX. Comme il faut fortifier son cœur contre les tentations. 313

X. De l'inquiétude. 315

XI. De la tristesse. 319

Chapitre XII. Des consolations spirituelles et sensibles, et comme il se faut comporter en icelles............ 323

XIII. Des sécheresses et stérilités spirituelles............... 335

XIV. Confirmation et éclaircissement de ce qui a été dit par un exemple notable. 344

CINQUIÈME PARTIE

CONTENANT DES EXERCICES ET AVIS POUR RENOUVELER L'AME ET LA CONFIRMER EN LA DÉVOTION.

Chapitre Ier. Qu'il faut chaque année renouveler les bons propos par les exercices suivants............... 351

II. Considérations sur le bénéfice que Dieu nous fait, nous appelant à son service, selon la protestation mise à la première partie........... 354

III. De l'examen de notre âme sur son avancement en la vie dévote..... 358

IV. Examen de l'état de notre âme envers Dieu................ 360

V. Examen de notre état envers nous-mêmes................ 363

VI. Examen de l'état de notre âme envers le prochain............. 365

VII. Examen sur les affections de notre âme. 366

VIII. Affections qu'il faut faire après l'examen 368

Chapitre IX. Des considérations propres pour renouveler nos bons propos. 369

X. Considération première : de l'excellence de nos âmes. 370

XI. Seconde considération : de l'excellence des vertus. 372

XII. Troisième considération : sur l'exemple des saints. 374

XIII. Quatrième considération : de l'amour que Jésus-Christ nous porte. . . . 375

XIV. Cinquième considération : de l'amour éternel de Dieu envers nous. . . . 378

XV. Affections générales sur les considérations précédentes, et conclusion de l'exercice. . . . . 37.

XVI. Des ressentiments qu'il faut garder après cet exercice. 381

XVII. Réponse à deux objections qui peuvent être faites sur cette introduction. . 383

XVIII. Trois derniers et principaux avis pour cette introduction. . . . .

Manière de dire dévotement le chapelet et de bien servir la Vierge Marie. 389

Glossaire. 393

FIN DE LA TABLE.

www.ingramcontent.com/pod-product-compliance
Lightning Source LLC
Chambersburg PA
CBHW070924230426
43666CB00011B/2304